中國學術思想 研究輯刊

十四編

林慶彰 主編

第 **2** 冊

《詩經》教本考論

張 蕊 著

花木蘭文化出版社

國家圖書館出版品預行編目資料

《詩經》教本考論／張蕊 著 — 初版 — 新北市：花木蘭文化出版社，2012〔民 101〕

序 2+ 目 2+174 面；19×26 公分

（中國學術思想研究輯刊 十四編：第 2 冊）

ISBN：978-986-322-012-1（精裝）

1. 詩經　2. 研究考訂

030.8　　　　　　　　　　　　　　　101015182

ISBN-978-986-322-012-1

9 789863 220121

中國學術思想研究輯刊

十四編　第二冊　　　　　ISBN：978-986-322-012-1

《詩經》教本考論

作　　者　張蕊
主　　編　林慶彰
總 編 輯　杜潔祥
出　　版　花木蘭文化出版社
發 行 所　花木蘭文化出版社
發 行 人　高小娟
聯絡地址　新北市永和區中正路五九五號七樓
　　　　　電話：02-2923-1455／傳真：02-2923-1452
網　　址　http://www.huamulan.tw 信箱 sut81518@gmail.com
印　　刷　普羅文化出版廣告事業
封面設計　劉開工作室
初　　版　2012 年 9 月
定　　價　十四編 34 冊（精裝）新台幣 56,000 元

作者簡介

張蕊，1971 年生於山東濟南。分別於 1994 年、2002 年、2005 年在北京師範大學獲得教育學學士、碩士、博士學位。現為中國傳媒大學高等教育研究所副教授，從事教育歷史與文化研究和高等教育研究。鍾情於中國古代教育史研究，碩士論文《論科舉考試中的詩賦取士》，博士論文《〈詩經〉教本考論》。

提　　要

　　《詩經》是我國最早的詩歌總集，從先秦到清末，一直作為教化修身的教本被世人諷誦涵泳，形成了古代教育史上特有的「《詩》教」傳統。本文以《詩經》的產生作為研究的邏輯起點，探討《詩經》教本的歷史發展演變過程，力圖揭示《詩經》兩千多年歷史適應性的背後動因，藉以對當前經典誦讀熱中正確地理解傳統文化提供一個解讀視角。

　　《詩》是周代「采詩觀風」制度的成果，從成書開始即為大師教瞽矇的詩樂教本，繼而被選作大司樂教國子的成才教本，孔子整理後作為「六藝」之一傳授弟子，上博簡《孔子詩論》是當時的教本。《詩》三百在漢代地位上升，被稱為《詩經》，立於太學學官並由博士傳授弟子，形成了《魯詩》、《齊詩》、《韓詩》、《毛詩》四家傳授系統，各家均以本派經師的《詩經》學著作為教本，謹守師法家法。從唐代開始，經學教育與科舉考試緊密相聯，相互作用。在科舉考試統一標準的要求下，唐太宗時期由孔穎達主持編訂《毛詩正義》，成為全國統一的《詩經》教本。宋代熙甯興學中，王安石改革科舉考試制度，編撰《詩經新義》作為評判士子《詩經》經義的標準。隨著理學成為我國古代社會後期的主流意識形態，朱熹的《詩集傳》在元代被官方指定為科舉考試的標準用書，明清兩代均沿用此制。到明成祖時，在《詩集傳》的基礎上，朝廷組織編撰《詩經大全》作為科舉考試的教材。明清時期，出現了大量指向科舉考試的《詩經》學習參考書。

　　從先秦到清末，《詩經》教本經歷三次大的歷史轉變：從原典教本到注釋教本，從多家教本到統一教本，從學術著作到應舉專書。同時《詩經》在各歷史時期體現了不同的教育價值：先秦時期具有全面修養的教育價值，漢唐時期具有政治教化價值，宋代以後則以倫理教化價值最為突出。隨著明清時期科舉考試的程式化，其教育價值出現了異化，成為「場屋之資」。但《詩經》中蘊涵的禮樂教化精神是貫穿始終的，並塑造了中華民族「溫柔敦厚」的文化性格，這正是《詩經》的現代教育價值所在。

編　譯　者

《葉椿》系車本謝編

序

　　詩書禮樂，是傳統中華文明的代表。以「詩」打頭，專指《詩經》，是我國最早的詩歌總集，經孔子修訂成書，成爲古代最重要的經典教材之一。無論是官宦、學者、文士，如果不通曉《詩經》的話，就缺乏交往和行文的基本功，故孔子說：「不學《詩》，無以言。」自漢代尊崇儒學後，《詩》學和《詩》教作爲學術和教育主幹的組成，兩千年來長盛不衰。

　　近代以來，《詩經》也和其他儒家經典一樣，恢復了普通典籍的本來面貌。《詩經》集古典詩歌的精粹，其許多篇目仍被廣泛傳誦，甚或被選作語文課閱讀欣賞的課文。除專門的經學研究外，對《詩經》的研究基本上在文藝學和文學史領域，對其作爲儒家經典教材的歷史研究則很少有人問津。另一方面，中國古代教育史研究多集中在教育制度、設施和教育思想、理論的研究上，對教育內容及教材的研究則不被注重，大概也是因爲史料收集和解讀難度較大的原因吧。張蕊所著《中國古代大學教材：〈詩經〉教本考論》，既充實了《詩經》研究的一個薄弱領域，也充實了教育史研究的一個薄弱領域。

　　作者治學認眞樸實，擅長文獻的檢索和考證。從碩士階段到博士階段的學習，不以功利所導，不爲物欲所動，一直執著於《詩經》的研究，所下功夫不可謂不深厚。該書從教材研究的視角出發，系統考查了從先秦到明清的《詩經》主要教本，分析其發展和流變，探討《詩經》教育在不同歷史時期的價值和適應性。該書總結了發展歷程中經歷的三個大的轉變：從原著到注釋，從多家釋《詩》到綜合統一，從經學研究到科舉應試。這不僅是《詩經》教育發展的脈絡所在，也可看作是古代儒家經典教材發展演變過程的具體表

現，由此得窺經學教育的一般規律。

　　全書以積累豐富的文獻史料爲基礎，闡述了各個歷史時期的《詩經》教本的內容、樣式、特點、功用等方面的差異和變遷，可謂言而有據，論之成理。書中採用了《孔子詩論》這一最新的考古遺存，使《詩經》教本發展鏈上的先秦一環得以補全，這也是對《詩》學研究的一個貢獻。

　　中國古代《詩》教所具有的「溫柔敦厚」的教化功能，對中國人平和、寧靜、含蓄、內向等民族性格特徵的養成起到了不可忽視的作用。當前，爲實現構建和諧社會的遠大目標，我們更需要汲取中華民族優秀傳統文化的養分。同時，希望此書的問世，能推動對其他古代經典教材的深入研究，更好地繼承和利用這筆寶貴的文化遺產。

俞啓定

序

導言　作為經學教材的詩歌總集 ………………………………… 1

　　一、從《詩》到《詩經》 …………………………………… 1

　　二、《詩經》研究的三種視角 ……………………………… 2

　　三、研究範圍 ………………………………………………… 7

第一章　先秦時期的《詩》教本 ………………………………… 11

　　第一節　大師教瞽矇：詩樂教本 ………………………… 12

　　第二節　大司樂教國子：成才教本 ……………………… 19

　　第三節　孔子教弟子：修身教本 ………………………… 27

　　第四節　《孔子詩論》：孔子教《詩》記錄 …………… 39

第二章　漢代的《詩經》教本 …………………………………… 51

　　第一節　漢代的政治課本 ………………………………… 52

　　第二節　《詩經》的考察標準：師法家法 ……………… 54

　　第三節　《魯詩》教本：謹嚴近真 ……………………… 61

　　第四節　《齊詩》教本：咸非本義 ……………………… 66

　　第五節　《韓詩外傳》：引事明《詩》 ………………… 72

　　第六節　《毛詩》教本：風動教化 ……………………… 79

第三章　唐宋時期的《詩經》教本 ……………………………… 95

　　第一節　《毛詩正義》：科舉考試統一教本 …………… 95

　　第二節　《詩經新義》：新學改革思想教本 ………… 106

第四章　元明清時期的《詩經》教本 ………………………… 117

　　第一節　《詩集傳》：理學教本 ……………………… 117

　　第二節　《詩經大全》：取士教本 …………………… 133

第五章　《詩經》教本的歷史演變 …………………………… 143

　　第一節　從原典教本到注釋教本 ……………………… 143

　　第二節　從多家傳《詩》到統一教本 ………………… 150

　　第三節　從經學研究著作到應舉書目 ………………… 152

第六章　《詩》教——變與不變 ……………………………… 157

參考文獻 ………………………………………………………… 161

後　記 …………………………………………………………… 173

目

次

導言　作爲經學教材的詩歌總集

　　《詩經》是我國最早的的詩歌總集，共三百零五篇，收入了從西元前十一世紀至前五世紀共五百多年間的詩歌，分《風》、《雅》、《頌》三個部分。《風》爲地方樂歌，包括《周南》、《召南》、《邶風》、《鄘風》、《衛風》、《王風》、《鄭風》、《齊風》、《魏風》、《唐風》、《秦風》、《陳風》、《鄶風》、《曹風》、《豳風》等十五國《風》，凡一百六十篇，主要反映周朝社會生產、生活、戀愛、婚姻以及民情風俗各種情況。《雅》乃是西周王畿地區之正聲雅樂，用於諸侯朝會，多出自朝臣貴族，共一百零五篇，包括《大雅》三十一篇，《小雅》七十四篇。《頌》多爲宗廟祭祀所用詩歌，共四十篇，包括《周頌》三十一篇，《商頌》五篇，《魯頌》四篇。從內容可以看出，《詩經》廣泛反映了當時社會生活的各個方面，是中國古代文化和智慧的結晶，因而被譽爲古代社會的人生百科全書。

　　中國是一個詩的國度，詩歌藝術發達，詩集數量眾多，但是《詩經》地位可謂「無出其右者」，再也沒有一部詩集能像《詩經》一樣受到如此尊崇：自先秦至清末，從天子到士民，將《詩經》看作教化修身的典籍而不斷地諷誦涵泳了兩千多年，以致形成了我國特有的「詩教」傳統，塑造了中華民族「溫柔敦厚」的文化性格。

一、從《詩》到《詩經》

　　「經」字在中國古代具有特殊的含義，特別是西漢以後，特指帶有神聖意味的經典。現在的《詩經》，在先秦稱作《詩》或「《詩》三百」，是眾多文獻典籍中的一種。如《論語》中記載，「《詩》三百，一言以蔽之，曰：『思無

邪。』」〔註1〕又如「不學《詩》，無以言」。〔註2〕在《左傳》、《國語》、《孟子》中均稱爲《詩》。如《孟子·離婁下》:「王者之迹熄而《詩》亡，《詩》亡然後《春秋》作。」

孔子和莊子等先秦諸賢大都給予《詩》這種文獻以很高的地位，列入了他們的教育內容之中。《詩》與「經」最早的聯繫可追溯到與孟子差不多時代的《莊子》。莊子把重要的教材稱爲「經」，他說:「孔子謂老聃曰，丘治《詩》、《書》、《禮》、《樂》、《易》、《春秋》六經，自以爲久矣，孰知其故矣。」〔註3〕此時，《詩》被看作六經之一，不過需要指出的是，這裡的經典，祗是六種文獻。到《荀子》之時，《勸學》篇說:「學惡乎始？惡乎終？曰:其數則始乎誦經，終乎讀《禮》。其義則始乎爲士，終乎爲聖人」，「故《書》者政事之紀也，《詩》者中聲之所止也，《禮》者法之大分，類之綱紀也。」《詩》包括在荀子所說的經當中。

《詩》從一般的文獻演變爲具有神聖意義的儒家經典，則是在漢代獨尊儒術之後。西漢王朝採納董仲舒的建議，「罷黜百家，獨尊儒術」，作爲儒家典籍，《詩》的地位上升，被稱作《詩經》，成爲《詩》、《書》、《禮》、《易》、《春秋》五經之一。據目前所能考知最早題名爲《詩經》的，〔註4〕是司馬遷《史記·儒林傳》中所稱「申公獨以《詩經》爲訓以教」。西漢以後，就普遍稱《詩》爲《詩經》了。從《五經》開始，經《九經》、《十三經》，到《四書》、《五經》，《詩經》均爲其中重要的一經。《四庫全書總目卷一·經部總敘》稱:「經稟聖裁，垂型萬世，刪定之旨，如日中天。……蓋經者非他，即天下之公理而已。」一本詩集成爲「垂型萬世」的天下公理。

二、《詩經》研究的三種視角

《詩經》從成書開始，即成爲人們研究的對象，其研究歷史，可謂時代久遠，成果豐富。隨著時代的變遷和學術思潮的發展，《詩經》研究的目的、方式與角度都發生著變化，概括而言，可以分爲兩大類:一類爲傳統，一類爲現代。傳統的《詩經》研究主要是將《詩經》作爲儒家經典的經學研究，

〔註1〕《論語·爲政》。
〔註2〕《論語·季氏》。
〔註3〕《莊子·天運》。
〔註4〕據洪湛侯:《詩經學史》，中華書局，2002年，頁106。

現代的《詩經》研究更多的是將《詩經》作爲詩歌總集的文學研究。

經學視角——儒家經典

　　自《詩》成爲經書，對其進行的研究即成爲我國古代的學術主流——經學的重要組成部分。經學即「對儒家『經典』加以闡發和議論」，〔註5〕《詩經》學就是將《詩經》看作神聖化、政治化的儒家經書，對其進行闡發研究，通過對《詩經》內容的考察訓釋，闡發聖人的微言大義。

　　漢代的《詩經》研究有今文經學的齊、魯、韓三家詩，在西漢均被立爲博士，東漢時古文經的《毛詩》後來居上。各家紛紛通過對《詩經》的研究，闡述各自的思想，爲社會政治服務。《魯詩》學派的王式將《詩經》視爲諫書，《齊詩》則附會陰陽五行之說，爲當時的社會政治服務，《韓詩》將詩句與故事相引證藉以闡發詩義。今文經學的三家《詩》先後亡佚，惟有古文經學的《毛詩》得以流傳至今，《毛詩》包括《詩序》、《毛傳》、《鄭箋》，其中《詩序》主要闡述儒家的詩教思想，《毛傳》則主要是對詩文作簡明的訓釋；《鄭箋》對經文和注釋都進行了進一步的闡釋，三個部分組成了《詩經》研究的系統，闡述《詩經》的政治和歷史的意義。

　　魏晉南北朝時期，雖天下紛亂，名學、玄學漸興，兼之佛教大盛，但經學仍舊是重要的學術內容。三國時的王肅作《毛詩注》，多申毛駁鄭，《詩經》研究出現鄭、王之爭，兩派都堅持自己所闡釋的是聖人的本意。同時，經學研究中出現了南學、北學之分，「南學約簡，得其英華。北學深蕪，窮其枝葉。」〔註6〕唐貞觀年間，唐太宗爲統一思想，以朝廷的力量統一經學，命孔穎達編撰《毛詩正義》，集自漢至隋《毛詩》研究的大全，成爲《詩經》的官方指定用書。就此結束了之前的南學和北學之爭，使《詩經》的經學研究統一在國家意識形態下，加強了《詩經》的權威性和神聖性。因而，有唐一代以至宋朝初期，對《詩經》的研究幾乎沒有什麼異議。

　　宋代的詩經研究，則應時而變，更注重實證，展開了對漢學義疏的批判，形成《詩經》宋學研究。宋學批判漢學，對《詩經》重新進行研究和闡釋，但是依舊是將《詩經》作爲聖人的經書。《詩經》宋學的開山之人歐陽修認爲《詩經》經過孔子刪訂，「著其善惡，以爲勸誡」，具有體現「聖人之志」〔註7〕的

〔註5〕湯志鈞：《近代經學與政治》，中華書局，1989年，頁6。
〔註6〕《隋書・儒林傳》。
〔註7〕歐陽修《詩本義》卷十四，文淵閣四庫全書本。

教義，從中闡發倫理教化思想。朱熹的《詩經》研究立足於義理之學，認爲「此《詩》之爲經，所以人事浹於下，天道備於上」，〔註8〕是「無一理之不具」的理學經典，在所著《詩集傳》中，兢兢業業地維護《詩經》的經書權威地位，乃成《詩經》宋學的集大成者。元明兩代的《詩經》研究承襲宋人將《詩經》作爲理學教本的觀點，在理學的範圍內闡述聖人之意。明成祖朱棣時期，令胡廣組織編撰《詩經大全》，頒爲法令，成爲當時具有權威性質的《詩經》解說。明成祖在《大全》的序言中明確表示：「六經之道明，則天地聖人之心可見，而至治之功可成。」

清代的《詩經》研究，提倡復興漢學，意在以復古爲解放，要求脫離宋明理學的桎梏，打破《詩集傳》的權威性。縱觀這一時期的研究，或側重古文經學，對《詩經》的文字、訓詁、音韻、名物進行了浩繁的考證；或側重今文經學，搜集三家詩的遺說進行研究。還有學者繼續發揮《詩經》的微言大義，爲社會改良服務。這些研究，仍將《詩經》作爲神聖的「經典」看待，衹是在反對《詩經》宋學，力圖恢復《詩經》漢學。

綜上所述，如朱傑人先生所言：「《詩經》從開始，就是作爲經學而不是文學被人們認識和研究的。」〔註9〕

傳統的《詩經》研究，都是將《詩經》作爲聖人經典，認爲「經」是聖人所定，其文字深藏著聖人的微言奧旨，其中必有聖人的「修世治道」的至明之理。所以，「經」學的研究都是對《詩經》文字背後的聖人之意的考證。《詩經》研究專家夏傳才先生對傳統詩經研究的內容總結爲三個方面：訓詁、考證、義理。〔註10〕

訓詁，是訓釋詞語及疏解章句，這是對「經」的最基礎的研究，稱爲小學，包括：訓詁、文字、音韻和校勘。考證，是對《詩經》中的名物、典章制度、歷史、地理和有關內容的考據，版本、輯佚等學術也可歸於這一類。義理，是通過詩旨和內容的闡釋發揮倫理道德思想，無論是漢學的以尊《序》爲本，或宋學的廢《序》解詩，都在貫徹孔子的詩教思想，明顯地表現出它們是經學的重要組成部分。與這些相結合，還有一些關於詩經學基本問題的

〔註 8〕《詩集傳》序。
〔註 9〕蔣元見，朱傑人：《詩經要籍解題》，上海：上海古籍出版社，1986 年，序。
〔註10〕夏傳才：《從傳統詩經學到現代詩經學》，《河北師範大學學報》（哲學社會科學版），2003 年第 4 期。

論說，如關於《詩經》的編訂、流傳、《詩序》、體制、作品時代、地域等等。

　　所有這些研究，無論是考明字詞，還是闡說義理，其基礎都是將《詩經》看作是聖人的典籍，闡發其中蘊含著的聖人之微言大義。

文學視角——詩歌總集

　　將《詩經》作爲經典來研究固然必要，但是，《詩經》的表現形式畢竟是詩歌，有其文學特徵，因此對《詩經》的研究不可避免地要牽涉到文學方面。在傳統的研究中，出現過文學研究傾向。如魏晉南北朝時期，經學家曾經分析《詩經》的文學意蘊。到了明代有了比較突出的從經學到文學的轉向，據劉毓慶分析，明代的《詩經》研究「從文學的角度審視這部聖人經典，以群體的力量改變了《詩經》原初經學研究的方向。」〔註 11〕但是，在主觀認識中，仍舊是將《詩經》作爲聖人的經典，體會聖人的情感意志，祇是在內容上偏重《詩經》文學藝術方面的特性。

　　20 世紀二三十年代的「古史辨」派才明確否定《詩經》之「經」的地位，將《詩經》作爲「詩歌總集」來研究。

　　「古史辨」派認爲漢代《詩經》學把《詩經》當「經」而不是詩，並在此基礎上展開了對漢代《詩經》學的批判，鮮明地提出了要恢復《詩經》的文學面目。其代表人物有顧頡剛、胡適、錢玄同等。顧頡剛分析了詩樂關係，探討了《詩經》的產生及其性質；對《詩經》的眞相及先秦儒家說詩的手段進行了歷史還原，要揭開其千百年來神聖化的面紗。〔註 12〕胡適說：「《詩經》不是一部經典，從前的人把這部《詩經》都看得非常神聖，說它是一部經典，我們現在要打破這個觀念……」並且認定「並不是一部聖經，確實是一部古代歌謠的總集」。〔註 13〕錢玄同致信顧頡剛，要求其將《詩經》好好整理一番：「救《詩》於漢宋腐儒之手，剝下它喬裝的聖賢面具，歸還它原來的文學面具。」〔註 14〕這便是要將《詩經》的研究從經學的附庸地位下解放出來，確立起文學本位的原則。聞一多在分析了從漢到清的詩經研究之後說：「明明一

〔註11〕劉毓慶：《從經學到文學——論明代〈詩經〉學的歷史貢獻》，《文學遺產》，2002 年第 5 期。

〔註12〕顧頡剛：《詩經在春秋戰國間的地位》，《古史辨》第三冊，上海古籍出版社，1982 年，頁 309。

〔註13〕胡適：《談談〈詩經〉》，《古史辨》第三冊，上海古籍出版社，1982 年，頁 577。

〔註14〕《古史辨·論「詩」及群經辨僞書》，見《錢玄同文集》第四卷，中國人民大學出版社，1999 年 6 月，頁 231。

部歌謠集，爲什麼沒人認真的把它當文藝看呢！」〔註15〕

古史辨派開創了將《詩經》作爲「詩歌總集」，從文學視角進行研究的思路，掀起了以現代觀念解讀《詩經》的熱潮，不再把《詩經》看成是具有神聖色彩的經書，使《詩經》的研究領域更加廣闊。胡適曾提出現代《詩經》學的兩條根本性研究方法：一是在比較歸納的基礎上，給《詩經》的文字和文法重作注解；二是涵泳原文，用社會學的、歷史的、文學的眼光對詩旨重新解釋。聞一多用「社會學的」的方法來研究詩經，表示要用考古學、民俗學、語言學等方法把讀者帶到《詩經》的時代。〔註16〕郭沫若採用了人類學的視角研究《詩經》，「以詩證史」是其基本方法。朱自清開始了從文學批評的角度研究《詩經》，其《詩言志辨》分析了有關詩的一些基本範疇。

現當代的研究大多都以文學爲本位，將《詩經》完全看作詩歌總集，研究《詩經》基本問題，如：文字訓詁、作家生平、作品年代、題材、語言、情節等，更多的是對《詩經》藝術特點的研究，把賦、比、興的研究納入文藝學的視野，並成爲中國詩學的一部分。

《詩經》在中國兩千多年的歷史中，所被賦予的文化和精神，遠遠超出了一本詩歌總集，承載了深厚的儒家傳統思想，不能僅將其當作文學作品來研究。

教育視角——教本

除了作爲儒家經典和作爲詩歌總集以外，《詩經》在我國古代還發揮著一種重要的功能，並成爲其存在的一種歷史形態，這就是作爲教材進行教授。《詩經》作爲古代官學教育的主體——儒家經學教育的重要內容，成爲士子學習的基本教材。

宋代葉適說：「自文字以來，《詩》最先立教。」〔註17〕《詩經》成書的一個原因就是西周的大師有向樂工教授《詩》的需要；隨後又成爲大司樂教授國子的課本；及至春秋時期，孔子整理《詩經》作爲教材教授弟子，成爲孔門私學的一門課程。

〔註15〕《匡齋尺牘》六閒話，《聞一多全集》（一），生活·讀書·新知三聯書店，1982年，頁356。
〔註16〕《風詩類鈔》（甲）之《序例提綱》，《聞一多全集》（四），生活·讀書·新知三聯書店，1984年，頁5～94。
〔註17〕《葉適集》卷十二，《黃文叔詩說序》。

　　聞一多在《匡齋尺牘》之六中認為：「漢人功利觀念太深，把《三百篇》做了政治的課本。」〔註18〕從漢代開始，《詩經》就一直都作為官學的重要政治課本發揮其教材的功能，祇是在不同的歷史朝代，選做課本的是關於《詩經》的不同著述。

　　漢代由於獨尊儒術，立五經博士。西漢設今文齊、魯、韓三家博士，並為博士設弟子，傳授《詩經》學。東漢古文經學地位上升，毛詩超過了今文三家詩，並得以在官學傳授。唐代孔穎達編定《毛詩正義》，並頒定為科舉考試的標準用書，成為官學的指定教材。宋代，王安石在改革中，編定《詩經新義》作為科舉考試的評判標準。元仁宗延祐二年（1315 年）開科舉，詔令「《詩》以朱氏為主」，朱熹的《詩集傳》成為元代以後《詩經》的主要教本。明成祖時，胡廣主持編定《詩經大全》，以此作為科舉考試的標準，也成為士子求取功名而必讀的教科書。

　　《詩經》作為教本，從先秦一直使用到清末，歷時兩千多年，在如此長久的時段中，社會、政治、思想在各個時期有明顯不同，而三百零五首詩，何以能一直作為古代社會的教科書？在不同的歷史時期，《詩經》的教本又有什麼變化？各個教本又是如何適應當時的社會形態和意識的？又是什麼原因使得《詩經》具有如此廣泛的適應性？本研究在敘述教本的歷史變遷的同時，結合具體的歷史環境，具體分析，試圖對這些問題作出回答。

三、研究範圍

　　在《詩經》研究史上，有關《詩經》的論著，數以千計，多數都是關於《詩經》的學術研究，或研究訓詁，或校定文字，或剖析文字音韻，或考查名物，或探討山川地理，或討論典章制度，或研究詩文義理。〔註19〕這些《詩經》研究論著，大部分祇是學術研究的成果，能進入官學領域的祇是其中的一小部分。

　　本研究主要是從教育的角度出發，考察歷史上曾經由官方認定和編定的，作為士子考試和學習內容的《詩經》著述，稱之為《詩經》教本。考察《教本》發展演變的過程，呈現《詩經》作為教本的發展形態，探尋經學教

〔註18〕《匡齋尺牘》六閒話，《聞一多全集》（一），生活・讀書・新知三聯書店，1982年，頁 356。
〔註19〕洪湛侯：《詩經學史》，北京：中華書局，2002 年，自序

育教本發展演變的特點。

為此有必要首先對本研究中的「教本」概念加以界定。

在現代的課程理論中，對於教學所用著述的名稱大體有「教材」、「教科書」、「課本」、「教本」等多個概念。

據《教育大辭典》定義：「教材是教師和學生據以進行教學活動的材料，教學的主要媒體。通常按照課程標準（或教學大綱）的規定，分學科門類和年級順序編輯。」〔註 20〕教材包括文字教材（含教科書、講義、講授提綱、圖表和教學參考書等）和視聽教材。在這裡教科書是教材的一個重要組成部分。

教科書的概念，據《中國大百科全書》（教育卷，1985）的解釋，是根據教學大綱（或課程標準）編定的，系統地反映學科內容的教學用書。在這裡「教科書」完全是一個現代教育學的概念，是從現代系統課程論的角度出發的定義，是有組織的教學大綱下的產物。在中國，「教科書」一詞出現和使用始於 19 世紀 70 年代。1877 年來華的基督教傳教士成立學校教科書委員會，1897 年上海南洋公學編輯的《蒙學課本》三冊是近代中國最早正式出版的具有教科書體例雛形的自編教科書。在《教育大詞典》中，認為教科書亦稱「課本」、「教本」，是「師生教學的主要材料，考覈教學成績的主要依據，學生課外擴大知識領域的重要基礎。」〔註 21〕在《漢語大詞典》中，直接把教本解釋為「教科書」。〔註 22〕

從眾多詞典的解釋分析，我們基本可以認定「教本」是「教科書」的另一種表達方法。由於我國古代的教育不具有現代意義的教育學體系框架，也與現代的課程論理論相去甚遠，古代官學中《詩經》教材不是現代教育學中嚴格意義的教科書。因此選用與「教科書」一詞相近的「教本」來指稱古代的官學《詩經》教材，更符合約定俗成的用法。

現有關於《詩經》教育的研究，主要包括兩個方面，一是儒家詩教思想的研究，二是官學中《詩經》教育的研究。

〔註20〕顧明遠主編：《教育大辭典》，（增訂合編本），上海教育出版社，1997 年 2 月，頁 695。

〔註21〕顧明遠主編：《教育大辭典》，（增訂合編本），上海教育出版社，1997 年 2 月，頁 698。

〔註22〕漢語大詞典編輯委員會，漢語大詞典編纂處：《漢語大詞典》，第五冊，漢語大詞典出版社，1990 年，頁 446。

儒家詩教思想，一直以來都是文藝學的研究對象。作爲文藝美學的重要概念，是詩歌理論的核心，與「溫柔敦厚」說、「諷諫」說一起都成爲古代詩學的基本範疇。儒家詩教發軔於先秦，定尊於漢代，歷經六朝的反動，唐代的中興，至宋代開始全面的復興之勢。從教育的角度來研究詩教說的主要是臺灣康曉城的著作《先秦儒家詩教思想研究》。該書探討了詩教觀念的淵源，《詩經》的編訂與內容的教育意義；並分析了孔子、孟子、荀子的詩教思想，最後揭示了對當前文學教育的啓示。

關於官學中《詩經》教育制度和內容的研究，主要集中在教育史類的著作中，作爲經學教育的一部分進行探討。較早的研究有王鳳喈《中國教育史大綱》、陳東原的《中國古代教育》、陳青之的《中國教育史》等。解放後的《中國教育通史》、《中國教育思想通史》、《中國教育制度通史》中都有經學教育的內容。這主要集中在先秦和兩漢時期。

教育史類著作通常是在介紹孔子的「六藝」教育內容的時候，著重論述孔子的《詩》教思想，同時介紹《詩經》教材。另外，陳漢才的文章《略論孔子詩教》將孔子的詩教作爲一份珍貴的教育遺產，論述了孔子的「溫柔敦厚」詩教觀，分析了詩教的形式、內容和方法，並總結了其在教育史上的重要意義。

經學教育是漢代教育史的重點內容。俞啓定先生在《先秦兩漢儒家教育》和《中國教育制度通史》（第一卷）中對漢代的《詩經》教育有專門研究和論述，且多獨到之見。他深刻分析了漢代齊、魯、韓三家《詩》的傳承與發展、毛《詩》的後來居上和成爲《詩》學之首的過程，指出漢代的詩學宗旨是「詩言志」，詩在官場上有一定的實用性，但是學習《詩》的意義，主要在於陶冶性情和提高個人的文化修養，還分析了經學教育的特點、師法家法的傳授體系以及今古文經學之爭等。米靖博士論文《經學與兩漢教育》從整個經學的背景上對兩漢教育進行了研究，主要論述了經學教育合法性確立的途徑、「以經爲教」的漢代教育目標和內容的變遷，以及經學教育在形成漢代社會心理和風俗上所產生的深遠影響，《詩經》教育是作爲整個經學教育的一部分進行論述的。

關於漢朝以後的經學教育，研究者都將其看作官學教育的重要內容進行介紹，主要涉及官學的經學課程安排、考試制度等方面。《詩經》的教育是其中必不可少的一部分，但不作專門研究。

　　本研究以前人關於詩教思想和《詩經》教育的研究爲基礎，重點考察《詩經》教本從先秦到清末的演變過程，呈現歷史上《詩經》教本的發展形態，以揭示古代以《詩》爲教的內容和形式的變遷，探尋《詩經》作爲教本的歷史適應性。

第一章　先秦時期的《詩》教本

　　遠在堯、舜時代，天子爲了考察風土民情，瞭解民間疾苦及百姓之於朝廷意見，以總結爲政的得失，設立專門采詩之官，並沿爲「采詩」制度。每年正月或八月，在民間征集人民口頭流行的歌謠，然後獻於樂官太師，配以樂譜，加以整理，演唱給天子聽。《左傳・襄公十四年》引《夏書》云：「遒人以木鐸徇於路，官師相規，工執藝事以諫。」杜預注：「遒人，行人之官也。木鐸，木舌金鈴。徇於路，求歌謠之言。」何休解釋「采詩」法則是「男年六十、女年五十無子者，官衣食之，使之民間求詩。鄉移於邑，邑移於國，國以聞於天子。」〔註1〕規定男子六十歲、女子五十而又無子女者，官府供給其衣食，然後讓他們去民間求詩。求得詩後，由鄉呈於「邑」，「邑」再上呈於「國」，「國」再呈於天子。

　　這些詩在采集來之後，獻給天子之前，需要經過大師加工。班固於《漢書・食貨志》稱：「孟春之月，群居者將散，行人振木鐸徇於路以采詩，獻之大師，比其音律，以聞於天子。」等到天子外出巡守的時候，會命大師陳詩，以瞭解民情。《禮記・王制》記載：「歲二月，東巡守至於岱宗，柴而望祀山川。覲諸侯。問百年者就見之。命大師陳詩以觀民風……。」這是《詩經》中詩的主要來源：采自民間，經過大師的整理，「比其音律」，然後獻給天子。

　　另外還有一個來源是獻詩。《國語・周語上・邵公諫厲王弭謗》記載：「故天子聽政，使公卿至於列士獻詩，瞽獻曲，史獻書，師箴，瞍賦，矇誦，百工諫，庶人傳語，近臣盡規，親戚補察，瞽、史教誨，耆、艾修之，而後王

〔註1〕《春秋公羊傳》宣公十五年《解詁》。

斟酌焉，是以事行而不悖。」天子聽政的時候，公卿至於列士所獻之詩當為士大夫即席作的詩，或預先作好的對朝政提出見解和意見的詩。如《節南山》、《十月之交》、《正月》等，主要是《雅》詩。

采集而來和獻誦給天子的詩，在完成「陳詩」的任務之後，並沒有隨時間湮滅，而是由大師編輯成冊，經過多代大師的積累，成為一個時期的詩歌彙集。最後成為收錄五百年間詩歌作品的總集。《詩》的編輯成集，一方面是大師在將詩收集起來以後，作為文獻資料彙集，另一方面，還有更直接的目的，就是為了《詩》的教學。

第一節　大師教瞽矇：詩樂教本

周代是一個重禮的社會，很多的場合，如祭祀、射禮、宴會等禮儀都需要演奏詩樂，《詩》的應用非常廣泛。

祭　祀

自西周初年到春秋時代，周人祭祀必用詩。《周禮・春官・宗伯》云：「祭祀，則吹而歌之。」另外《禮記・明堂位》對祭祀演奏何詩有明確規定：「季夏六月，以禘禮祀周公於太廟，……升歌《清廟》，下管《象》。」這裡的「歌」，就是指歌詩。在歌詩的時候，周人重聲，不重內容，是用聲不用義。

射　禮

作為周代的重要儀式，《周禮・春官・宗伯》明確不同等級的人在射的時候奏不同的詩：王奏《騶虞》，諸侯奏《貍首》，卿大夫奏《采蘋》，士奏《采蘩》。《儀禮》中的《大射禮》更詳細地記述了使用什麼樂器，歌唱什麼詩（歌《鹿鳴》），吹奏什麼詩（管《新宮》）等。《周禮・大司樂》記述射禮程式中所奏之詩：「大射，王出入，令奏《王夏》。及射，令奏《騶虞》，詔諸侯以弓矢舞。」另外《儀禮・鄉射禮》亦云：「乃合樂《周南》：《關雎》、《葛覃》、《卷耳》；《召南》：《鵲巢》、《采蘩》、《采蘋》。」大射禮用詩，演奏者居多，歌唱者少。所以，也主要是用《詩》之聲。

燕　饗

周人宴會多用詩，特別是在外交宴會上。《禮記・大師》所記與祭祀所用詩樂同，在《儀禮・燕禮》中詳細規定了宴會上樂工所演奏的曲目：

工歌《鹿鳴》、《四牡》、《皇皇者華》……笙入立於縣中，奏《南陔》、《白

華》、《華黍》。……乃間歌《魚麗》，笙《由庚》，歌《南有嘉魚》，笙《崇丘》，歌《南山有臺》，笙《由儀》。遂歌鄉樂《周南》：《關雎》、《葛覃》、《卷耳》；《召南》：《鵲巢》、《采蘩》、《采蘋》……升歌《鹿鳴》，下管《新宮》。笙入三成，遂合鄉樂。若舞則《勺》……。〔註2〕

在宴會上，還有專門由樂工歌詩，請人評詩的活動，如《左傳》襄公二十九年，吳公子季札觀周樂於魯，「使工爲之歌」，其曲目包括：周南、召南、邶、鄘、衛、鄭、齊、豳、秦、魏、唐、陳、小雅、大雅、頌。〔註3〕季札聽樂工歌唱每首詩之後，逐一作了評價。

西周到春秋以前，詩歌是以聲爲用的時代，儀式上所歌之詩重點都在音樂，對詩歌的內容不甚重視。據三《禮》推知，祭祀、燕享、射、喪等都用詩，不過只歌唱演奏，所以注重它的音樂而忽視其內容。因爲在瞽矇使用《詩》時，最主要的是用詩之樂，因此最早的《詩》教育是詩樂同教的。

一、大師教瞽矇詩樂

在這些儀式中，詩樂由大師率領瞽矇進行演奏：「大祭祀，帥瞽登歌，令奏擊拊，下管，播樂器，令奏鼓朄。大饗亦如之。大射，帥瞽而歌射節。大師執同律以聽軍聲，而詔吉凶。大喪帥瞽而廞，作匶諡。」〔註4〕在大祭祀、大饗、大射、大喪等儀式中，大師都要「帥瞽登歌」、「帥瞽而歌射節」、「帥瞽而廞」。

大師不但要指揮瞽矇演奏，在此之前，還負有教會瞽矇的任務：「凡國之瞽矇正焉」。鄭玄注爲：「凡樂之歌，必使瞽矇爲焉。命其賢知者以爲大師、小師。」〔註5〕大師以自己所編定的詩歌本子進行教授，從這個意義上說，大師和瞽矇是最早使用《詩》作爲教本的人。

大師教瞽矇的內容，在《周禮·春官·大師》中記載：「大師……教六詩、曰風、曰賦、曰比、曰興、曰雅、曰頌，以六德爲之本，以六律爲之音。」鄭玄注曰：「教，教瞽矇也。」教育者爲大師，受教育者是瞽矇。

周代的大師是音樂專家，精通音樂理論和音樂基礎知識，負責審音定音：「大

〔註2〕《儀禮·燕禮》。
〔註3〕《左傳》襄公二十九年。
〔註4〕《周禮·春官·大師》。
〔註5〕《周禮註疏》卷二十三。

師掌六律六同，以合陰陽之聲，陽聲：黃鍾、大蔟、姑洗、蕤賓、夷則、無射；陰聲：大呂、應鍾、南呂、函鍾、小呂、夾鍾。皆文之以五聲：宮、商、角、徵、羽，皆播之以八音：金、石、土、革、絲、木、匏、竹。」〔註6〕當時各國都有大師，如衛之師涓，晉之師曠等。

大師所帥之「瞽」是周代的樂官，和「矇」「瞍」等人都是不能視之人。鄭玄注《周禮・春官・大師》引鄭司農說：「無目眹謂之瞽，有目眹而無見謂之矇，有目無眸子爲瞍。」瞽矇的基本技能是知音通律。《國語・周語上・邵公諫厲王弭謗》記載：「瞽獻曲，史獻書，師箴，瞍賦，矇誦」。韋昭注：「瞽，樂師」，「矇主弦歌、諷誦」。瞽的職能主要是奏樂。朱熹在《大雅・靈臺》注也認爲：「古者樂師，皆以瞽者爲之，以其善聽而審於音也。」〔註7〕由於他們的聽力比較靈敏，所以能很好地掌握音樂知識和樂器的演奏方法。「掌播鼗、柷、敔、塤、簫、管、弦、歌，諷誦詩，世奠繫，鼓琴瑟，掌九德六詩之歌，以役大師。」〔註8〕

二、「六詩」的教育內容

「風、賦、比、興、雅、頌」是大師教瞽矇的「六詩」，但「六詩」的確切概念，歷來有不同說法。

鄭玄將「六詩」解釋爲《詩》的六種表現手法：「風，言賢聖治道之遺化也。賦之言鋪，直鋪陳今之政教善惡。比，見今之失，不敢斥言，取比類以言之。興，見今之美，嫌於媚諛，取善事以喻勸之。雅，正也，言今之正者，以爲後世法。頌之言誦也、容也，誦今之德，廣以美之。」〔註9〕這六種表現手法基本上是從詩歌創作的角度來分析的。但是，對於瞽矇來說，他們不需要創作詩歌，也就無須學習創作詩歌的的方法。因此，從大師教詩的語境來說，鄭玄之說不通。

孔穎達認爲「六詩」與「六義」相同，解釋說《周禮》中的「六詩」，因「《大師》上文未有『詩』字，不得徑云『六義』，故云六詩」，與《毛詩序》的「六義」雖「各自爲文」，但「其實一也」。在《毛詩正義》中孔穎達對「六

〔註6〕 《周禮・春官・大師》。
〔註7〕 《詩集傳・大雅・靈台》。
〔註8〕 《周禮・春官・瞽矇》。
〔註9〕 《周禮注疏》卷二十三。

義」的解釋爲：

> 「六義」次第如此者，以詩之四始以風爲先，故曰風。風之所用，
> 以賦、比、興爲之辭，故於風之下即次賦、比、興，然後次以雅、
> 頌。雅、頌亦以賦、比、興爲之，既見賦、比、興於風之下，明雅、
> 頌亦同之。……賦、比、興如此次者，言事之道直陳爲正，故《詩
> 經》多賦在比、興之先。比之與興，雖同是附托外物，比顯而興隱，
> 當先顯後隱，故比居興先也。
>
> 風、雅、頌者，詩篇之異體；賦、比、興者，詩文之異辭耳。大小
> 不同，而得並爲「六義」者，賦、比、興是詩之所用，風、雅、頌
> 是詩之成形，用彼三事，成此三事。是故同稱爲義，非別有篇卷也。
> 〔註10〕

孔穎達認爲「風、雅、頌者，詩篇之異體」指詩的不同類型，「賦、比、興者，詩文之異辭耳」，指創作方法，分別歸爲「三體三用」，並對六詩的次序給予了解釋。朱熹《朱子語類》仿「三體三用」之說，提出「三經三緯」，「蓋所謂『六義』者，風雅頌乃是樂章之腔調，如言仲呂調，大石調，越調之類；至比、興、賦，又別：直指其名，直敍其事者，賦也；本要言其事，而虛用兩句鉤起，因而接續去者，興也；引物爲況者，比也」。〔註11〕朱熹之說深化了「三用」的內涵，「興者，先言他物以引起所詠之詞也」，〔註12〕「賦者，敷陳其事而直言之也」，〔註13〕「比者，以彼物比此物也」，〔註14〕並將這些概念具體運用於對《詩經》作品的通盤分析。朱熹認爲「風、雅、頌」是詩歌的樂章曲調，而「賦、比、興」是詩歌的表現手法。但是，朱熹沒能解釋「六詩」的排列順序爲何不是風、雅、頌、賦、比、興，而是風、賦、比、興、雅、頌。

隨後的《詩經》學者，沒能超出此兩人的觀點。直到近世人章太炎把風賦比興雅頌當作按同一性質劃分的六個類別，認爲六詩皆體。章太炎《六詩說》：

> 外有武王飫詩、《新宮》、《祈招》、《河水》、《轡柔》諸名，時時雜見

〔註10〕《毛詩正義‧周南‧關雎》。
〔註11〕《朱子語類》卷八十。
〔註12〕《詩集傳‧周南‧關雎》。
〔註13〕《詩集傳‧周南‧葛覃》。
〔註14〕《詩集傳‧周南‧螽斯》。

於《春秋傳》，今悉散亡，則比、賦、興被刪不疑也。」「孔子曰：「自衛反魯，雅、頌各得其所。」若合以比、賦、興者，是令棼殽失統，何「得所」之有乎叙世儒復疑風、雅、頌爲異體，比、賦、興爲異辭。苟以不見荒蕪章闋，泯絕經略，令六義亡其三，是不喻《詩傳》之過也。《詩傳》所謂「興也」，或通言，或與「樂語」稱「興」同科，本不謂「四始」雜有「興」體。〔註15〕

郭紹虞先生《「六義」說考辨》更詳細地解釋了六義爲體的觀點。他指出：風、賦、比、興都是民歌，「其入樂者則稱爲風，還有許多不入樂者則稱爲賦比興。民歌數量太多，所以再用不同的表現手法分爲數類，那麼列在風類之後就很爲恰當。」祇是不合樂的緣故，賦比興都被孔子刪去，「六詩」就只剩下今天見到的風雅頌三體了。〔註16〕

以上這些觀點，無論以「風、賦、比、興、雅、頌」爲不同的詩體，還是爲表現手法，都是立足於後代詩歌的觀點來說的，將詩看作是單純的語言文字的作品，忽略了先秦時期是詩樂一體的特點，沒有充分考慮大師和瞽矇對《詩》的應用，更多的是用其「聲」。

朱自清先生解釋「六詩」注意到了詩中的「聲」與「義」的關係，他在《詩言志辨》中說：「風、賦、比、興、雅、頌似乎原來都是樂歌的名稱，合言『六詩』，正是以聲爲用。」他說：「大概『賦』原來就是合唱」；比「原來大概也是樂歌名，是變舊調唱新辭」；興，「疑是合樂開始的新歌」。〔註17〕他將賦比興都定爲「樂歌的名稱」，而釋義則多是其唱法。朱自清「六詩」之釋未必允當，但他開始觸及到了「六詩」是樂歌的名稱問題，指出了《周禮》六詩是以「樂」爲中心的。這是「六詩」解釋開始注意到「聲」的一個轉變，爲後面的研究指出了方向。

章必功先生，提出「六詩」是周代詩歌教學的綱領，將期解釋爲：唱詩、朗誦、用詩切類比事、從詩中引申、以及在合適的場合來運用雅、誦。〔註18〕但是此種解釋是將大師的教學對象定爲國子，對六詩的解釋有偏頗。

〔註15〕章太炎：《檢論》卷二，見《章太炎全集》（三），上海人民出版社，1986年，頁390。

〔註16〕郭紹虞：《「六義」說考辨》，《照隅室古典文學論集》下編，上海古籍出版社，1983年，頁355～389。

〔註17〕朱自清：《朱自清說詩》，上海：上海古籍出版社，1998年，頁75～91。

〔註18〕章必功：《「六詩」探故》，北京：《文史》第二十二輯，中華書局，1984年。

　　我們現在從大師教瞽矇「六詩」的語境來分析「風、賦、比、興、雅、頌」。在《周禮·大師》中，大師教瞽矇學習詩樂的演奏和演唱，其教學目的主要是使瞽矇能在祭禮、射禮、燕饗等場合演奏詩樂。從需要出發，大師交給瞽矇的「六詩」應爲與演奏和演唱《詩》有關的技巧。現代人從這個角度對此問題進行研究的，有袁長江的《六詩六義論》，〔註19〕作者認爲風是指唱詩，賦是朗誦。比是舞詩，興是音樂的啓奏，雅頌是樂器，用來爲詩伴奏。還有朱淵清的研究《六詩考》，〔註20〕作者認爲《詩》是歌、器樂、舞蹈的統一，六詩本是根據歌樂表述方式的不同，基本按風（徒歌）、賦（吟誦）、比（和唱）、興（合唱）、雅（配器樂）、頌（配打擊樂和舞蹈）這種音樂性遞增的次序排列，依次設教。綜合以上觀點，大師教瞽矇的「六詩」應爲六種詩歌演奏和誦唱的技巧。

　　風，是動詞「諷」、「歌」的意思。章太炎所謂：「當時所謂風，衹是口中所謳唱罷了。」〔註21〕因此，風爲對詩樂的歌唱。

　　賦，是吟誦。《漢書·藝文志》云：「不歌而誦謂之賦」。

　　比，《說文解字》對「比」的解釋爲：「比，密也。二人爲從，反從爲比。凡比之屬皆從比。」段玉裁注曰：「其本義爲相親密也，餘義也，及也、次也、例也、類也、頻也、擇善而從之也，阿黨也，皆其所引申。」作爲歌詩的種類，應爲「重唱」或「輪唱」。

　　興，意義比較複雜。〔註22〕《說文解字》中解釋爲：「興，起也。從舁同；同，同力也。」從「起」意，可以引申爲詩樂的啓奏，從「同」意引申爲合唱，兩說均可通。

　　雅、頌，均爲樂器。雅，《周禮·春官·笙師》記載：「笙師掌教龠、竽、笙、塤、鑰、簫、篪、籈、管、舂、牘、應、雅，以教祴樂。」鄭眾注：「雅，狀如漆筩而弇口，大二圍，長五尺六寸，以羊韋鞔之，有兩紐，疏畫」，即爲一種特製的大鼓。頌的本義是鍾，近人考證爲「鏞」。因此，雅、頌是兩種在

〔註19〕袁長江：《先秦兩漢詩經研究論稿》，學苑出版社，1999年，頁215。

〔註20〕朱淵清：《六詩考》，《南京曉莊學院學報》，2001年第6期。

〔註21〕章太炎：《國學概論》，巴蜀書社，1987年，頁98。

〔註22〕「興」是中國古代詩學、美學的重要範疇之一。自從先秦說詩「興」至今已兩千餘年。學者們對其界定不絕如縷，或作爲詩之發生之「興」，曰爲「興起」；或作爲詩之創作之「興」，標爲「興會」；或作爲詩之文本之「興」，號爲「興體」，或作爲詩之品鑒之「興」，稱爲「興味」。在《周禮》、《論語》中，各處的「興」字所代表的意義各不相同。

演奏詩樂時使用的樂器，以此代表演奏時的樂器伴奏。

綜上所述，筆者認為，大師負有教育訓練瞽矇學習演奏《詩》樂的任務，「六詩」是大師教瞽矇時的六項內容，其學習的主要目的是在各種儀式上演奏，所以瞽矇學習的「六詩」主要是如何歌詩、誦詩、演奏詩，所以「六詩」應該是六種詩歌的演奏和吟唱技巧。

三、教《詩》的原則

（一）以六德為之本

對於樂工的要求雖然祇是訓練他們會演奏和吟唱，但是，詩關乎人的性情，只有技巧是不夠的，吟唱的人需要加入自己的情感、自己的理解。將六德融進「六詩」之教中，這樣才能在演奏音樂時更好地表現詩樂的思想。所以，大師在教《詩》時，也注意道德情感的培養，因此說「以六德爲之本」。

關於「六德」爲何，有多種不同的解釋，在《周禮・地官・大司徒》中的「六德」爲：「以鄉三物教萬民而賓興之：一日六德，知、仁、聖、義、忠、和；二日六行，孝、友、睦、姻、任、恤；三日六藝，禮、樂、射、御、書、數。」此處的六德爲：「知、仁、聖、義、忠、和」。

在《周禮・春官・大司樂》中有樂德爲：「中、和、祗、庸、孝、友」，同時孔安國注《尚書》中也有類似說法：「以歌詩蹈之舞之，教長國子中、和、祗、庸、孝、友。」〔註23〕

郭店楚簡《六德》解釋爲：「何謂六德？聖、智也，仁、義也，忠、信也。聖與智戚〔就〕矣，仁與宜〔義〕戚〔就〕矣，忠與信戚〔就〕矣。作禮樂，制刑法，教此民爾，使之有向也，非聖智者莫之能也。」這裡的「六德」指的是「聖、智、仁、義、忠、信」。〔註24〕

鄭注解釋說「所教詩必有知、仁、聖、義、忠、和之道，乃後可教以樂歌。」，〔註25〕取《周禮・地官・大司徒》的六德，此處的語境是大司徒教萬民，是一種教化的思想，與大師教瞽矇的目的和內容還是有些不同，姑且存之。賈公彥解釋說：知「是明於事者，謂於前事不惑」；仁是「愛人及物者」；聖是「通而先行者」，義爲「能斷時宜者」。對於忠、和，鄭玄解釋爲：「言以

〔註23〕《尚書正義》卷三。
〔註24〕荊門市博物館：《郭店楚墓竹簡》，圖版，釋文，文物出版社，1998 年，頁 187。
〔註25〕《周禮註疏》卷二三。

中心」和「不剛不柔」。

（二）以六律為之音

律，就是律管，定音用之。蔡邕說：「截竹爲管謂之律」，〔註26〕即將竹管依一定比例的長度製成定音的十二根律管，吹出十二個標準音，叫十二律。十二律各有固定音高和專有名稱，其名稱爲：1 黃鍾、2 大呂、3 太簇、4 夾鍾、5 姑洗、6 中呂、7 蕤賓、8 林鍾、9 夷則、10 南呂、11 無射、12 應鍾。其中 1、3、5、7、9、11 奇數律爲陽律，通常叫「六律」；2、4、6、8、10、12 偶數律爲陰律，陰律又叫「六同」或「六呂」。鄭注：「以律視其人爲之音，知其宜何歌。子貢見師乙而問曰：『賜也聞樂歌各有宜，若賜者宜何歌？』」〔註27〕即大師吹律爲學生核定音高，據此選擇其所適宜唱的詩歌。詩樂是大師教瞽矇的重要內容，所以必須「以六律爲之音」。

綜上所述，在瞽矇演奏、吟唱詩的時候，主要是以聲爲用，因此，最早關於《詩》的教育是詩樂的教育。大師教給瞽矇《詩》，主要是演奏詩樂，所教「六詩」爲六種演奏《詩》的技巧和配器方法，並以「六德」爲本，以「六律」爲音。由此可以肯定《詩》是瞽矇的詩樂教本。

第二節　大司樂教國子：成才教本

一、《詩》是周代國學課程

《左傳》、《國語》中有很多貴族子弟學習《詩》的記載。

《國語·楚語上》記載楚莊王使士亹輔導太子箴，士亹請教申叔時，申叔時爲他開列了一串教課目錄單，《詩》是其中一科：

> 教之《春秋》，而爲之從善抑惡焉，以戒勸其心；教之《世》，而爲之昭明德而廢幽昏焉，以休懼其動。教之《詩》而爲之導廣顯德，以耀明其志；教之《禮》，使知上下之則；教之《樂》，以疏其穢而鎮其浮，教之令，使訪物官；教之語，使明其德，而知先王之務用明德於民也；教之故志，使知廢興者而戒懼焉；教之訓典，使知族

〔註26〕《月令章句》卷上，《拜經堂叢書》本。
〔註27〕《周禮註疏》卷二三。

類，行比義焉。〔註28〕

《詩》教的作用是擴展德性，顯揚美德、耀明心志。教太子學習《詩》，就可以擴大他的眼界和志向，培養他的美德和知識。因此，《詩》同其他八項內容：從善抑惡的《春秋》、昭明德廢幽昏的《世》、知上下之則的《禮》、疏穢鎮浮的《樂》、以及令明其德的語、知廢興的故志、知族類的訓典等，都成為太子的課程。所以對太子的教育要「誦詩以輔相之」，〔註29〕再加上體貌、明行、節議、恭敬、勤勉、孝順、忠信、德音就可以成就他成為國君的品德。《左傳‧僖公二十七年》載：「《詩》、《書》，義之府也；《禮》、《樂》，德之則也；德、義，利之本也。」《詩》和《書》整體上被看成是「道義」的府藏，而《禮》和《樂》被看成是道德的原則。

《詩》也是周代貴族子弟的重要學習科目。在《禮記‧內則》中規定了國子的學習課程：「十年出就外傅，朝夕學幼儀。十有三年，學樂，誦詩舞勺，成童舞象。二十而冠，始學禮，舞大夏。」這裡詩、樂、舞都是國子的必修課。《詩》作為古代貴族教育的一項不可或缺的內容，和《書》、《禮》、《樂》共同成為教育課程的重要組成部分，如《禮記‧王制》記載了具體的科目：

> 樂正崇四術，立四教，順先王《詩》、《書》、《禮》、《樂》以造士。
> 春秋教以《禮》、《樂》，冬夏教以《詩》、《書》。王大子，王子，群
> 　后之大子，卿大夫元士之適子，國之俊選，皆造焉。凡入學以齒。

《王制》可以大體反映周代貴族教育的情況。《詩》、《書》、《禮》、《樂》一起成為國子的修身內容。

二、國子學《詩》的內容

在《周禮‧春官‧大司樂》中記載了大司樂教國子學《詩》的具體內容：

> 大司樂，掌成均之法，以治建國之學政。而合國之子弟焉，凡有道
> 者、有德者、使教焉。死則以為樂祖，祭於瞽宗。以樂德教國子：
> 中、和、祗、庸、孝、友。以樂語教國子：興、道、諷、誦、言、
> 語。以樂舞教國子：舞雲門、大卷、大咸、大磬、大夏、大濩、大
> 武。以六律、六同、五聲、八音、六舞，大合樂以致鬼神示，以和
> 邦國，以諧萬民，以安賓客，以說遠人，以作動物。

〔註28〕《國語‧楚語上》。
〔註29〕《國語‧楚語上》。

大司樂的職責是掌管「成均之法」，管理「建國之學政」，東漢鄭玄注：「董仲舒云：『成均，五帝之學。』成均之法者，其遺禮可法者」。〔註30〕「成均」是爲「國之子弟」即「國子」設立的學校，其教育內容是「樂德」、「樂語」、「樂舞」等。這「樂語」就是教給國子如何理解詩，如何用詩，其內容是「興、道、諷、誦、言、語」，這六項學習內容，都是國子用《詩》的方法，與當時的用詩習慣有關係。

（一）國子用《詩》

周代用詩，除了上面所提到的在祭祀等儀式上「以聲爲用」的聲朦演奏之外，還流行「賦詩外交」和「賦詩言志」。《詩》是當時的一種社交話語，作爲貴族子弟的國子，掌握這種社交話語是他們的必備技能。

周代引詩、賦詩現象很多，在《左傳》《國語》中多有記載，《左傳》記賦詩始於僖公二十三年秦穆公享重耳之賦《河水》、《六月》，終於定公四年秦哀公之賦《無衣》，共七十餘例。賦詩主要分爲兩種，一是賦詩外交，一是賦詩言志。

賦詩外交的例子如文公十三年：魯文公自晉回國，路過鄭國，鄭穆公要求文公「請平於晉」。宴飲時，鄭子家賦《鴻雁》，借詩中「爰及矜人，哀此鰥寡」，希望文公哀憐鄭國，爲之請平。魯季文子賦《四月》，借詩中「先祖匪人，胡寧忍予？」表示魯侯急於回國祭祀，不能再去晉國。子家又賦《載馳》之四章，借詩中「控於大邦，誰因誰極」，言小國有難請大國援助。季文也賦《采薇》之四章，借詩中「豈敢定居，一月三捷」，答應再往晉國，爲之請平。魯、鄭兩國都通過賦詩曲折地表達了自己的意思，溫文爾雅地進行了一次外交對話，完成了自己的外交使命。

還有賦詩言志的情況，從某人所賦之詩，來看賦詩人的志向和個人素養。如襄公二十七年：

> 鄭伯享趙孟於垂隴，子展、伯有、子西、子產、子大叔、二子石從。趙孟曰：「七子從君，以寵武也。請皆賦，以卒君貺，武亦以觀七子之志。」子展賦《草蟲》。趙孟曰：「善哉，民之主也。抑武也，不足以當之。」伯有賦《鶉之賁賁》。趙孟曰：「床第之言不踰閾，況在野乎？非使人之所得聞也。」子西賦《黍苗》之四章。趙孟曰：「寡君

〔註30〕《周禮註疏》卷二二。

在，武何能焉？」子產賦《隰桑》。趙孟曰：「武請受其卒章。」子大
叔賦《野有蔓草》。趙孟曰：「吾子之惠也。」印段賦《蟋蟀》。趙孟
曰：「善哉，保家之主也。吾有望矣。」公孫段賦《桑扈》。趙孟曰：
「『匪交匪敖』，福將焉往？若保是言，欲辭福祿，得乎？」〔註31〕

事後趙武又對諸人加以評判，謂伯有誣辱君上，將來定會被殺，其餘則將為
數世之主。特別是子展賦「我心則降」，謂在上位而不忘降，將會最後亡。其
次是印段賦「好樂無荒」，能樂以安民，也將較後才亡。趙武對鄭國七子賦詩
言志的評論，是通過所賦詩句判斷賦詩人的內心活動，並斷定他們的命運。
照《左傳》所述，趙武的判斷後來都一一應驗。

又如《左傳》文公七年，記晉國的荀林父勸阻先蔑到秦國去接晉公子雍，
先蔑不聽。荀林父在給他送行的時候賦《大雅‧板》的第三章，表示自己盡
同僚之誼。定公四年，申包胥哭秦庭，直到秦哀公賦《無衣》。另外在《左傳》
襄公十四年、十六年、十九年，都記述樂這種外交活動中賦詩的情形。在這
些場合，賦詩之人是參加宴會的各國要人，他們賦詩不再注重樂歌，而是通
過賦詩來表達自己的思想和願望。賦詩人引用詩句來表達特定的意思，往往
用斷章取義的方法，借用詩中詞句曲喻其意。只有賦詩人和聽詩人都理解引
詩所代表的意義，才能順利進行交流。

當時賦詩的方式，有賦全詩，有賦詩中的章句，還有的不賦具體詩句，
只用詩名，但都需要熟練掌握《詩》的內容。

賦誦全詩。很多時候，國之要人要賦全詩。如上面所舉的襄公二十七年
賦詩言志的例子，鄭子展賦《草蟲》、伯有賦《鶉之賁賁》、子產賦《隰桑》、
子大叔賦《野有蔓草》、印段賦《蟋蟀》、公孫段賦《桑扈》，他們所賦都是全
詩。

賦誦詩中一章或一句。如《左傳》文公七年，荀林父賦《大雅‧板》的
第三章，襄公十六年賦《鴻雁》之卒章，都是賦詩之一章。又如《襄公三十
一年》：「文子入聘，……（鄭）馮簡子與大叔逆客。事畢而出，言於衛侯曰：
『鄭有禮，其數也之福也，其無大國之討乎！《詩》云：『誰能執熱，逝不以
濯。』禮之於政，如熱之有濯也。濯以救熱，何患之有欸」「誰能執熱，逝不
以濯」是《大雅‧桑柔》中的一句，以此來說明禮對於政的重要性。

賦詩只用詩名，不賦詩句。如定公十年，魯國的叔孫州仇、仲孫何忌和

〔註31〕《左傳》襄公二十七年。

齊師圍郿，但久攻不下。叔孫問郿工師騈赤將怎麼辦。騈赤回答說：「臣之業在《揚水》卒章之四言矣。」〔註32〕《詩》中有三首《揚之水》，《王風》、《鄭風》的《揚之水》末章都是六句，只有《唐風‧揚之水》是四句。因此是指《唐風‧揚之水》。還如《國語‧魯語下》，晉國本來約好「諸侯伐秦」，但到了涇水，誰也不渡河。晉國問魯國的叔孫穆子是怎麼回事，回答說：「豹（即叔孫穆子）之業，及《匏有苦葉》矣，不知其他。」〔註33〕此處只說出《匏有苦葉》的詩名，叔向就知道諸侯將渡河。

以上三種賦詩的情況，都需要熟悉《詩》的內容才能隨時賦詩交流。賦全詩和賦詩中某一章句，相對來說容易一些，只要學過《詩》就可以理解他人的意思，而只用詩名的情況，理解起來就比較難了，需要對《詩》相當熟悉才能做到隨時應對。如果對《詩》不熟悉，在這種場合就會被人恥笑。

如《左傳》襄公十六年：「晉侯與諸侯宴於溫，使諸大夫舞，曰：『歌詩必類！』齊高厚之詩不類。荀偃怒，且曰：『諸侯有異志矣！』使諸大夫盟高厚，高厚逃歸。於是，叔孫豹、晉荀偃、宋向戌、衛甯殖、鄭公孫蠆、小邾之大夫盟，曰：『同討不庭。』」〔註34〕

所謂「歌詩必類」，是指所賦詩篇必須與主賓身份、所處情境及舞樂相合，並應恰當地反映賦詩者的思想情感。高厚卻在這個問題上犯了一個不應該犯的錯誤，並且逃盟而歸，以致造成諸侯「同討不庭」的嚴重後果，正所謂「不學詩，無以言」。〔註35〕

又如襄公二十七年：「齊慶封來聘，……叔孫與慶封食，不敬。為賦《相鼠》，亦不知也。」〔註36〕再如昭公十二年：「宋華定來聘，通嗣君也。享之，為賦《蓼蕭》，弗知，又不答賦。昭子曰：『必亡。宴語之不懷，寵光之不宣，令德之不知，同福之不受，將何以在？』」〔註37〕

《相鼠》的原文是：「相鼠有皮，人而無儀。人而無儀，不死何為！相鼠有齒，人而無止，人而無止，不死何俟！相鼠有體，人而無禮，人而無禮，胡不遄死。」別人賦《相鼠》罵慶封，他卻渾然不知。華定對於《詩》更是

〔註32〕《左傳》定公十年。
〔註33〕《國語‧魯語下》。
〔註34〕《左傳》襄公十六年。
〔註35〕《論語‧季氏》。
〔註36〕《左傳》襄公二十七年。
〔註37〕《左傳》昭公十二年。

一竅不通，賦《蓼蕭》來恭維他，他毫無反應。惹人恥笑。如孔子所說：「誦詩三百；授之以政，不達；使於四方，不能專對；雖多，亦奚以爲？」〔註38〕

因此國子作爲將來可能會參加外交場合的人員，只有熟練掌握《詩》的內容和使用技巧，才能在必要的時候應對自如。按照班固的說法，賦《詩》言志是考驗個人乃至一個國家文化與倫理素養的標誌：「古者諸侯卿大夫交接鄰國，以微言相感，當揖讓之時，必稱《詩》以諭其志，蓋以別賢不肖而觀盛衰焉。」。〔註39〕可以想像當時大夫出使別國時，賦《詩》是一項基本的外交技能。

從賦詩、引詩的情況看，《詩》教育在當時是很普遍的。清人勞孝輿《春秋詩話》論及春秋賦詩時說：「自朝會聘享以至事物細微，皆引《詩》以證其得失焉，大而公卿大夫以至輿臺賤卒，所有論說，皆引《詩》以暢厥旨焉。余嘗伏而讀之，愈益知《詩》爲當時家弦戶誦之書。」「可以誦讀而稱引者，當時止有《詩》、《書》，然《傳》之所引，《易》乃僅見，《書》則十之二三，若夫《詩》，則橫口之所出，觸目之所見，沛然決江河而出者，皆其肺腑中物，夢寐間所呻吟也。豈非《詩》之爲教所以浸淫人之心志而厭飫之者，至深遠而無涯哉？」〔註40〕

（二）樂語的教育內容

根據《左傳》所記載的周代上層人物引詩、用詩的情況，大司樂教國子的時候，所教樂語「興、道、諷、誦、言、語」，應爲國子六種用《詩》的方法。鄭玄注曰：

> 興者，以善物喻善事；道，讀曰導。導者，言古以剴今也；倍文曰諷，以聲節之曰誦；發端曰言；答述曰語。〔註41〕

鄭玄此注均是就詩之用來解釋，很符合大司樂教詩的內容。

興、道──以此喻彼，以古論今

關於「興」，賈《疏》對鄭玄的注進一步解釋云：「『興者以善物喻善事』者，謂若老狼興周公之輩；亦以惡物喻惡事，不言者，鄭舉一邊可知。」〔註42〕

〔註38〕《論語·子路》。
〔註39〕《漢書·藝文志》。
〔註40〕《春秋詩話》卷三，四庫全書存目叢書。
〔註41〕《周禮註疏》卷二二。
〔註42〕《周禮註疏》卷二二。

這裡的「興」實際是一種約定俗成的用詩習慣。

當時賦詩的並不是用詩的本義，而是多「斷章取義」。「斷章取義」來自《左傳》襄公二十八年的記載。齊國的慶舍把女兒嫁給盧蒲葵，別人對盧說，「男子辨姓，子不辟宗，何也？」意思是同姓不婚，你們是同宗，為何結為婚姻？《禮記‧曲禮》曾說：「娶妻不娶同姓，故買妾不知其姓則卜之。」古人注意同族同宗的不近親結婚。而盧蒲葵卻說：「宗不余辟，余獨焉辟之？賦詩斷章，余取所求焉，惡識宗？」用當時常用的賦詩斷章來說明這次婚姻是「余取所求」。

賦詩斷章是當時一種普遍的用詩方法。前面所引襄公二十七年賦詩言志中，所用都是斷章取義。鄭子展賦《草蟲》。因詩中有「未見君子，憂心忡忡；亦既見止，亦既覯止，我心則降」，以趙武為君子，趙武說：「善哉，民之主也！抑武也不足以當之。伯有賦《鶉之賁賁》。此詩被認為是刺衛宣姜淫亂而作，其中有「人之無良，我以為君」。趙武認為伯有無禮，就說：「床第之言不踰閾，況在野乎？非使人之所得聞也。」子西賦《黍苗》之四章，因詩中有「肅肅謝功，召伯營之」等句，比趙武為召伯。趙武表示不敢當，說「寡君在，武何能焉！」子產賦《隰桑》，借詩中「既見君子，其樂如何」，表示對趙武的敬仰。趙武說：「武請受其卒章」，卒章是「心乎愛矣，遐不謂矣！中心藏之，何日忘之」，也表示對子產的感念。子大叔賦《野有蔓草》。印段賦《蟋蟀》，因詩句有「無以太康，職思其居。好樂無荒，良士瞿瞿」，趙武以其能戒懼不荒，讚賞說：「善哉，保家之全也！」公孫段賦《桑扈》。因詩中有「匪交匪敖，萬福來求」，趙武說：「匪交匪敖，福將焉往？若保是言，欲辭福祿，得乎？」

這次賦詩所用詩都不是詩的原意，均為通過類比聯想，表達自己的意思。主賓雙方言語往還之間賦詩明志、借物抒懷而彼此靈犀相通，儘管賦詩者所要表達的意思與詩句本身固有的意義往往風馬牛不相及，極為隱晦難懂，但聽者卻從不錯會其意，而是立即就能準確地明白賦詩者所要表達的意念。說明時人對賦詩取義是有一定潛規則的，這就是「興」。「興」是對《詩》的具體運用方法，即運用《詩》的詞章斷章取義地解決現實政治倫理問題。研究表明，在禮儀場合所用的詩，除個別者外，一般與詩本義未必有必然聯繫。外交用詩主要是通過特定禮儀氛圍、等級規範的暗示，引發賦詩人和聽詩人的聯想。

因此要在這種場合應對自如，就需要掌握斷章取義的話語規則，只有這樣才能明白他人賦詩的意思，同時也能應用這種規則，表達自己的意思。所以，這種「興」便是在禮儀場合賦詩引詩的話語規則。

「道」，鄭玄解釋為「導」，「言古以剴今也」。賈《疏》云：「『道讀曰導』者，取導引之義，故讀從之；云『導者，言古以剴今也』者，謂若詩陳古以刺幽王厲王之輩皆是。」〔註43〕孫詒讓《周禮正義》解釋「道」，謂：「言古以剴今，亦謂道引遠古之言語，以摩切今所行之事。」，〔註44〕也是一種用詩的方法，祇是這裡的側重點在於以古論今，以古鑒今。

諷、誦——熟背和吟誦

掌握了「興」、「道」的話語規則，在用《詩》的時候，最重要的還是對《詩》的熟練掌握，只有這樣，才能在關鍵時刻從眾多的詩歌中找出合適的詩句來表達自己的意思，同時也能判斷對方所賦詩句的出處和所表達的意思。所以背誦《詩》篇是學《詩》的重要步驟。只會背誦還不夠，在正式的場合賦詩，需要賦詩者能用正確、優美的聲音來吟誦詩句，學會按聲節吟誦詩篇也是必不可少的。

根據鄭玄的注：「倍文曰諷，以聲節之曰誦」，賈《疏》進一步解釋說：「云『邶文曰諷』者，謂不開讀之。云『以聲節之曰誦』者，此亦皆背文，但諷是直言之，無吟詠，誦則非直背文，又為吟詠，以聲節之為異。」〔註45〕孫詒讓《周禮正義》關於「諷、誦」，他肯定「諷如小兒背書聲，無回曲；誦則有抑揚頓挫之致」的說法，並指出《說文》「諷」、「誦」互訓，故二者對文則異，散文得通。〔註46〕

這裡的諷與誦就是對《詩》的記憶和吟誦。

言、語——發言和應答

鄭玄注：「發端曰言；答述曰語。」賈《疏》對此解釋說：

> 「發端曰言，答述曰語者」，《詩·公劉》云：「於時言言，於時語語。」
> 《毛》云：「直言曰言，答述曰語。」許氏《說文》云：「直言曰論，

〔註43〕《周禮註疏》卷二二。
〔註44〕《周禮正義》卷四二。
〔註45〕《周禮註疏》卷二二。
〔註46〕《周禮正義》卷四二。

答難曰語。」論者,語中之別,與言不同。〔註47〕

孫詒讓在《周禮正義》中對「言」、「語」二字雖然並未作出直接的解釋,但引述了《禮記‧雜記》「三年之喪,言而不語」、《喪服四制》「齊衰之喪,對而不言」、《釋名》「言,宣也,宣彼此之意也;語,敘也,敘己所欲說也」及《雜記》鄭注「言,言己事,為人說為語」等多條材料。〔註48〕

在外交場合的對話,先發言的為「言」,應對的為「語」,一來一往都有規則和技巧,此處言、語指如何以《詩》發言和以《詩》應對的技巧。

總之,大司樂所教的「興、道、諷、誦、言、語」,都是當時賦詩外交所需要的規則和技巧。興是賦詩用義的規則,道是以古論今的方法,諷是對詩文的背誦,誦是有節奏地吟誦;言是用詩來發言,語是用詩來應對。

《詩》之編輯目的是為了作為教科書來流傳,最早是教授樂工的教科書。樂工學習《詩》,其目的是在祭祀、燕享、射禮等禮樂活動中演奏和吟唱,所以學習的內容主要是詩歌的演奏和吟唱技巧:「風」、「賦」、「比」、「興」、「雅」、「誦」。《詩》還是貴族子弟學習的重要課程,其目的是在外交場合達政專對,所以學習內容主要是掌握詩的內容和使用方法,即「興」、「道」、「諷」、「誦」、「言」、「語」。

第三節 孔子教弟子:修身教本

孔子是春秋時期私學的開創者,也是編定《詩》教材,將《詩》的教育平民化,開創《詩》教傳統的重要人物。《史記‧孔子世家》言:「孔子以詩書禮樂教,弟子蓋三千焉,身通六藝者七十二人。」

一、孔子「正」《詩》作為教本

在孔子之前,《詩》已經是瞽矇和國子的教材。孔子在設立私學的時候,選擇《詩》作為孔門「六藝」之一教授弟子。其所用的教本與大師和大司樂所用的教本是否是一個版本的問題一直存在爭論。爭論的起因是司馬遷的《史記‧孔子世家》關於孔子刪詩的記述:

古者詩三千餘篇,及至孔子,去其重,取可施於禮義,上采契、后

〔註47〕《周禮註疏》卷二二。
〔註48〕《周禮正義》卷四二。

稷，中述殷周之盛，至幽、厲之缺，始於衽席，故曰「《關雎》之亂
以爲《風》始，《鹿鳴》爲《小雅》始，《文王》爲大雅始，《青廟》
爲《頌》始。」三百五篇孔子皆弦歌之，以求合詔武雅頌之音。禮
樂自此可得而述，以備王道，成六義。〔註49〕

司馬遷認爲在孔子以前，《詩》有三千餘篇，經過孔子「去其重」，即爲
現在流傳的三百零五篇的《詩經》。

司馬遷提出的孔子刪詩說，被東漢的史學家班固繼承。他在《漢書‧藝
文志》中說：「孔子純取周詩，上采殷，下取魯，凡三百五篇，遭秦而全者，
以其諷誦，不獨在竹帛故也。」後世的史學家多對刪詩之說深信不疑。漢趙
歧《孟子題辭》、僞孔安國《尚書序》，吳陸機《毛詩草木鳥獸蟲魚疏》以及
陸德明《經典釋文》均本司馬遷之說。宋代文學家、史學家歐陽修更發展了
《史記》、《漢書》的說法。他曾說：「孔子生於周末，方修禮樂之壞，於是正
其《雅》、《頌》，刪其繁重，列於六經，著其善惡，以爲勸誡，此聖人之志也。」
〔註50〕認爲孔子刪詩，不是刪掉全篇，祗是刪掉部分章節、字句，「刪《詩》
云者，非止全篇刪去也。或篇刪其章，或章刪其句，或句刪其字。」〔註 51〕
宋代的蘇轍、王應麟，清代的顧炎武、趙坦等也贊同這一觀點。近代的康有
爲也是刪詩論者，其後的學衡派學人柳詒徵，錢基博、周谷城、丁思都贊同
刪詩說。

但是，孔子刪詩說自司馬遷之後也在不斷受到懷疑，漢代的孔安國就提
出古代詩歌不會有三千多篇，孔子也不會刪去十分之九。唐代的孔穎達不贊
成孔子刪詩說，認爲按書傳所引之書，見在者多，亡逸者少，所以孔子所刪
不會有十分之九。〔註 52〕宋代的鄭樵、葉適、王相、元代監察御史蘇天爵、
明末學人黃淳耀、清代學人朱彝尊、趙翼、崔述、李惇、方玉潤、王士禎、
江永、魏源等都是持不刪詩說者。近代梁啓超持「未刪」詩的觀點，隨後的
新文化運動朝孔家店開火，對孔子多有批評，胡適、錢玄同、顧頡剛、馮友
蘭等都認爲《詩》未經孔子刪過。當代的詩經研究學者的觀點，漸趨一致，
認爲孔子未曾刪詩，其理由程俊英《詩經漫談》中總結的六條，周滿江所著

〔註49〕《史記‧孔子世家》。
〔註50〕《詩本義》卷十四，《本末論》。
〔註51〕《文獻通考》卷一百七十八。
〔註52〕《毛詩正義‧詩譜序》孔疏。

《詩經》中歸爲四條。

　　還有一派觀點認爲，孔子雖不曾刪詩，但《詩》是經孔子整理過的。宋代的理學家朱熹提出了孔子曾刊定《詩》的觀點：「人言夫子刪詩，看來只是采得許多詩，夫子不曾刪去，往往祇是刊定而已。」〔註53〕清初的汪琬與朱熹的觀點一致。

　　20世紀的魯迅和郭沫若都持曾經整理《詩》的觀點：魯迅在《漢文學綱要》中說：「司馬遷始以爲『古者《詩》三千餘篇，及至孔子，去其重……』然唐孔穎達已疑其言；宋鄭樵則謂詩皆商、周人作，孔子得於魯太師，編而錄之。」〔註54〕郭沫若在《簡單地談談詩經》一文中，曾從《詩經》創作年代綿長、產生地域遼闊，並以其形式、音韻的統一性作爲內證，說明《詩經》曾經過一道總的編訂加工程式。白壽彝在他主編的《中國通史綱要》中說：「據說，《尚書》和《詩經》是他（指孔子）整理出來的，講占卜的《周易》附有他的解說，《春秋》是他編寫的，還有《禮》和《樂》都是經他審定的。」〔註55〕

　　筆者認爲，孔子曾整理《詩》作教材教授弟子。

　　在孔子之前，大師和大司樂用《詩》爲教材，《詩》的基本內容是統一的。假若沒有一個固定的文本，在禮儀場合，樂工的演奏、士人的賦詩引詩交流就不會那麼順利。已有研究者就《左傳》所引詩分析，襄公四年（前569年），記叔孫豹如晉，晉悼公命樂工歌《文王》之三、《鹿鳴》之三，其中所記篇次與《詩經・大雅》中《文王》、《大明》、《綿》和《小雅》中《鹿鳴》、《四牡》、《皇皇者華》的篇次完全一致，這一年孔子尚未出世。襄公二十九年（前544年）吳公子季札在魯觀樂，樂工演奏之詩和今傳《詩經》的順序基本一致。當時，孔子八歲。所以在孔子以《詩》爲教以前，就已經有統一的本子在流行。

　　到孔子設立私學的時候，採用《詩》作爲自己的教科書，爲了方便教學，整理過《詩》，如朱熹所說的「刊定」。在《論語》中記載孔子說：「吾自衛反魯，然後樂正，《雅》《頌》各得其所。」〔註56〕據方玉潤在《詩經原始》卷首下《詩旨》中考訂，夫子反魯在周敬王三十六年，魯哀公十一年，丁巳，

〔註53〕《朱子語類》卷二十三。
〔註54〕魯迅：《漢文學史綱要》，《魯迅全集》，第9卷，北京：人民文學出版社，1981年，頁353。
〔註55〕白壽彝：《中國通史綱要》，上海：上海人民出版社，1980，頁101。
〔註56〕《論語・子罕》。

時年已六十有九。「夫曰『正樂』，必《雅》《頌》諸樂，固各有其所在，不幸歲久年湮，殘缺失次，夫子從而正之，俾復舊觀，故曰『各得其所』」。〔註57〕

清代的崔述在《辨刪〈詩〉之說》中說：

> 古者風尚簡質，作者本不多，而又以竹寫之，其傳不廣，是以存者少而逸者多。……故世愈近則詩愈多，世愈遠則詩愈少。孔子所得，止有此數；或此外雖有，而缺略不全。則遂取是而釐正次第之，以教門人，非刪之也。〔註58〕

崔述指出孔子在以《詩》教授弟子的時候，曾經做過「釐正次第」的整理。

孔子在使用《詩》作教材之前，刊定《詩》的原因主要有兩個方面：

1、周代文獻散佚，需要整理才可作為教材。孔子所生活的春秋時代，周室衰微，諸侯紛爭，禮崩樂壞，因而使古代文獻大量地散亂流失。《孟子·離婁下》說：「王者之迹熄而詩亡，詩亡然後《春秋》作。」《史記·孔子世家》亦云：「孔子之時，周室微而禮樂廢，詩書缺。」可見，當時的《詩》已經散佚，無法以其為教材教授學生，所以孔子需要將以前的教材進行整理，才能使用。

2、統一《詩》的本子，以便於教學。整理古代文獻的目的是「垂世立教」，以此來教授弟子：「三千之徒，並受其義。」史學家范文瀾先生說：「孔子非常博學，收集魯、周、宋、杞等故國的文獻，整理出《易》、《書》、《詩》、《禮》、《樂》、《春秋》六種教本來，講授給弟子們。這些教本寫在二尺四寸的竹簡上，被尊稱為經，孔子和其他諸儒解釋經義的文字寫在較短的竹簡或木板上，稱為傳。」〔註59〕

作為《詩》來說，這是一個不斷補入新詩篇的集子，在春秋初年已經完成。在其後的流傳過程中，由於各地方言的不同和各地音樂的差異，也由於各國補入其中的詩不同，《詩》在各地出現了不同的版本，給當時的人學習和使用造成一定程度的不便。畢生「以詩、書、禮、樂教」的孔子不僅熟知各種版本間的差異，也深深感到這種混亂給人們造成的不便，所以在他晚年，綜合各種版本，對《詩》進行了校定工作，並以這個新版本來教授弟子。

另外，孔子在進行教學的時候，發現其中有些問題影響《詩經》的傳授

〔註57〕《詩經原始》卷首。
〔註58〕《洙泗考信錄》卷三。
〔註59〕范文瀾：《中國通史》第一冊，北京：人民出版社，1994年，頁170。

效果，需要對《詩經》整理。由於《詩》中的篇章，來自不同的地方，各地的方言差別很大。〔註60〕孔子在教授學生的時候，需要用當時的標準語言——雅言，即夏地的方言。《論語·述而》云：「子所雅言，《詩》、《書》、執禮，皆雅言也。」在教詩的時候，孔子用雅言來誦讀。所以，需要對《詩》中方言進行整理，這樣才能以標準版本教授弟子。

因此，孔子用作教科書的《詩》，是在大師編訂的《詩》集基礎上，對其進行「刊定」，使其更適合於自己的教學。

二、奠定《詩》教的理論基礎

孔子是整理《詩》作為教材的人，也是首先論證《詩》教重要性的人。孔子將《詩》納入儒家的文獻，奠定了後世《詩經》教育的基礎。孔子將《詩》作為人生修養的第一步，《詩》可以使人得到感發；同時《詩》具有個性修養、社會交往和增長知識的作用；在對民眾的教化上，《詩》教還可以使人溫柔敦厚而不愚。

（一）興於《詩》——人生修養的第一步

孔子說：「興於《詩》，立於禮，成於樂」，〔註61〕將《詩》作為一個人道德修養的的第一步，繼而學禮、學樂，完成一個人的修養過程。劉寶楠《論語正義》釋云：「學詩之後，即學禮，繼乃學樂。蓋詩即樂章，而樂隨禮以行，禮立而後樂可用也。……是樂以治性，故能成性，成性亦修身也。」〔註62〕

「興於詩」是道德修養的第一階段。包咸的解釋為：「興，起也，言修身當先學詩。」〔註63〕一個人的道德品質修養，先要從具體感性的方面入手。《詩》三百形象生動，意境優美，含蓄蘊藉，可以使學生在學習的過程中，受到潛移默化的影響。朱熹的注釋為：「興，起也。《詩》本性情，有邪有正，其為言既易知，而吟詠之間，抑揚反覆，其感人又易入。故學者之初，所以興起其好善惡惡之心，而不能自已者，必於是而得之。」〔註64〕因為詩是「本性

〔註60〕《漢書·藝文志》說戰國時期中原各地還處於「言語異聲，文字異形」的狀態。所以，在彙集各地詩歌的《詩》中，存在著言語異聲的問題，進行《詩》的教學，以雅言來校定《詩》是必不可少的環節。

〔註61〕《論語·泰伯》。

〔註62〕《論語正義》卷九。

〔註63〕《論語正義》卷九引。

〔註64〕《論語集注》卷四。

情」的作品，所以最能引起人們的情感共鳴，詩歌本身具有「抑揚反覆」的特點，在人們誦讀的過程中，很容易接受《詩》中的「好善惡惡」之心，所以學習自《詩》始，可以使人的道德品質逐漸提高。

同時，「興」還有感發人心的意思。《論語正義》說：「詩有六義，本於性情，陳述德儀，以美治而刺亂，其用皆切於己。說之，故言之而長，長言之不足，至形於嗟歎舞蹈，則振奮之心，黽勉之行，油然作矣，詩之所以主於興也。」〔註65〕

人的成長過程中，感性認識始自學習詩歌，在此基礎上，還要學習禮和樂，以完成一個修養過程。孔子說，「不學禮，無以立」，〔註66〕禮是立身之本，禮作爲西周時期重要的制度，在一個人的成長中佔據重要地位。朱熹的解釋爲：「禮以恭敬辭遜爲本，而有節文度數之詳，可以固人肌膚之會，筋骸之束。故學者之中，所以能卓然自立，而不爲事物之所搖奪者，必於此而得之。」〔註67〕清人李塨發揮了以上觀點：「恭敬辭讓，禮之實也。動容周旋，禮之文也。冠婚喪祭射鄉相見，禮之事也。事有宜適，物有節文，學之而德性以定，身世有準，可執可行，無所搖奪，禮之所以主于立也」〔註68〕

學習了「詩」、「禮」之後，學生還要學習「樂」才能完成自己的道德修養，「樂以成性」。音樂可以感動人心，陶冶性情，最能影響一個人的心理，成就一個人的個性。朱熹說：「樂有五聲十二律，更唱迭和，以爲歌舞八音之節，可以養人之情性，而滌蕩其邪穢，消融其渣滓。故學者之終，所以至於義精仁熟，而自和順於道德者，必於此而得之，是學之成也。」〔註69〕

所以詩、禮、樂是人生修養的三個連續的階段，《詩》是第一步，奠定禮樂教化的基礎。

（二）《詩》的個人修養功能

孔子對《詩》的教育功能的經典論述是：「子曰：小子何莫學夫《詩》？《詩》可以興，可以觀，可以群，可以怨；邇之事父，遠之事君；多識於鳥獸草木之名。」〔註70〕從「小子何莫學夫詩」可知，這是孔子教育其弟子的話，強調了

〔註65〕《論語正義》卷九引。
〔註66〕《論語・季氏》。
〔註67〕《論語集注》卷四。
〔註68〕《論語正義》卷九引。
〔註69〕《論語集注》卷四。
〔註70〕《論語・陽貨》。

學習《詩》的多方面功能，包括人的個性品質、社會性和知識能力的發展。朱熹說：「學詩之法，此章盡之。讀是經者，所宜盡心也。」〔註71〕

1、可以興、觀、群、怨——個性發展

通過學《詩》，人可以「興觀群怨」。對於「興觀群怨」的解釋，歷來眾說紛紜，莫衷一是。多數爭論是從詩學的範疇進行分析。在此，我們立足於孔子教育的思想，從《詩》之教育功能的角度來分析「興觀群怨」。

興，〔註72〕**聯想能力**

在《論語集解》裏，引孔安國注為：「興，引譬連類」，就是根據詩歌中所提供的具體事物，產生聯想，引起自己對同類事物的想像和對其中隱含道理的理解。朱熹《論語集注》解釋為「感發意志」，著重在讀詩時產生心理作用，對人的感情、意志、思想產生影響，引起人的思想共鳴。

孔子的教育中，就有這樣的啟發例證。例如：

> 子貢曰：「貧而無諂，富而無驕，何如？」子曰：「可也；未若貧而樂，富而好禮者也。」子貢曰：「詩云：『如切如磋，如琢如磨』，其斯之謂與？」子曰：「賜也，始可與言詩已矣，告諸往而知來者。」（《論語·學而》）

> 子夏問曰：「『巧笑倩兮，美目盼兮，素以為絢兮。』何謂也？」子曰：「繪事後素。」曰：「禮後乎？」子曰：「起予者商也！始可與言詩已矣。」（《論語·八佾》）

在這兩則孔子認為「始可與言詩矣」的評價中，能夠一起討論《詩》、學習《詩》的標準是能夠用「興」的方法。子貢聽見孔子說「貧而樂，富而好禮」，就聯想到《詩》中的句子：「如切如磋，如琢如磨」，孔子還表揚子貢說：「告諸往而知來者」。孔子在回答子夏關於《詩》句「巧笑倩兮，美目盼兮，素以為絢兮」的問題時，用了繪畫上面的「繪事後素」，而子夏由此就聯想到「禮後」。孔子在進行《詩》的教育的時候，都運用了「興」。

〔註71〕《論語集注》卷九。

〔註72〕本文四處所釋「興」字的意義均不相同，是根據不同的語境作出適當的解釋。錢鍾書認為：「夫『賦、比、興』之『興』謂詩之作法也；而『興、觀、群、怨』之『興』謂詩之功用，即《泰伯》：『興于詩，立于禮，成于樂』之『興』。詩具『興』之功用者，其作法不必出於『興』。」見錢鍾書：《管錐編》第一冊，北京：中華書局，1979年，頁396。

根據楊伯峻的解釋，「興」就是「聯想力」。〔註73〕

觀，觀察能力

鄭玄的解釋爲「觀風俗之盛衰」，〔註74〕朱熹的解釋爲「考見得失」，〔註75〕這兩種解釋都與「觀風知政」的傳統有關。在前面介紹《詩》的來源時，曾提到采詩官采詩就是爲了王能通過這些詩瞭解民風民俗和政治的得失，「王者不窺牖戶而天下知」，〔註76〕「王者所以觀風俗，知得失，自考證也。」〔註77〕

除了「觀風俗，知得失」之外，在先秦還有一種「由詩觀志」的風俗。「詩言志」，詩可以表達一個人的情感、意志，反映其心理狀態，《漢書‧藝文志》云：「古者諸侯卿大夫交接鄰國，以微言相感，當揖讓之時，必稱詩以諭其志，蓋以別賢不孝而觀盛衰焉。」在學詩的過程中，也可觀學習者所秉之志。《論語‧先進》記載：「南容三復白圭，孔子以其兄之子妻之。」「白圭」是《詩經‧大雅‧抑》中的詩句：「白圭之玷，尚可磨也；斯言之玷，不可爲也。」南容再三誦讀這句詩，孔子就把侄女嫁給了他。這是因爲孔子從南容再三誦讀的詩句中觀到了他的志，孔安國注釋說「南容讀詩至此，三反覆之，是其心愼言也。」〔註78〕從誦讀詩句見出一個人謹慎言語，從而判斷一個人的品性，這是孔子以詩觀志的具體實踐。

要從別人所賦的詩中，領會賦詩人的意思，這也是學詩所要培養的能力，就是楊伯峻解釋的「可以提供觀察力」。

群，合群性

孔安國把「群」解釋爲：「群居相切磋」，〔註79〕朱熹注作：「和而不流」，〔註80〕這裡都說的是調節人際關係的能力，人和人之間相處的能力。

群者，從也。孔子說「君子群而不黨」，〔註81〕又說「君子以文會友，以友輔仁」，〔註82〕則君子之群應以仁爲基礎。所以「可以群」應指學《詩》能

〔註73〕 楊伯峻：《論語譯注》，北京：中華書局，1980年，頁185。
〔註74〕 《論語註疏》卷十七。
〔註75〕 《論語集注》卷九。
〔註76〕 《漢書‧食貨志》。
〔註77〕 《漢書‧藝文志》。
〔註78〕 《論語註疏》卷十一。
〔註79〕 《論語註疏》卷十七。
〔註80〕 《論語集注》卷九。
〔註81〕 《論語‧衛靈公》。
〔註82〕 《論語‧顏淵》。

感發人內在的社會情感，並以此去和諧人的社會關係。人們可以通過賦詩來交流與溝通彼此的想法，從而調節人際關係，在社會群體中發揮凝結協調的作用。《左傳》昭西元年夏四月，鄭伯宴享出使鄭國的晉趙孟、魯叔孫豹及魯大夫，趙孟賦《小雅・瓠葉》，表示感謝鄭國的盛情款待；叔孫豹賦《召南・鵲巢》，奉承趙孟善於治理晉國，又賦《召南・采蘩》希望晉國保護魯國；鄭大夫皮賦《召南・野有死麕》之末章，請求晉國不要有非禮之舉；趙孟又賦《小雅・棠棣》，取其「凡今之人，莫若兄弟」，表示大家都是兄弟之邦，應當彼此親愛不要相互猜忌。這樣一來，各方達成了諒解，消除了隔閡。從春秋時期流行的賦詩交往風氣來說，不會賦詩，就無法在這種場合發言。所以，賦詩是士人與他人交往的重要工具，不掌握這個工具，就無法「群」。楊伯峻的解釋爲「合群性」。

怨，情感發泄

孔安國解釋爲：「怨刺上政」，〔註 83〕強調對不合理政治的怨情。這與采詩說的來源有不可分割的聯繫，王通過《詩》來瞭解政之得失，詩中蘊含了民眾的眞實感受。朱熹注：「怨而不怒」，〔註 84〕是說人們在表達自己的情緒情感之時，原則是不過分，中和。就如孔子對《關雎》的評價「樂而不淫，哀而不傷。」

怨，指詩歌可以抒寫不滿，泄導人情。孔子提倡仁者愛人，但不否定怨恨。他說：「匿怨而友其人，左秋明恥之，丘亦恥之」，〔註 85〕隱匿怨恨而去與人爲友是不誠實，不符合仁的思想，也不能眞正諧和人際關係。又說：「擇可勞而勞之，又誰怨？」〔註 86〕這等於說，如果統治者不「擇可勞而勞之」，則人民的怨恨是合理的。楊伯峻解釋爲「諷刺的方法」，這也是一種觀點。

總之，在此處的「興觀群怨」分別爲聯想力、觀察力、合群性和情感發泄的方法，是一個人個性發展的多個方面。通過學詩來提高人們參與社會政治生活、進行言語交際的能力，從而也提高人自身的道德修養，以完成禮義教化的過程。

〔註 83〕《論語註疏》卷十七。
〔註 84〕《論語集注》卷九。
〔註 85〕《論語・公冶長》。
〔註 86〕《論語・堯曰》。

2、邇之事父，遠之事君 ── 社會性發展

「事父」「事君」是儒家的政治理想，事父爲「孝子」，事君作「忠臣」。朱熹曰：「人倫之道，詩無不備，二者舉重而言。」〔註87〕

事父，就是在家爲孝，「孝」是人的立身之本。事君就是能從政，爲君王的政事效勞。我們前面在論述國子《詩》教的時候，已經分析了春秋時期的賦詩言政風氣，《詩》在社交場合扮演著極其重要的作用。因此，孔子教《詩》的一個目的，就是使學生能達政、專對，提高學生的語言能力，培養學生掌握外交辭令。孔子對自己的兒子孔鯉說：「不學詩，無以言！」。〔註88〕詩的特徵是抑揚頓挫、和諧流暢，通過學詩可以使人感受詩的語言之美，就會使自己的語言優美、音調和諧。如《左傳・襄公二十五年》載：鄭破陳，向晉獻捷，晉問陳何罪，子產言之鑿鑿，使晉信服。孔子對此評論說：「志有之，言以足志，文以足言，不言誰知其志，言而無文，行而不遠。晉爲伯，鄭入陳，非文辭不爲功，愼辭也！」可見語言對於一個人處理事務來說非常重要。在這種情況下，孔子認爲學習《詩》的目的就是要在外交場合能夠熟練地運用詩作爲外交辭令，爲政治服務。孔子說：「誦詩三百；授之以政，不達；使於四方，不能專對；雖多，亦奚以爲？」〔註89〕

3、多識於鳥獸草木之名 ── 知識發展

據統計，《詩經》中言草者一百零五，言木者七十五，言鳥者三十九，言獸者六十七，言蟲者二十九，言魚者二十，儼然中國最早的植物、動物名單。據現代人的研究，《詩經》中共有二百多種動植物的名稱，包含了豐富的動植物知識。通過學習《詩》，可以掌握這些動植物的名稱，增長自然知識，擴展學習者的知識面。

孔子對兒子伯魚說：「女爲《周南》、《召南》矣乎？人而不爲《周南》、《召南》，其猶正牆面而立也歟？」〔註90〕此言不學《詩》之害，如面牆而立，不見一物，反面論述學習《詩》之重要。

（三）《詩》的教化功能

孔子在《論語・陽貨》中論述了《詩》的具體教育功能，是一個人學習

〔註87〕《論語集注》卷九。
〔註88〕《論語・季氏》。
〔註89〕《論語・子路》。
〔註90〕《論語・陽貨》。

《詩》之後的直接成果。在《禮記‧經解》中記錄了孔子對《詩》的教化功能的概括：

> 孔子曰：「入其國，其教可知也。其爲人也溫柔敦厚，詩教也；疏通知遠，書教也；廣博易良，樂教也；絜靜精微，易教也；恭儉莊敬，禮教也；屬辭比事，春秋教也。故詩之失愚，書之失誣，樂之失奢，易之失賊，禮之失煩，春秋之失亂。其爲人也溫柔敦厚而不愚，則深於詩者也；疏通知遠而不誣，則深於書者也；廣博易良而不奢，則深於樂者也；絜靜精微而不賊，則深於易者也；恭儉莊敬而不煩，則深於禮者也；屬辭比事而不亂，則深於春秋者也。」

其首句「入其國，其教可知也」，爲下面的論述定下了基調，即所論述爲實施各種教化的作用。鄭玄對此句的解釋爲：「觀其風俗則知其所以教」，下面所說的溫柔敦厚、疏通知遠、廣博易良、絜靜精微、恭儉莊敬、屬辭比事，都是指社會風俗。「教」，在許慎《說文》裏的解釋爲：「上所施，下所效也。」因此，這裡的「教」是指「教化」，指「上以風化下」，就是在上位者對廣大民眾的教育。所以下面所述內容爲一國之民眾受《詩》、《書》、《樂》、《易》、《禮》、《春秋》教化之後的風貌，具體到《詩》就是「溫柔敦厚」。

此段共有三句說到《詩》教，「其爲人也溫柔敦厚詩教也」、「《詩》之失愚」、「其爲人也溫柔敦厚而不愚，則深於詩者也」，都在闡述溫柔敦厚的詩教觀。

對於「溫柔敦厚」的解釋，很多詩學家都將其看作一個詩學的概念，是文藝理論的範疇，並作爲重要的詩歌批評標準被歷代所尊奉。從詩學的角度來分析，「溫柔敦厚」一方面要求詩歌「發乎情」、「止乎禮義」，即詩歌的思想表現爲溫柔婉順，和顏悅色，待人寬厚。另一方面，要求詩歌藝術「依違諷諫，不指切事情」，即詩歌的內容要通過溫潤柔和的藝術風貌，來加以委婉曲折地表達。

「溫柔敦厚」之所以演變爲詩學概念，主要是因爲人們在傳誦這句話的時候，都把「其爲人也溫柔敦厚詩教也」中的「其爲人也」四字去掉，只取「溫柔敦厚詩教也」，這樣就引起了歧義。「其爲人也」，是指一個人所表現出來的個性和性格，「其爲人也溫柔敦厚」是指人們的風俗狀態，指人們的性格溫柔敦厚，這是進行《詩》教之後的結果；去掉「其爲人也」之後，就成了「溫柔敦厚，詩教也」，理解爲詩教是「溫柔敦厚」，進而理解爲《詩》「溫柔

敦厚」。這實際是偏離了句子的原意，把描述受教育之後狀態的情形，截取之後來描述《詩》的特性，後來將「溫柔敦厚」的特徵進一步擴大，不再侷限在特定的《詩》三百，而發展到概括一般詩的特性，成爲古代詩學的重要範疇。

但是，從「溫柔敦厚」的語境來分析，指的是以《詩》爲教的功能，對「溫柔敦厚」的解釋亦是此意。孔穎達對此解釋爲：

> 溫，謂顏色溫潤；柔，謂情性和柔。《詩》依違諷諫，不指切事情，
> 故云溫柔敦厚是《詩》教也。〔註91〕

孔穎達將「溫」和「柔」解釋爲「顏色溫潤」、「情性和柔」，這正是對人的表情和性格的描述。孔氏認爲《詩》的特點是「依違諷諫，不指切事情」，所以說「溫柔敦厚」不是《詩》的特點，而是指民眾接受了《詩》教育之後的精神狀態。

但是，如果把握不好《詩》教的度，也會出現問題，這就是「《詩》之失愚」。鄭玄對「失」的解釋爲「失謂不能節其教者也」，指教化不當的情況。因此這句話的意思是說如果《詩》教不節制，就會超過「溫柔敦厚」而變得「愚」。

《詩》教的最佳狀態是「其爲人也溫柔敦厚而不愚，則深於詩者也」，鄭玄解釋「深」爲：「言深者既能以教又防其失」。孔穎達對此句的疏爲：

> 此一經以《詩》化民，雖用敦厚，能以義節之；欲使民雖敦厚，不
> 至於愚。則是在上深達於《詩》之義理，能以《詩》教民也。故云
> 「深於《詩》者也」〔註92〕

在這裡，孔穎達明確這一經是講以《詩》「化民」、「教民」，也就是講《詩》的教育「使民敦厚，不至於愚。」

孔穎達對這一段話總結說：

> 然《詩》爲樂章，《詩》樂是一，而教別者：若以聲音干戚以教人，
> 是樂教也。若以《詩》辭美刺諷諭以教人，是《詩》教也。此爲政
> 以教民，故有六經。若教國子弟於庠序之內則唯用四術，故《王制》
> 云：「春秋教以《禮》、《樂》，冬夏教以《詩》、《書》」是也。此六經
> 者，惟論人君施化，能以此教民，民得從之；未能行之至極也。若

〔註91〕《禮記正義》卷五十。
〔註92〕《禮記正義》卷五十。

盛明之君爲民之父母者，則能恩惠下及於民。則《詩》有好惡之情，
《禮》有政治之體，《樂》有諧和性情，皆能與民至極，民同上情。
故《孔子閒居》云：「志之所至，《詩》亦至焉。《詩》之所至，禮亦
至焉。禮之所至，樂亦至焉。」是也。其《書》、《易》、《春秋》，非
是恩情相感與民至極者，故《孔子閒居》無《書》、《易》及《春秋》
也。〔註93〕

通過以上對「溫柔敦厚」的本初意義的分析，我們可以知道，《禮記・經解》
中的這段話論述的是教育方面的觀點。當《詩》與揖讓周旋、進退如儀的禮
樂活動密切配合，熏陶於其中的子弟就易於養成溫良恭儉讓的品性。儒家詩
教的目的，就是通過《詩》的教化，使民眾都形成「溫柔敦厚」的性格，在
社會上形成「溫柔敦厚」的民風民俗。

第四節　《孔子詩論》：孔子教《詩》記錄

前面對孔子《詩》教思想的分析，材料主要來自《論語》所記孔子的言
行，可以對孔子教《詩》的思想有比較清楚的認識。但是，《論語》中有關孔
子的教《詩》實踐的記錄，只有孔子教子貢和子夏兩段記述，我們只能從中
窺其教《詩》內容的一鱗半爪。

1994 年，上海博物館自香港搶救入藏一批楚簡，《孔子詩論》是其中的一
種，經過保護整理，2000 年 8 月，在北京「新出簡帛國際學術研討會」上，
首次作了詳細介紹和分析。2001 年 11 月，《上海博物館藏戰國楚竹書》（一）
出版，《詩論》材料公佈。這在學術界引起了強烈反響，很多專家對竹簡進行
了研究，對於《詩論》的作者與命名、文字隸定與考釋、竹簡順序與編聯等
問題都提出了各自的觀點，取得了豐碩的成果。《孔子詩論》的研究成果爲我
們研究先秦孔子的《詩》教思想和實踐提供了新的材料。

一、《孔子詩論》是孔子教詩的記錄

關於《孔子詩論》的性質和作者問題，很多學者從不同角度進行研究，
提出了各自的觀點，大家普遍認同的是《詩論》是孔子授《詩》的記錄，祇
是在竹簡的作者上有分歧。

〔註93〕《禮記正義》卷五十。

　　竹簡的整理者認爲，竹簡是孔子所作，以其作爲教《詩》的教材。依據是簡文中的「孔子」合文，馬承源先生將其命名爲《孔子詩論》，學者大多已經接受了這種說法。

　　但是，也有不少學者提出了不同觀點，認爲《詩論》不是孔子的作品，而是孔子的弟子所記錄的孔子教《詩》的言論。李學勤認爲《詩論》作者是子夏。通過對《詩論》的體裁進行分析，斷定《詩論》非出孔子之手，也不像《論語》那樣直記孔子言行，而是孔門儒者所撰，內中多引孔子親說。「《詩論》的作者，能引述孔子論《詩》這麼多話，無疑和子思一般，有著與孔子相當接近的關係。」〔註 94〕並判斷能傳《詩》學的，只有子夏，因此是子夏所記錄的孔子教《詩》的言論。江林昌與李學勤的觀點一樣。江林昌認爲「簡文的主題是孔子的弟子關於孔子授《詩》內容的追記」，〔註 95〕通過分析《論語》等傳世文獻中關於子夏論詩的記錄，認爲其中的「孔子曰」是子夏關於孔子論《詩》的記錄，是轉述孔子的話，所以《詩論》的性質是「子夏關於孔子《詩》學的概括和闡發」。但是也有研究者認爲，《詩論》的作者不是子夏，而應是高柴（子羔），高華平將《孔子詩論》與傳世文獻進行比較之後，得出這樣的結論。〔註 96〕

　　還有部分學者研究認爲，《詩論》是孔子的再傳弟子學《詩》時的筆記。陳立分析簡文與《論語》中的「孔子曰」、「子曰」、「夫子」等用語習慣，認爲《孔子詩論》應屬於孔門再傳弟子記載。「言『孔子曰』者，並不代表爲孔子本人或其當時的弟子所作，只能對此記載視爲孔門學生記錄先生論詩之言。至於寫上『孔子曰』者，較可能是孔門再傳弟子的所爲。」並分析《詩論》的抄寫成書是在戰國早期，是「孔子再傳弟子的抄本，或是上課時耳聞手抄的筆記。」〔註 97〕

　　綜合各位專家的觀點，作者無論是孔子、孔子弟子還是再傳弟子，傳詩

〔註 94〕　李學勤：《〈詩論〉的體裁和作者》，朱淵清，廖名春主編：《上海館藏戰國楚竹書研究》，上海：上海書店出版社，2002 年，頁 57。

〔註 95〕　江林昌：《上博竹簡〈詩論〉的作者及其與今傳本〈毛詩〉序的關係》，朱淵清，廖名春主編：《上海館藏戰國楚竹書研究》，上海：上海書店出版社，2002 年，頁 101。

〔註 96〕　高華平：《上博簡〈孔子詩論〉的論詩特色及其作者問題》，武漢：《華中師範大學學報》，2002 年第五期。

〔註 97〕　陳立：《〈孔子詩論〉的作者與時代》》，朱淵清，廖名春主編：《上博館藏戰國楚竹書研究》，上海：上海書店出版社，2002 年，頁 71。

的弟子無論是子夏還是子羔，普遍認同《詩論》的性質是孔子授《詩》的記錄。或是孔子自己的作品，作爲教學時的教材〔註98〕；或是孔子弟子或再傳弟子的作品，是他們聽孔子教《詩》時所作的聽課記錄，也可能是弟子們之間筆記的抄錄。因此，《孔子詩論》作爲孔子教《詩》最直接、全面的材料，爲我們提供了孔子教《詩》的詳細記錄，雖然我們現在無法看到完整的《孔子詩論》，但可以從現存的材料中分析孔子教《詩》的內容、方法，總結孔子的《詩》教特點。

二、孔子教詩的內容

分析《孔子詩論》的文本，我們可以瞭解孔子教《詩》的內容。

（一）總論詩、樂、文

孔子在教《詩》時，對《詩》的特性進行概述，使學生能在整體上把握詩的特點。

　　孔子曰：詩亡隱志，樂亡隱情，文亡隱言。〔註99〕（第一簡）

詩離不開意志，樂離不開情感，文離不開語言。詩是與人的「志」密切相關的，是表達人之「志」的作品，和詩一起吟唱的樂表達人的「情」，而這些都需要文學語言來呈現。這與儒家一直倡導的「詩言志」的觀點相同：「詩言志，歌永言，聲依永，律和聲，八音克諧，無相奪倫，神人以和。」〔註100〕

（二）論頌、大雅、小雅、邦風

　　……是也。有成功者何如？曰：頌是也。《清廟》，王德也。至矣！

　　敬宗廟之禮，以爲其本；秉文之德，以爲其業。肅雝……（第五簡）

馬承源先生對此簡的推論說，認爲在「氏也」之前應有一簡，或爲幾句短的辭語以作出評論。「這樣看來，孔子在授具體各篇的詩《頌》之前，可能有一段引語或小序之類的講辭。如果這是一種體例，則《大夏》、《小夏》及《邦風》之前可能也有，但今已無存。」〔註101〕

〔註98〕張玖青，曹建國：《〈孔子詩論〉與孔子〈詩〉學思想的新闡釋》
　　　　http://www.confucius2000.com/confucius/kzslykzsxsxdxcs.htm 網上首發。
〔註99〕本章所引《孔子詩論》均來自：馬承源主編：《上海博物館藏戰國楚竹書》（一），
　　　　上海：上海古籍出版社，2001 年。
〔註100〕《尚書·堯典》
〔註101〕馬承源主編：《上海博物館藏戰國楚竹書》（一），上海：上海古籍出版社，2001

從這個推論可以知道，孔子在教詩的時候，在講具體的篇目之前，對風、雅、頌都有引語或者小序，總論各部分的特點。我們從現存的詩簡中可以找到一些孔子概述頌、大雅、小雅、邦風的語句。

論頌

頌，平德也。多言後，其樂安而遲，其歌紳而易，其思深而遠，至矣。（第二簡）

有成功者何如？曰：頌是也。（第五簡）

《頌》是宗廟樂歌，孔子認爲，頌是道述文武成就大一統王業的詩篇，平天下之德，多言及後人承繼先王功烈之事，頌的特點是樂調安徐舒緩，歌聲平易而舒和，思想深遠，達到了最高境界。

論大雅

時也，文王受命矣。（第二簡）

大雅，盛德也。（第二簡）

懷爾明德，蓋誠謂之也。有命自天，命此文王。誠命之也，信矣。
孔子曰：此命也夫。文王唯谷也，得乎此命也。（第七簡）

《大雅》是貴族的作品，所以孔子說《大雅》歌頌王公大人的盛德，文王以「唯谷」而得天下，蓋受命於天。

論小雅

多言難而怨退者也，衰矣，少矣。（第三簡）

民有慼惓也，上下之不和者，其用心將何如？（第四簡）

《小雅》中有許多反映社會衰敗、爲政者少德的作品，多抨擊朝政之失，表達民間疾苦和怨憤情緒之作。《小雅》大多爲「難而怨退」之作，所以「難而怨退」者，是因爲「民之有慼惓」，「上下之不和」。

論邦風

邦風，其納物也溥，觀人俗焉。大斂材焉，其言文，其聲善。孔子
曰：唯能夫（第三簡）

曰：詩其猶平門。與賤民而豫之，其用心也將何如？曰：邦風是也。

年，頁 132。

（第四簡）

《邦風》即傳世《詩經》的《國風》，漢儒避漢高祖的諱而改。《邦風》是來自民間的詩歌作品，乃采詩觀風制度的結果，因此《邦風》反映了豐富的生活內容。孔子概括《邦風》的特點是：《邦風》中有很多的知識，可以瞭解民風民情，也聚集了很多的生活素材，有美麗的文采，有動聽的音樂。《詩》有如平門，讓賤民參與賦詩，這一用心具體體現在《邦風》之中。

（三）解說詩篇

由於《孔子詩論》是殘簡，二十九支簡中涉及到的詩篇有六十首，對各篇詩都有不同程度的解說。有研究者認爲：孔子對當時的每一首詩都有解說。〔註102〕我們就詩簡中所保存詩篇解說，分析孔子教《詩》的內容。

1、概括詩旨

《關雎》之改；《樛木》之時；《漢廣》之智；《鵲巢》之歸；《甘棠》之褒；《綠衣》之思；《燕燕》之情。（第十簡）

《邶·柏舟》悶，《谷風》倍，《蓼莪》有孝志，《隰有萇楚》得而悔之也。（第二十六簡）

孔子在教《詩》時，常以一個字概括一篇詩的主題，提煉詩義，如《關雎》之改，《樛木》之時，《漢廣》之智，《鵲巢》之歸，《甘棠》之褒，《綠衣》之思，《燕燕》之情，《柏舟》之悶、《蓼莪》之孝，《隰有萇楚》之悔，概括詩篇的大旨。

孔子在道出觀點後，還嚮學生解釋自己之所以這樣概括的理由，使學生知其然，也知其所以然：

《關雎》之改，則其思益也；《樛木》之時，則以其祿也；《漢廣》之智，則知不可得也；《鵲巢》之歸，則離者。（第十一簡）

《綠衣》之憂，思古人也；《燕燕》之情，以其獨也。（第十六簡）

除了解釋詩「志」所在，孔子對有的詩也概括詩之大意，評述詩的內容和意義：

《清廟》，王德也。至矣！敬宗廟之禮，以爲其本；秉文之德，以爲其業。肅雝……（第五簡）

《樛木》福斯在君子。（第十二簡）

〔註102〕張玖青，曹建國：《〈孔子詩論〉與孔子〈詩〉學思想的新闡釋》
http：//www.confucius2000.com/confucius/kzslykzsxsxdxcs.htm 網上首發。

《鵲巢》出以百兩，不亦有離乎？（第十三簡）

及其人，敬愛其樹，其褒厚矣！《甘棠》之愛，以召公……（第十五簡）

《鹿鳴》以樂始，而會以道：交見善而效，終乎不厭人。《兔罝》其用人，則吾取……（第二十三簡）

孔子曰：《蟋蟀》知難，《仲氏》君子，《北風》不絕人之怨，……（第二十七簡）

2、表明自己對詩篇的態度

孔子曰：《宛丘》吾善之，《猗嗟》吾憙之，《鳲鳩》吾信之，《文王》吾美之。（第二十一簡）

「吾善之」、「吾喜之」、「吾信之」、「吾美之」這些詞語都是表達孔子對這些詩的態度，向學生傳遞了自己誦詩的感受，引導學生去學習、理解這些詩。並引用詩篇中的句子補充、解釋自己的觀點：

《宛丘》曰：「洵有情，而亡望。」吾善之；《猗嗟》曰：「四矢反，以御亂。」吾憙之；《鳲鳩》曰：「其儀一兮，心如結也。」吾信之；「文王在上，於昭於天。」吾美之；（第二十二簡）

多士，秉文之德。」吾敬之；《烈文》曰：「乍兢唯人」，「丕顯唯德」，「於乎，前王不忘！」吾悅之；昊天有成命，二后受之，貴且顯矣。（第六簡）

孔子還以「吾以……得……」的句式表達自己從詩中所觀察瞭解到的內容，也就是孔子所說的「觀人俗」，孔子藉此教給弟子「以詩觀風」的方法：

孔子曰：吾以《葛覃》得氏初之詩，民性固然。見其美，必欲反其本。（第十六簡）

幣帛之不可去也。民性固然，其有隱志必有以諭也。其言有所載而後納，或前之而後交，人不可觸也。吾以《杕杜》得雀。（第二十簡）

吾以《甘棠》得宗廟之敬。民性固然，甚貴其人，必敬其位；悅其人，必好其所爲。惡其人者亦然。（第二十四簡）

3、分析詩歌表現手法

十月，善諀言。（第八簡）

少旻多擬，擬言不中志者也。（第八簡）

《關雎》以色諭於禮。（第十簡）

其四章則諭矣。以琴瑟之悅，擬好色之願；以鐘鼓之樂。（第十四簡）

在這裡，孔子分析了三首詩的三種主要表現手法：《十月》的「譚」，解釋為「譬」，舉他物而以明之，類似於比擬；《小旻》的「擬」，是打比方，在詩中常用「如」字表示；《關雎》的「諭」，是一種藉媒介諭示心願與道理的表達方式。〔註103〕

孔子在分析詩篇的時候，將多首詩放在一起作為一組進行講解，引導學生理解一組詩的共同點。如第十簡把《關雎》、《樛木》、《漢廣》、《鵲巢》、《甘棠》、《綠衣》、《燕燕》七首詩放在一起來評述，並總結他們的共同點：「蓋曰童而偕，賢於其初者。」（第十簡）即寫年輕人和諧相處，比他們幼年時懂事了。〔註104〕在詩簡中，有七支簡按照這個順序分講這七首詩，「所述詩篇的內容一而再，再而三，最初非常簡單，每篇只有一個字：改、智、歸、保、思、情，而以後逐漸展開。」〔註105〕

孔子還將《宛丘》、《猗嗟》、《鳲鳩、《文王》四首詩作為一組進行教學，表達自己對這些詩篇的態度，在第二十一簡和第二十二簡中，又對自己的觀點和原因進行了解釋。

孔子解說詩篇時，對同一首詩從不同的角度和方面進行多層次論述，如《關雎》詩，在第十簡、第十一簡、第十二簡、第十四簡中都曾提到，分別解說了《關雎》的詩旨「改」，思「益」的特點，並從「禮」的高度對詩進行了提升，還分析了重點詩句的「喻」的表現手法。對《甘棠》詩的解釋也反覆多次，如在第十簡、第十五簡、第十六簡、第二十四簡中都談到這首詩：先用「報」字概括了《甘棠》之詩的詩旨，隨後用「敬愛其樹，其報厚矣」，「吾以《甘棠》得宗廟之敬，民性固然，甚貴其人，必敬其位，悅其人，必好其所為，惡其人者亦然」，進一步解釋了「報」，揭示詩的內涵，幫助學生深入理解詩旨。

《孔子詩論》中的內容，或是總論詩的特點，或是分論各類詩的特點，

〔註103〕 劉信芳：《〈詩論〉所評詩歌表現手法研究》，《孔子詩論述學》，合肥：安徽大學出版社，2003年，頁38。

〔註104〕 劉信芳：《〈詩論〉所評「童而偕」之詩研究》，《孔子詩論述學》，合肥：安徽大學出版社，2003年，頁24。

〔註105〕 馬承源主編：《上海博物館藏戰國楚竹書》（一），上海：上海古籍出版社，2001年，頁110。

或是概括詩篇主旨，或是分析詩的表現手法，但是，這裡面幾乎沒有對字詞意義的解釋，正如朱淵清的研究：「孔子《詩》教，注重對《詩》之文意的全面把握和概括，而不作零星字、詞的解釋。」〔註106〕這一點與後代的教詩重文字訓詁很不相同。分析其原因，主要有兩點：一方面，《詩》的字句是當時人所熟悉的的語言，並不難理解，不需要解釋；另一方面，孔子的教學對象不是啟蒙的兒童，弟子都是已經掌握了基礎知識的人，跟隨孔子學習高深的知識，不需要從字詞的意義開始學習。因此，孔子在教《詩》的時候，並不用解釋字、詞，而只需要通說《詩》旨。

三、孔子教詩的方法

孔子作爲偉大的教育家，其教育方法靈活多樣，這同樣體現在《孔子詩論》中，分別使用講解、啟發和討論的方式。

（一）講　解

孔子在教詩的時候，最多的是直接嚮學生表明自己的觀點和態度，如在總論詩的特性，分論風、雅、頌的大旨，講解各篇詩的主旨，分析詩的表現手法的時候，都用到了這種方法。

孔子在講解時，方式不拘一格，或做題解式的評論，或以一字提煉作品主題，或是自己的主觀評價，或引用詩中的句子進行講解。無論哪種方式，孔子都以簡明的語言概括詩旨，使學生可以準確把握詩的主題。

> 《東方未明》有利詞，《將中》之言不可不畏也，《揚之水》其愛婦㦖，《采葛》之愛婦。（第十七簡）

> 《腸腸》小人，《有兔》不逢時，《大田》之卒章知言而有禮。（第二十五簡）

> 如此，《可斯》雀之矣。離其所愛，必曰：「吾奚舍之」，《賓贈》是也。（第二十七簡）

> 《牆有茨》慎密不知言。（第二十八簡）

（二）啟發學生思考

孔子對於自己的觀點，不直接說出，而是通過反問的形式嚮學生提問，

〔註106〕朱淵清：《從孔子論〈甘棠〉看孔門〈詩〉傳》，《上博館藏戰國楚竹書研究》，朱淵清、廖名春主編，上海：上海書店出版社，2002年，頁131。

對學生進行啟發，引起學生的思考。

　　好，反納於禮，不亦能改乎？《椒木》福斯在君子，不……（第十
　　二簡）

　　可得，不攻不可能，不亦知恒乎？《鵲巢》出以百兩，不亦有離乎？
　　（第十三簡）

這種提問的方式，同《論語・學而》中的「學而時習之，不亦悅乎？有朋自
遠方來，不亦樂乎？人不知而不慍，不亦君子乎？」句式是一樣的，是孔子
進行教學的一種常用的方式。

（三）討　論

《孔子詩論》中多一問一答的對話，如：

　　曰：詩其猶平門。與賤民而豫之，其用心也將何如？曰：邦風是也。
　　（第四簡）

　　有成功者何如？曰：頌是也。（第五簡）

這種問答的形式就像師生對話，學生向老師請教，「其用心也將何如？」「有
成功者何如？」，老師解釋說：「邦風是也」、「頌是也」，對邦風、頌作了簡明
的概括。

　　第四簡還有一段不完整的對話：

　　民有慽惓也，上下之不和者，其用心將何如？（第四簡）

這段對話只有問，答語殘缺了，補充完整應該是「少夏是也。」馬承源認為
「這種問答式的講詞，也是孔子的教育方法。」〔註107〕還有研究者認為，《孔
子詩論》是「問答語錄體」，〔註108〕也即「答弟子問，為學生解惑」的記錄。

四、孔子教《詩》的特點

（一）重　情

　　一直以來，孔子的「《詩》教」說被認為是詩歌「政教工具論」的源頭。
但是在《孔子詩論》中，我們發現孔子非常重視詩中的「情」，很多研究者都

〔註107〕馬承源主編：《上海博物館藏戰國楚竹書（一）》，上海：上海古籍出版社，2001
　　　　年，第131頁。
〔註108〕廖名春：《上博〈詩論〉簡的形制和編連》
　　　　http：//www.jianbo.org/Wssf/2002/liaomincun01.htm 網上首發。

提到《孔子詩論》論詩重情的特點。〔註109〕

孔子教詩重情，主要表現在以下幾個方面：

《詩論》中多次提到「情」字，對詩的解說重視詩的情感意義：

《燕燕》之情。（第十簡）

情，愛也。《關雎》之改，則其思益也。（第十一簡）

《燕燕》之情，以其獨也。（第十六簡）

《杕杜》則情憙其至也。（第十八簡）

有時在解說詩的時候，雖然沒有直接用「情」字，但用了其他表示情感的詞語，如前面提到的第十簡中，用「改、時、智、歸、褒、思、情」等詞語概括各篇的主旨，第十一簡、十六簡又從「情」的角度解釋了這樣概括的原因：《關雎》中男子對淑女的思念，《棣木》中君子對福祿的欲望；《漢廣》中，男子對不可求思的女子有理智的思慕；《鵲巢》中女子出嫁時與家人的離別；《綠衣》中見綠衣而對故人的思念；《燕燕》中深篤的感情。孔子在解釋這些詩的時候，點明了詩中表達的情感意義，引導學生從「情」的方面來理解詩。

還有很多詩，孔子都是從感情的角度來解釋：如《黃鳥》詩「則困而欲反其古也」（第九簡）。如《木瓜》詩，「以愉其怨者也」（第十八簡），「有藏願而未得達也」（第十九簡）。

（二）歸　禮

孔子十分重視禮，認爲禮是維持社會秩序的重要手段，也是個人成長的重要內容，他說：「興於詩，立於禮，成於樂。」〔註110〕還說：「不學禮，無以立」。〔註111〕在《孔子詩論》中，孔子教詩重情，最後往往還要歸結到禮。

《關雎》是描寫男女相悅之情的詩篇，孔子說「則其思益也」，孔子同時也解釋爲「以色喻禮」、「反納於禮」，把詩解釋到「禮」上，讓學生從詩中體會學習禮。在教《大田》和《清廟》兩詩的時候，孔子也歸結到「禮」：

〔註109〕有關文章有：

趙濤：《從〈孔子詩論〉中的「情」看孔門詩教的特點》
http：//www.jianbo.org/Wssf/2002/zhaotao01.htm；高華平：《上博簡〈孔子詩論〉的論詩特色及其作者問題》，上海：《華中師大學報》（人文社會科學版），2002年第9期；陳桐生：《〈孔子詩論〉的論詩特色》，上海：《文藝理論研究》，2003年第5期。

〔註110〕《論語·泰伯》。

〔註111〕《論語·季氏》。

「《清廟》，王德也，至矣！敬宗廟之禮，以爲其本；『秉文之德』，

以爲其業；（第五簡）

「《大田》之卒章，知言而有禮。」（第二十五簡）

這一特點在《論語・八佾》所載孔子與子夏論詩中也有反映，只有從詩中體會到禮，才能達到與孔子「言詩」的水平。

（三）詩樂結合

孔子時代，詩與樂不分，司馬遷在《史記・孔子世家》中記載：「三百五篇，孔子皆弦而歌之，以求合韶武雅頌之音。」所以孔子在教《詩》的時候，也二者兼而論之，將詩與樂結合起來。《詩論》第一簡：「詩亡離志，樂亡離情，文亡離言」，開宗明義就將詩與樂並列論述。在後面講到《頌》、《邦風》的時候，同時論述兩類詩中詩和樂的特點，如論《頌》的第二簡，先云：「頌旁德也，多言後」，這是指《頌》文的特點，而「其樂安而遲，其歌紳而易」是講《頌》樂的特點。再如論《邦風》的第三簡，「其納物也，溥觀人俗焉，大斂材焉」是講解《邦風》內容的特點，而「其聲善」概括了《邦風》樂的特點。〔註112〕

《孔子詩論》是孔子教《詩》的教材，從中可見春秋時期的私學教《詩》的一般形態。

孔子是我國實行《詩》教的第一人，他不僅整理《詩經》，成爲私學教材，而且提出了詩教的理論，並親自實踐了詩教。自孔子以後，儒家的詩教思想被後世繼承發揚，成爲我國傳統教育的一項重要內容。一方面《詩經》教育是漢以後歷朝官學中經學教育之首，直到清末，歷時兩千多年，是無數士人修養、學習、進身的必讀書目；另一方面，《詩》教使《詩》具有了超越文學藝術的價值，賦予了政治教化的意義，歷代統治者從中看到了詩作爲政教工具的作用，爲我國詩歌藝術的發展贏得了政權的支援。

先秦時期的《詩經》教育，是與當時《詩》的應用相關連的。在生活中，怎樣用《詩》決定如何學《詩》，《詩》使用的方式決定著學《詩》的內容和方式。瞽矇在各種儀式中需要演奏《詩》，重視《詩》的聲用，所學的內容「風、

〔註112〕曹建國：《孔子論〈詩〉與上博簡〈孔子詩論〉之比較》，濟南：《孔子研究》，2003 年第 3 期。

賦、比、興、雅、頌」都是詩樂的演奏方式；而國子在日常生活中，需要賦詩外交，重視《詩》義之用，所學的內容「興、道、諷、誦、言、語」，都是在社交場合應用《詩》的技巧。而孔子將《詩》作為弟子修身的教科書，重視《詩》全方位的教育作用，從個性、到技能、到知識，是弟子全面發展的教材。從《孔子詩論》中，我們可以瞭解：孔子教《詩》的內容是對《詩》的全面學習，從學習《詩》的主旨，到學習《詩》的表現手法，再到學習《詩》中之禮。

第二章　漢代的《詩經》教本

　　秦滅六國，結束了戰國紛爭的局面，建立起第一個統一的中央集權的君主專制帝國。秦朝以法家思想爲指導，以嚴刑峻法對民眾的思想進行控制。在文化教育方面，嚴禁私學，並以吏爲師，以法爲教。在秦始皇三十四年（前213年），丞相李斯建議：「臣請史官，非秦記皆燒之；非博士官所職，天下敢有藏《詩》、《書》、百家語者，悉詣守尉雜燒之。有敢偶語《詩》、《書》者棄市，以古非今者族。」〔註1〕秦始皇據此頒佈「挾書律」，包括《詩》在內的先秦舊典，以及諸侯史記等，凡藏於民間者，大量被勒令毀滅，許多重要的典籍化爲灰燼。焚書的第二年，又發生了「坑儒」事件，儒家思想在秦朝徹底被廢棄，儒家的經典遭到滅頂之災，《詩》教中斷。但由於《詩》便於諷誦的緣故，雖然《詩》的書籍形式被焚毀了，卻依靠人們的口耳記誦流傳下來。

　　漢朝建立以後，吸取秦滅亡的教訓，初期實行「清靜無爲」的黃老思想，使漢初經濟得到恢復，人民生活安定，並開始重視文化教育的發展。當時儒經的地位很低，陸賈在漢高祖面前稱說《詩》、《書》，引起了漢高祖的大罵：「乃公居馬上而得之，安事《詩》《書》！」〔註2〕後經陸賈以史實勸說，著《新語》十二篇，得到高祖的認同，統治者對以《詩》、《書》爲代表的儒家經典的排斥立場有所鬆動。漢惠帝四年（前191年），廢除了秦代的「挾書律」，允許人們自由收藏、攜帶、討論《詩》、《書》。私學逐漸發展起來，包括儒家在內的多家學派都得到了發展的機會。漢武帝根據董仲舒的建議，實行了「罷黜百家，獨尊儒術」的文教政策，確立了儒學在漢代的統治地位。儒家思想

〔註1〕　《史記·秦始皇本紀》。
〔註2〕　《史記·陸賈列傳》。

主要體現在經典著作中，因此《詩》、《書》、《禮》、《易》、《春秋》，成爲代表聖人常道的「經」。武帝建元五年（前 136 年），置五經博士，元朔五年（前124 年），根據公孫弘的建議，「爲博士官置弟子五十人」，〔註3〕並設立太學，博士弟子即爲太學生。太學中主要傳授儒家經學，儒家經典正式成爲官學教育內容的主體。

第一節　漢代的政治課本

一、《詩經》最早立爲博士官學

　　劉歆《移書讓太常博士》云：「漢興，……天下唯有《易》卜，未有他書。至于孝惠之世，乃除挾書之律。……至孝文皇帝，……《詩》始萌芽。天下眾書往往頗出。……至孝武皇帝，然後鄒、魯、梁、趙頗有《詩》、《禮》、《春秋》先師，皆出于建元之間。當此之時，一人不能獨盡其經，或爲《雅》或爲《頌》，相合而成。……時漢興已七、八十年，離於全經，固已遠矣。」〔註4〕

　　漢代復興儒家學說，首先遇到的是典籍的散佚問題。經過秦朝的焚書坑儒，儒家的典籍「書缺簡脫，禮壞樂崩」。因此漢朝廷「改秦之敗，大收篇籍，廣開獻書之路」。〔註 5〕與《易》、《書》、《禮》、《春秋》等其他儒家典籍相比，《詩經》是韻文，便於誦讀和記憶，所以能在秦焚書之後保存和流傳下來。《詩經》「遭秦而全者，以其諷誦，不獨在竹帛故也。」〔註 6〕因此《詩》在漢代廢除挾書律之後，比較早地重現並被立爲學官，在文帝時即被立爲博士。據王應麟《困學紀聞》：「後漢翟酺曰：『文帝始置一經博士。』考之漢史，文帝時，申公、韓嬰皆以詩爲博士。五經列於學官者，惟《詩》而已。景帝以轅固爲博士，而餘經未立。武帝建元五年春，初置《五經》博士。《儒林傳贊》曰：『武帝立《五經》博士，《書》唯有歐陽，《禮》後，《易》楊，《春秋》公羊而已。』立《五經》而獨舉其四，蓋《詩》已立於文帝時，今並《詩》爲五也。」〔註7〕《詩》在五經之中最先受到最高統治者的重視並被立爲官學博士。

〔註 3〕《史記‧儒林列傳》。
〔註 4〕《文選》卷四十三。
〔註 5〕《漢書‧藝文志》。
〔註 6〕《漢書‧藝文志》。
〔註 7〕《困學紀聞》卷八，《經說》。

今文經學的三家《詩》，到文、景之時都已被立爲學官。《魯詩》宗師申公最早立爲博士：「文帝時，聞申公爲《詩》最精，以爲博士。」〔註8〕《韓詩》宗師韓嬰亦爲文帝時博士：「韓生者，燕人也。孝文帝時爲博士，景帝時爲常山王太傅。」〔註9〕《齊詩》宗師轅固生是景帝時博士：「轅固，齊人也，以治《詩》孝景時爲博士」〔註10〕從劉漢立國，到文、景之時，今文經學的魯、齊、韓《詩》都已立爲博士。而古文經學《毛詩》的宗師毛公「治《詩》，爲河間獻王博士」〔註11〕雖然沒有立爲國家的博士，但是也取得了地方諸侯的承認。

二、漢代的政治課本

聞一多說：「漢人功利觀念太深，把三百篇做了政治課本。」〔註12〕

先秦時期的《詩》，祇是一本普通的書籍，其地位也不過是被孔子用於教學的六門書籍之一。當漢代獨尊儒術之後，儒學成爲占主流意識形態的思想，儒家的典籍《詩》、《書》、《禮》、《易》、《春秋》都成爲重要的「經」。所謂「經」，即由聖人所作，裏面蘊含著天地不易常道的神聖經典，是「王教之典籍，先聖所以明天道，正人倫，致至治之成法。」〔註13〕漢人把經書看成是孔子爲漢製作的教化之義。漢昭帝時昌邑王淫亂暴戾，郎中令龔遂諫曰：「臣不敢隱忠，數言危亡之戒，大王不說。夫國之存亡，豈在臣言哉！願王自揆度，大王誦詩三百五篇，人事浹，王道備，王之所行中詩一篇何等也？」〔註14〕「人事浹，王道備」是獨尊儒術的漢代統治集團對《詩經》的理解。皮錫瑞說：「讀孔子所作之經，當知孔子作六經之旨。孔子有帝王之德而無帝王之位，晚年知道不行，退而刪定六經，以教萬世。其微言大義實可爲萬世之準則。後之爲人君者，必遵孔子之教，乃足以治一國；所謂『循之而治，違之則亂』。後之爲士大夫者，亦必遵孔子之教，乃足以治一身；所謂『君子修之吉，小

〔註8〕　《漢書‧楚元王傳》。
〔註9〕　《史記‧儒林列傳》。
〔註10〕　《漢書‧儒林傳》。
〔註11〕　《漢書‧儒林傳》。
〔註12〕　《匡齋尺牘》六閒話，《聞一多全集》，生活‧讀書‧新知三聯書店，1982年，頁356。
〔註13〕　《漢書‧儒林傳序》。
〔註14〕　《漢書‧武五子傳》。

人悖之凶』。此萬世之公言，非一人之私論也。孔子之教何在？即在所作六經之內。故孔子爲萬世師表，六經即萬世教科書。惟漢人知孔子維世立教之義，故謂孔子爲漢定道，爲漢製作。」〔註15〕漢人認爲六經中的微言大義是萬世的準則，人君循此治國，士大夫遵此修身，六經可作萬世教科書。

《詩三百》從此而上升爲《詩經》，經孔子刪定的三百零五首詩都是蘊含著聖人微言大義的作品，具有道德教化的重要作用。漢儒將《詩》上升爲經，使其具有聖人經典的意義，成爲代表國家意識形態的文本，發揮其作爲政治課本的作用。賈誼指出《詩》是德之志者也，「《詩》者，志德之理而明其指，令人緣之以自成也，故曰：《詩》者，此之志者也。」〔註16〕董仲舒認爲在位者用六藝來教化民眾，經典各具不同的作用，而《詩》可道志：「《詩》、《書》序其志，《禮》、《樂》純其養，《易》、《春秋》明其知。六學皆大，而各有所長。《詩》道志，故長於質。……」〔註17〕司馬遷曾記述說：「《詩》記山川、谿谷、禽獸、草木、牝牡、雌雄，故長於風……《詩》以達意……」〔註18〕在六經當中，《詩》記述了很多的地理、動物、植物的內容，擅長「風」，可以「達意」，所以在教化中能夠道志。

第二節　《詩經》的考察標準：師法家法

《詩經》作爲《五經》之一，其學習目的、方法以及考察標準都屬於經學教育的範疇。

漢代官學教育中設置經學的課程，並以功名利祿勸誘儒生的學習熱情，班固評價說：「自武帝立《五經》博士，開弟子員，設科射策，勸以官祿，訖於元始，百有餘年。傳業者浸盛，支葉蕃滋。一經說至百餘萬言，大師眾至千餘人，蓋祿利之路然也。」〔註19〕傳《詩》者盛，學《詩》者眾，都是因學《詩》與功名有直接的關係。

在學習各經的儒生看來，經是獲取利祿的工具。夏侯勝在授徒時，常告訴諸生：「士病不明經術，經術苟明，其取青紫如俛拾地芥耳，學而不明，不

〔註15〕皮錫瑞：《經學歷史》，中華書局，1959 年，頁 26。
〔註16〕《新書‧道德說》。
〔註17〕《春秋繁露‧玉杯》。
〔註18〕《漢書‧司馬遷傳》。
〔註19〕《漢書‧儒林傳》。

如歸耕。」〔註20〕至於桓榮爲少傅後，於大會諸生時，以自己現身說法，「今日所蒙，稽古之力也，可不勉哉！」〔註21〕當時有俗彥說：「遺子黃金滿籝，不如一經。」〔註22〕可見當時通曉經典公用之一爲謀取功名利祿的敲門磚。

一、選士制度中對經學的考查

《文獻通考・選舉一》記載：「漢制，郡國舉士，其目大概有三：曰賢良方正也，孝廉也，博士弟子也。」〔註23〕賢良方正，是由皇帝特詔的科目，一般是在出現各種災異之時，統治者認爲這是上天對自己施政不當的譴告，才詔舉賢良方正，讓他們評論時政，提出對策；察舉孝廉主要選拔是孝子、廉吏和具有德行的人；博士弟子是從太學學生中選拔，依據太學生的學習成績直接授予官職。

漢代的選士標準中，德行、才能、學識都是重要的標準。由於獨尊儒術，經學水平必然成爲選官的重要條件，「兩漢選官有多種方式和途徑，而且彼此相互補充，但最重要的則是察舉及徵辟、博士弟子課試。它們的基本原則、主要內容，或出於儒家經典，或合於經學之旨。」〔註24〕在這些制度中，察舉和博士弟子考課都要直接考察士子掌握經學的情況。

（一）察　舉

察舉制是漢代選士主要方式。《漢官儀》歸納漢代察舉取士的標準爲四科：「一曰德行高妙，志節清白；二曰學通行修，經中博士；三曰明達法令，足以決疑，能案章覆問，文中御史；四曰剛毅多略，遭事不惑，明足以決，才任三輔令。皆有孝悌廉公之行。」〔註25〕分析此段引述，我們可以看到，察舉標準中包括德行、學識、能力、才幹等多個方面，其中，對學識的考察標準是「學通行修」，足以爲「經中博士」，可見掌握經學是其中的一項重要標準。

漢代的察舉科目中最重要的是孝廉，其標準爲孝行廉舉，選拔孝子、廉吏和具有德行的人。在察舉孝廉時，通曉儒家經典是考查的一項標準。漢殤

〔註20〕　《漢書・夏侯勝傳》。
〔註21〕　《後漢書・桓榮傳》。
〔註22〕　《漢書・韋賢傳》。
〔註23〕　《文獻通考・選舉一》。
〔註24〕　張濤：《經學與漢代的選官制度》，《史學月刊》，1998 年第 3 期。
〔註25〕　《後漢書・百官志》注引應劭《漢官儀》。

帝延平元年（106 年），尙敏上書：「自今官人，宜令取經學者，公府孝廉皆應詔，則人心專一，風化可淳。」〔註 26〕在漢代，有不少人因精通儒家經典而被察舉爲孝廉。據研究者統計，「兩漢孝廉的個人資歷以儒者爲最多。儒和兼有儒、吏雙重身份的人合計起來，在孝廉中所占比例接近二分之一」。〔註 27〕

有不少人是因治《詩》而被察舉。如治《齊詩》的師丹：「治《詩》……舉孝廉爲郎」。〔註 28〕馮豹：「長好儒學，以《詩》、《春秋》教麗山下。鄉里爲之語曰：『道德彬彬馮仲文。』舉孝廉，拜尙書郎」。〔註 29〕《魯詩》學者魯峻：「治《魯詩》，兼通《顏氏春秋》，博覽群書，無物不刊，學爲儒宗，行爲士表」，「舉孝廉，除郎中，謁者，河內太守丞」。〔註 30〕杜喬：「喬少好學，治《韓詩》、《京氏易》、《歐陽尙書》，以孝稱。雖二千石子，常步擔求師」，「少爲諸生，舉孝廉，辟司徒楊震府」。〔註 31〕楊仁：「建武中，詣師學習《韓詩》，數年歸，靜居教授，仕郡爲功曹，舉孝廉，除郎」。〔註 32〕陳重：「學《魯詩》、《顏氏春秋》」，〔註 33〕後舉孝廉。

西漢的時候，精通經學是被舉孝廉一個方面的因素。到東漢之後，經學成爲所有被察舉孝廉的人都必須考察的內容。由郡守或相國舉薦孝廉到朝廷之後，爲了保證察舉到名副其實的人才，需要對這些人才進行考覈，方式就是經學考試。漢順帝陽嘉元年（132 年），尙書令左雄上書指出在任用人才時，必須進行考試：「寧人之務，莫重用賢；用賢之道，必存考黜」。具體的考察方法是：

> 郡國孝廉，古之貢士，出則宰民，宣協風教。若其面牆，則無所施用。孔子曰：「四十不惑。」《禮》稱「強仕」。請自今孝廉年不滿四十，不得察舉。皆先詣公府，諸生試家法，文吏課箋奏。副之端門，練其虛實，以觀異能，以美風俗。有不承科令者，正其罪法。若有茂才異行，自可不拘年齒。〔註 34〕

從左雄的建議中可知，當時所察舉的人才，都需要通曉一家經學，而且被察

〔註 26〕　《後漢紀》卷一五。
〔註 27〕　黃留珠：《秦漢仕進制度》，西北大學出版社，1985 年版，頁 143。
〔註 28〕　《漢書·師丹傳》。
〔註 29〕　《後漢書·馮衍傳附子豹傳》。
〔註 30〕　《隸釋》卷九，《司隸校尉魯峻碑》。
〔註 31〕　《後漢書·杜喬傳》。
〔註 32〕　《後漢書·儒林傳下》。
〔註 33〕　《後漢書·獨行傳》。
〔註 34〕　《後漢書·左雄傳》。

舉之人，需要在公府考試其所習經學的情況。這樣，在察舉選士中，掌握儒家經典成為被察舉人的必要才能。

左雄的建議提出來之後，遭到尚書僕射胡廣及尚書省官員郭虔、史敞等人的反對。但是，順帝支援左雄的觀點，十一月決定：「郡國舉孝廉，限年四十以上，諸生通章句，文吏能箋奏，乃得應選。其有茂才異行，若顏淵、子奇，不拘年齒。」〔註35〕自此，在察舉之後，再考試經學的制度確立。

從「諸生通章句，文吏能箋奏」的規定可知，諸生和文吏分別測試不同的內容。諸生是指習儒未仕者的泛稱，包括當時的經師的弟子、官學的學生等。這些學習儒學的人，被舉薦之後，需要考試其所習儒經的家法，通過了才能授予官職。文吏是已經有一定官職的人，考察他們的公文寫作能力。

漢代的察舉各科都要選拔一些經學人士，另外還特設明經一科來專門錄用經學人士。明經就是明曉儒家經典，以掌握儒家經典的水平作為選才的標準。

明經為特科，由皇帝下詔察舉。質帝在本初元年（146 年）曾下詔：「夏四月庚辰，令郡國舉明經，……各令隨家法。」〔註36〕

不少人以「舉明經」而入仕，如西漢翟方進習《春秋》，東漢戴憑習《京氏易》，張玄習《顏氏春秋》，袁安的祖父良習《孟氏易》。因習《詩》而被舉明經的有魏應：「建武初詣博士受業，習《魯詩》」，「後歸為郡吏，舉明經，除濟陰王文學」。〔註37〕還有李業：「習《魯詩》，師博士許晃。元始中，舉明經，除為郎。」〔註38〕

在察舉中，察舉孝廉，要「儒生試家法」；舉明經，要「各遂家法」，均以家法作為考察經學水平的標準。

（二）博士弟子考課

漢代太學，立五經博士，為博士設立弟子，並將博士弟子的考課與朝廷的選士相聯繫，以考課的成績作為選材的標準：「一歲皆輒課，能通一藝以上，補文學掌故缺。其高第可以為郎中，太常籍奏。即有秀才異等，輒以名聞。」〔註39〕

〔註35〕《後漢書・孝順帝紀》。
〔註36〕《後漢書・孝質帝紀》。
〔註37〕《後漢書・儒林傳下》。
〔註38〕《後漢書・獨行列傳》。
〔註39〕《漢書・儒林傳》。

博士弟子考課的形式為「射策」。班固言：「自武帝立五經博士，開弟子員，設科射策，勸以官祿。」〔註40〕射策類似於現在的抽籤考試。就是將問題寫在簡策上，密封擺列於案，讓考試的人任意抽取，根據所抽得的問題回答。射策根據難易、大小分成甲、乙之科。如蕭望之、馬宮、翟方進、何武等都「以射策甲科為郎」，〔註41〕房鳳「以射策乙科為太史掌故。」〔註42〕

「射策」的內容為「難問疑義」，主要是關於博士所授經學的問題。弟子「射策」，主要是根據所提問題，對經義進行解釋、闡發。因為在太學中，分立多家博士，為博士各設弟子，考察其學習成果的方式就是要看其對博士經說掌握的情況。

在考課中，有的博士弟子為了標新立異，以求出眾，常常不守家法。徐防對此提出了批評，並明確要求博士弟子的考課要遵守家法：

> 伏見太學試博士弟子，皆以意說，不修家法，私相容隱，開生姦路。每有策試，輒興諍訟，論議紛錯，互相是非……今不依章句，妄生穿鑿，以尊師為非義，意說為得理。輕侮道術，寖以成俗，實非詔書實選本意……臣以為博士及甲乙策試，宜從其家章句，開五十難以試之。解釋多者為上第，引文明者為高說。若不依先師，義有相伐，皆正以為非。〔註43〕

如果有考生不遵守家法，其所述經義與師說相違，都是不允許的。

桓帝永壽二年（156年），實行新的課試規定：

> 學生滿二歲試，通二經者補文學掌故。其不能通二經者，須後試，復隨輩試之，通二經者亦得為文學掌故。其已為文學掌故者滿二歲試，能通三經者擢其高第為太子舍人。其不得第者後試，復隨輩試，第復高者亦得為太子舍人。已為太子舍人，滿二歲試，能通四經者，擢其高第為郎中。其不得第者後試，復隨輩試，第復高者亦得為郎中。滿二歲試，能通五經者，擢其高第補吏，隨才而用。其不得第者後試，復隨輩試，第復高者亦得補吏。〔註44〕

通二經為文學掌故，通三經為太子舍人，通四經者為郎中，博通五經成為對

〔註40〕《漢書・儒林傳贊》。
〔註41〕《漢書・蕭望之傳》、《漢書・馬宮傳》、《漢書・翟方進》、《漢書・何武傳》。
〔註42〕《漢書・儒林傳》。
〔註43〕《後漢書・徐防傳》。
〔註44〕《文獻通考・學校一》。

太學生的最高要求。這樣，通經的數量和質量，與太學生的出路緊密相連，通曉經學成爲太學生取得官位的主要途徑，而考察通經的標準就是是否遵守師法家法。

二、經學傳授中謹尊師法家法

「在漢代，師法家法是解釋、運用和傳授經籍的重要依據，也是檢驗其正確性的基本尺度。」〔註45〕因此經學的傳授，各家都謹尊本家師傳之法。

師法、家法爲何，歷來解釋眾多。唐代李賢對「諸生試家法，文史課箋奏」中的家法的注爲「儒有一家之學，故稱家法。」何爲「一家之法」，此處仍語焉不詳。

皮錫瑞在《經學歷史》中對師法、家法的解釋，一直以來都被視爲權威論述：

> 前漢重師法，後漢重家法。先有師法，而後能成一家之言。師法者，溯其源；家法者，衍其流也。師法家法所以分者，如《易》有施、孟、梁丘之學，是師法；施有張、彭之學，孟有翟、孟、白之學，梁丘有士孫、鄧、衡之學，是家法。家法從師法分出，而施、孟、梁丘之師法又從田王孫一師分出者也。〔註46〕

皮錫瑞的解釋沒有具體定義師法、家法的概念，祇是說前漢重師法，後漢重家法。先有師法，而後能成一家之言，師法是源，家法是流。其基本內容指的是在經學傳授過程中，弟子對先師經說的遵從。

皮錫瑞之前的乾嘉學者王鳴盛曾經對師法、家法有論述：「漢人說經重師法。……又稱家法，謂守其一家之法，即師法也。……蓋前漢多言師法，而後漢多言家法。不改師法，則能修家法矣。」〔註47〕在王鳴盛的定義中，師法家法是相同的概念，是「守一家之法」。無論師法家法，其基本精神是一致的，就是對經師所傳經說的嚴格遵守。師所傳、弟所受，不得有絲毫改變，只有這樣，才能保證一家之說的傳承。

余嘉錫先生認爲家法是經學傳授中「成一家之學」者：

〔註45〕李國均、王炳照總主編，俞啓定、施克燦著：《中國教育制度通史》第一卷，山東教育出版社，2000年，頁288。
〔註46〕皮錫瑞：《經學歷史》，中華書局，1959年，頁136。
〔註47〕《十七史商榷》卷二十七，《家法》條。

> 父傳之子，師傳之弟，則謂之家法。六藝諸子皆同，故學有家法。
> 稱述師說者，即附之一家之中……其學雖出於前人，而更張義例，
> 別有發明者，則自名爲一家之學。如《儒林傳》中某以某經授某，
> 某又授某，繇是有某某之學是也。其間有成家者，有不能成家者。
> 學不足以名家，則言必稱師，述而不作。雖筆之於書，仍爲先師之
> 說而已……〔註48〕

在這裡，家法的概念爲「父傳之子，師傳之弟」，經學相傳，代代相因。師法，是言必稱師，述而不作；家法是在原有的師法基礎上別有創造，能獨創一家之學。

由此可知，家法是在師法之下所獨創的一家之學。在西漢的經學傳授中，多爲最早確立的經學師法，而到東漢，多爲出於師法而自成一家的家法。所以皮錫瑞說，「前漢重師法，後漢重家法」。家法從師法出，形成一家之法後，便遵守所習家法。在後漢楊雄的察舉建議中，考察諸生經學水平，要「試家法」。

綜合以上觀點，在選舉標準中，師法家法的主要精神就是要遵守一個學派的解釋和闡發，不得隨意更改、變化，這樣才可以保持一派學說的統一性。「漢人最重師法。師之所傳，弟之所受，一字毋敢出入。」〔註49〕此處皮錫瑞所說的師法，也包括家法，是漢代經學傳授的基本原則，也是漢代考察儒士經學水平的標準。

在舉薦人才的時候，能否遵守經學師法、家法是重要標準。例如：蕭望之舉薦匡衡「經學精習，說有師道，可觀覽」。〔註50〕張禹被舉薦因其「經學精習，有師法，可試事」。〔註51〕也有人因爲不守家法而落選，如孟喜「得《易》家候陰陽災變書，詐言師田生且死時枕喜膝，獨傳喜」。蜀人趙賓自「飾《易》文，……云受孟喜，喜爲名之。後賓死，莫能持其說，喜因不肯仍。」後來在補博士缺時，「上聞喜改師法，遂不用喜」。〔註52〕而東漢張玄「少習《顏氏春秋》，兼通數家法」。以明經察舉，他在教學活動中：「及有難者，輒爲張數家之說，令擇其所安。」諸儒生都佩服他對經書的貫通，在門下著錄的有

〔註48〕《四庫提要辨證》卷十一。
〔註49〕皮錫瑞：《經學歷史》，中華書局，1959年，頁77。
〔註50〕《漢書·匡衡傳》。
〔註51〕《漢書·張禹傳》。
〔註52〕《漢書·儒林傳》。

千餘人。後來，朝廷《顏氏》博士有空缺，張玄以試策第一拜爲博士，幾個月之後，就有人以張玄不只說《顏氏》爲由上書皇帝，「諸生上言玄兼說《嚴氏》、《冥氏》，不宜專爲顏氏博士，光武且令還署」。〔註53〕

可見，在漢代的選士中，無論是博士的認定，還是官員的選拔，以及博士弟子的考課，在經學方面嚴守師法家法是考察的重要標準。由於有功名利祿的吸引，儒士在學習《詩經》的過程中，都謹守師法家法。皮錫瑞說：「漢人治經，各守家法；博士教授，專主一家。」〔註54〕《詩》分魯、齊、韓、毛四家詩，〔註55〕在各自傳授的過程中，都依各家師說，各家《詩》有各自的傳授教本，呈現出不同的傳授特點。

第三節　《魯詩》教本：謹嚴近眞

一、《魯詩》傳承及教本

（一）《魯詩》在西漢的傳承及教本

漢代四家《詩》中，以《魯詩》一派出現最早，因流傳於魯國而得名，最著名的傳授大師是魯人申培，後被尊稱爲申公。《史記》云：「文帝時，聞申公爲《詩》最精，以爲博士。」〔註56〕

在申公之前，魯《詩》的傳承，歷來有不同說法，據陸德明《毛詩草木鳥獸蟲魚疏》卷下云：「孔子刪詩授卜商（子夏），商爲之序，以授魯人曾申，申授魏人李克，克授魯人孟仲子，孟仲子授根牟子，根牟子授趙人荀卿。」從子夏到荀卿，經歷五傳，中間人物的具體情況均不可考。荀卿傳浮丘伯，浮丘伯「爲《魯詩》之祖」。〔註57〕浮丘是「秦時儒生」，〔註58〕「孫卿門人

〔註53〕《後漢書・儒林傳下》。

〔註54〕皮錫瑞：《經學歷史》，中華書局，1959 年，頁 75。

〔註55〕1977 年安徽阜陽雙古堆一號漢墓出土了一批《詩經》殘簡，1984 年正式公佈。研究者將《阜詩》的斷片殘簡與《毛詩》及現存的齊、魯、韓三家詩比較，它似屬於四家詩以外的另外一家。但史書上沒有記載被列爲官學傳授，所以不在本研究範圍之內。

〔註56〕《史記・楚元王傳》。

〔註57〕劉師培：《經學教科書》第六課《孔子之傳經》，《劉師培全集》（一），中共中央黨校出版社，1997 年，頁 174。

〔註58〕《漢書・楚元王傳》服虔注。

也」，〔註59〕曾教授《詩》，申公曾兩次跟隨其學詩。第一次是在秦朝，「（楚元王）少時嘗與魯穆生、白生、申公俱受《詩》於浮丘伯。……及秦焚書，各別去。」第二次是在高后時：「浮丘伯在長安，元王遣子郢客與申公俱卒業。」〔註60〕這兩次師事浮丘伯，申培治《詩》遂臻於精熟，並在漢初較早爲《詩》訓詁，首創《魯詩》學派。文帝時聞申培「爲《詩》最精」，徵以爲博士。

申公傳授《魯詩》，弟子眾多，《史記‧儒林列傳》記述有：「弟子自遠方受業者百餘人」，而《漢書‧儒林傳》云：「弟子自遠方至受業者千餘人」。申公以《詩經》爲訓故進行教學，所撰教本，據《漢書‧藝文志》記載，有《魯故》二十五卷，主要是通釋《詩》文，訓釋文字；《魯說》二十八卷。另外還有《魯詩傳》，也題爲申公所撰，但據《漢書‧藝文志》記載，四家詩中，齊、韓、毛三家皆有《傳》，獨《魯詩》不著錄有《傳》，而又據馬瑞辰《魯詩無傳辨》，認爲申公還曾著有《魯傳》。〔註61〕

漢武帝即位之初，因爲立明堂需要一位學問和威望都很高的人，就找到了申公，當時申公已經八十高齡，武帝派使臣帶布帛禮物、專車接迎，到京城後，天子向申公問治亂之事，申公回答說「爲治者不在多言，顧力行何如耳。」〔註62〕當時武帝比較失望，但還是封爲太中大夫。申公的弟子成爲博士的有十餘人，他們言詩雖然不同，但仍多本申公。

申公最著名的弟子是王臧、趙綰。「蘭陵王臧既從受《詩》，已通，事景帝爲太子少傅，免去。武帝初即位，臧乃上書宿衛，累遷，一歲至郎中令。及代趙綰亦嘗受《詩》申公，爲御史大夫。」〔註63〕孔安國以治《尚書》聞名於後世，也曾從申公受《魯詩》，司馬遷又從孔安國習《魯詩》。申公的弟子爲博士的有十餘人，「周霸至膠西內史，夏寬城陽內史，碭魯賜至東海太守，

〔註59〕《漢書‧楚元王傳》。
〔註60〕《漢書‧楚元王傳》。
〔註61〕馬瑞辰《魯詩無傳辨》中列舉各史書，證明《魯詩》有傳。《漢書‧楚元王傳》言申公始爲《詩傳》，號《魯詩》。《太平御覽》二百三十二卷引《魯國先賢傳》曰：「漢文帝時，聞申公爲《詩》最精，以爲博士，申公爲《詩傳》，號爲《魯詩》。」並對《史記‧儒林傳》的記載：「申公獨以《詩經》爲訓故以教，無傳疑，疑者則闕弗傳。」進行分析，認爲「當讀『無傳疑』爲句，下云『疑者則闕弗傳』，乃釋『上無傳』三字也。『傳』讀如傳授之『傳』，非傳注之『傳』，《漢書》說本《史記》而誤脫一『疑』字。」由此可證《魯詩》有傳。參見馬瑞辰：《毛詩傳箋通釋》卷一。
〔註62〕《史記‧儒林傳》。
〔註63〕《漢書‧儒林傳》。

蘭陵繆生至長沙內史，徐偃爲膠西中尉，鄒人闕門慶忌爲膠東內史」。〔註64〕

　　申公的弟子繼續其《魯詩》的傳授：「申公卒以《詩》、《春秋》授，而瑕丘江公盡能傳之，徒眾最盛。及魯許生、免中徐公，皆守學教授。」〔註65〕其中，瑕丘江公從申公學《穀梁春秋》和《詩》，傳給子又傳至孫，均爲博士。

　　韋賢從江公學《魯詩》。韋氏《詩學》有家學淵源。韋賢的五世祖韋孟，曾爲楚元王傅，而元王乃漢儒林之首，《詩》學專家，撰有《詩傳》。韋賢有「鄒魯大儒」之稱，曾授昭帝以《詩》，發揚《魯詩》成韋氏學，官至丞相，傳給兒子玄成，兒子也以治《魯詩》至丞相位。並且玄成和兒子賞以《詩》授哀帝。時人對此豔羨不已，前面所引諺語：「遺子黃金滿籯，不如一經」，〔註66〕即指韋氏傳《詩》，累世爲相的事情。韋賢治《詩》的著作爲《魯詩韋氏章句》，這是韋氏父子傳授弟子的教本。

　　徐公和許生的弟子王式以《詩》爲諫書，聞名於經學史。「王式字翁思，東平新桃人也。事免中徐公及許生。式爲昌邑王師……昌邑王……廢……，式繫獄當死，治事使者責問曰：『師何以无諫書？』式對曰：『臣以《詩》三百五篇朝夕授王。至於忠臣孝子之篇，未嘗不爲王反覆誦之也；至於危亡失道之君，未嘗不流涕爲王深陳之也。臣以三百五篇諫，是以亡諫書。』使者以聞，得以減死論。」〔註67〕

　　王式授《詩》與張長安、唐長賓、褚少孫、薛廣德。弟子張長安傳授《魯詩》，他的兄子游卿爲諫議大夫，曾以《詩》授元帝。其門人琅邪王扶爲泗水中尉，陳留許晏爲博士。由是張家有許氏學。許氏學傳授的教本爲《魯詩許氏章句》。當時許晏的許氏學影響很大，所以有諺曰：「殿上成群許偉君」。〔註68〕

　　王式弟子薛廣德，曾以《詩》博士參加石渠的經論，也進行教授，《漢書·儒林傳》載薛廣德以《魯詩》教授，弟子有龔舍、龔勝。

（二）東漢《魯詩》大師

　　東漢時，由於重古文經學，《魯詩》逐漸衰微。但東漢的《魯詩》大師輩出，且多從事《詩》學教授。據學者考證，東漢的《魯詩》宗師有十七人。〔註69〕

〔註64〕　《漢書·儒林傳》。
〔註65〕　《漢書·儒林傳》。
〔註66〕　《漢書·韋賢傳》。
〔註67〕　《漢書·儒林傳》。
〔註68〕　《太平御覽》卷四百九十六。
〔註69〕　王承略：《論兩漢〈魯詩〉學派》，《晉陽學刊》，2002年第4期。

在史書中，沒有他們有關《魯詩》著述的記載。

卓茂，「茂元帝時學於長安，事博士江公，習《詩》、《禮》及曆算，究極師法，稱爲通儒。……光武初即位，先訪求茂，……以茂爲太傅封褒德侯」。〔註70〕

李業，「習《魯詩》，師博士許晃」。〔註71〕

陳宣，剛猛性毅，博學，明《魯詩》。〔註72〕

高詡，「曾祖父嘉，以《魯詩》授元帝，仕至上谷太守。」「詡以父任爲郎中，世傳《魯詩》」。〔註73〕

包咸，「習《魯詩》、《論語》」。〔註74〕

魏應，「建武初，詣博士受業，習《魯詩》。」永平初，爲博士。十三年，遷大鴻臚。十八年，拜光祿大夫。建初四年，拜五官中郎將。經明行修，弟子自遠方至，著錄數千人。白虎觀講論五經同異，魏應專掌難問。〔註75〕

魯恭（32～112），「十五，與母及丕俱居太學，習《魯詩》」，以明經參與白虎觀講論五經同異，和帝初「拜爲《魯詩》博士，由是家法學者日盛。」〔註76〕

魯丕（37～111），魯恭弟，「兼通《五經》，以《魯詩》、《尚書》教授，爲當世名儒。」門生就學者常百餘人，關東號之曰「五經復興魯叔度」。〔註77〕

蔡朗（55～112），以《魯詩》教授，生徒雲集。元和元年徵拜博士，遷河間中尉、琅邪王傅。

李昞，習《魯詩》、《京氏易》。篤行好學，不羨榮祿，一生不仕。

陳重，「少與同郡雷義爲友，俱學《魯詩》、《顏氏春秋》」。〔註78〕

雷義，與陳重同學《魯詩》，官至侍御史、南頓令。〔註79〕

魯峻（112～172），治《魯詩》，兼通《顏氏春秋》，博覽群書，學爲儒宗。

李咸，習《魯詩》、《春秋公羊傳》、三《禮》。建寧三年，自大鴻臚拜太尉。

〔註70〕《後漢書·卓茂傳》。
〔註71〕《後漢書·獨行傳》。
〔註72〕《後漢書·志第十五·五行三》。
〔註73〕《後漢書·儒林傳下》。
〔註74〕《後漢書·儒林傳下》。
〔註75〕《後漢書·儒林傳下》。
〔註76〕《後漢書·魯恭傳》。
〔註77〕《後漢書·魯恭傳附弟丕傳》。
〔註78〕《後漢書·獨行傳》。
〔註79〕《後漢書·獨行傳》。

武榮，治《魯詩》。廣學甄微，靡不貫綜。官至執金吾丞。

李郃，跟隨魯恭習《魯詩》。字孟節，漢中南鄭人。父頡，以儒學稱，官至博士。郃襲父業，通五經，師魯恭，習《魯詩》。

趙峻，字伯師，下邳徐人。學《魯詩》、《顏氏春秋》。

兩漢的《魯詩》大師，謹守其「近其本眞」的傳詩傳統，在漢代多有成就。魏晉改代，學官失守，《魯故》亡於西晉，《魯詩》著作現都已失傳，其學遂以浸滅。

二、《魯詩》傳授特點：謹嚴近眞

《漢書·藝文志》云：「漢興，魯申公爲詩『訓故』，而齊轅固、燕韓嬰皆爲之『傳』，或取《春秋》，采雜說，咸非其本義，與不得已，魯最爲近之。」

在今文經學的三家詩中，《魯詩》的傳授是最接近《詩》本義的一家，其創始人申公就已經開其端。申培在傳《詩》的過程中，傳授的內容主要是「以《詩經》爲訓故以教」，重視依據經文字句作解釋；教授的原則是「無傳疑，疑者則闕弗傳」。〔註80〕申公的教《詩》的態度十分謹嚴，不教授不清楚的內容，有疑惑的地方就不傳授。申公的傳授體現著魯學「諱莫如深」、「拘謹守經」、「不敢放言高論」的特點，這種樸實保守的傳《詩》態度爲《魯詩》的傳授定下了基調，後代傳《魯詩》者均恪守師法，風格本眞。

以《詩》爲諫書的王式授詩言簡意賅，對弟子只講授了數篇，就說：「聞之於師具是矣，自潤色之」，〔註81〕遂不肯再教了。其弟子唐長賓、褚少孫應博士弟子選，「摳衣登堂，頌禮甚嚴」，〔註82〕博士令他們誦說經文，合於師法，又詢問其老師是誰，答曰：是王式，就向上推薦王式，下詔封爲博士。可見，《魯詩》的傳授，謹尊師法，從弟子的表現，可以推論其師的學行。後來唐、褚二人和王式的另一弟子張長安皆爲博士，王式的另一弟子薛廣德則官至御史大夫。

《魯詩》學派保持謹愼近眞的傳《詩》學風，形成了堅守自家學說的傳《詩》傳統。由於社會形式的變化，今文經學均調整自己的經說，以適應統治者的需要，解經的文字日趨繁複，有章句、有文句、有解說、有雜記。但

〔註80〕《史記·儒林傳》。
〔註81〕《漢書·儒林傳》。
〔註82〕《漢書·儒林傳》。

是《魯詩》堅持自己樸實近眞的特點,依舊以「故」、「說」的解說方式,解經精要並且簡約。在東漢出現了多位《魯詩》大師,他們卻沒有新的《魯詩》撰述,也說明《魯詩》的傳授謹遵師說的特點。

　　《魯詩》學派的弟子大都崇尚氣節,道德高潔,剛直不阿。王莽篡位後,《魯詩》弟子採取了不合作的態度。如申公的五傳弟子龔勝,堅決不應王莽的師友祭酒的聘請,絕食而亡,在臨終對弟子說:「吾受漢家厚恩,亡以報,今年老矣,且暮入地。誼豈以一身事二姓,下見故主哉?」〔註83〕世傳《魯詩》的高容、高詡父子,稱盲而遁迹山林,光武即位後復出。在平帝時已有高位的卓茂,在王莽攝位後不肯就職位,並乞骸骨歸。王莽居攝時隱居不仕,在公孫述稱帝後,寧飲毒酒而不受公侯之位。陳宣、包咸均在新朝時隱歸鄉里。《魯詩》學派出現如此多的剛正廉潔之士,是與其近於本眞的傳《詩》特點所不可分的。

　　陳喬樅對《魯詩》的評價十分允當:

> 《史記・儒林傳》言漢高祖過魯,申公以弟從師入謁於魯南宮。又言申公以《詩》教授,弟子自遠方至受業者千餘人。是三家之學,《魯》最先出,其傳亦最廣。有張、唐、褚氏之學,又有韋氏學、許氏學,皆家世傳業,守其師法。終漢之世,三家並立學官,而魯學爲極盛焉。魏晉改代,屢經兵燹學官失業,《齊詩》既亡,《魯詩》不過江東,其學逐以浸微。〔註84〕

第四節　《齊詩》教本:咸非本義

一、《齊詩》的傳承及教本

　　《齊詩》學派的創始人爲轅固生,在景帝前期或中期立爲博士。轅固生所撰《齊詩》教材爲《齊詩轅氏內傳》和《齊詩轅氏外傳》,據《漢書・藝文志》評價,其特點是「或取《春秋》,采雜說,咸非其本義。」轅固生傳《齊詩》成績顯著,「自是之後,齊言《詩》皆本轅固生也。諸齊人以詩顯貴,皆固之弟子也。」〔註85〕

〔註83〕《漢書・龔勝傳》。
〔註84〕《三家詩遺說考・魯詩遺說考》自序,《詩經要籍集成》第三十八冊。
〔註85〕《史記・儒林列傳》。

　　轅固生傳《齊詩》與夏侯始昌，夏侯始昌「通《五經》，以《齊詩》、《尚書》教授。」〔註86〕學生之中有后蒼通《詩》、《禮》，爲博士。后蒼撰《齊后氏故》和《齊后氏傳》教授學生。據《漢書·藝文志》記載《齊后氏故》有二十八卷，題爲后蒼撰；《齊后氏傳》有三十九卷，據王先謙推論爲后氏弟子所撰。

　　夏侯始昌又授翼奉、蕭望之、匡衡。其中翼奉爲諫大夫，蕭望之爲前將軍。匡衡傳《齊詩》最爲有名。據《漢書·匡衡傳》載，匡衡曾以明經官至丞相，被封侯，他長於說詩，眾儒生讚賞他說：「無說詩，匡鼎來；匡說詩，解人頤」。〔註87〕說明當時匡衡傳詩無人能辯駁，大家都心悅誠服。匡衡授詩當時很有名望，「衡授琅邪師丹、伏理斿君，潁川滿昌君都。」〔註88〕師丹、伏理都成爲《齊詩》大師。

　　伏氏三世傳《齊詩》學，創立了《齊詩》的匡伏之學。伏理是伏生的八世孫，「受《詩》於匡衡，由是《齊詩》有匡伏之學。」〔註89〕其傳《詩》之作是《齊詩伏氏章句》。隨後，其子伏黯根據伏理的章句，進行改定，撰成《伏黯改定齊詩章句》。另外據陸璣《毛詩草木蟲魚疏》卷下：「其後伏黯傳理家學，改定章句，作解說九篇，以授嗣子恭。」伏黯爲了教授子伏恭，著《齊詩解說九篇》作教本。伏恭承父學，拜博士。敦修學校，教授不輟，在教學的過程中，對伏黯的章句作了刪定，減去浮辭，定爲二十萬言，名爲《刪定齊詩章句》。伏氏的《齊詩章句》，經過伏理、伏黯、伏恭三代修訂，才爲定本。可見當時一家傳《詩》所用的教本，是在教學使用過程中，不斷改、刪，逐漸完善的。曾樸曾說：「蓋漢人注經，往往歷數世而成，如伏氏之《齊詩》，桓氏之《尚書》皆是，不足爲怪也。」〔註90〕《齊詩》有了翼、匡、師、伏之學。匡衡的弟子滿昌又傳授九江張邯、琅邪皮容，皆至大官，徒從尤盛。

　　在王莽時，《齊詩》學派根據新朝政權的需要，對《齊詩》進行了變革，受到新朝的重用。滿昌曾爲師友祭酒，弟子張邯是王莽在政治上的重要臂膀，師丹一門，深受王莽尊崇，伏理曾在新朝時任職。由於有這些事件，到東漢時，《齊詩》學派不被漢統治者重視，很快就衰微了。

〔註86〕　《漢書·夏侯始昌傳》。
〔註87〕　《漢書·匡衡傳》。
〔註88〕　《漢書·儒林傳》。
〔註89〕　《後漢書·伏湛傳》注。
〔註90〕　《補後漢書藝文志並考》敘錄。

　　東漢習《齊詩》的還有任末，他少習《齊詩》，遊京師，教授十餘年。景
鸞少隨師學經，涉七州之地，能理《齊詩》、《施氏易》，兼受《河》、《洛》圖
緯。作多本經說，撰《詩解文句》，文句是章句的異名，是彙眾家詩解而為之
章句的作品。

　　另有不知撰者的《齊詩》著述：《齊孫氏故》和《齊孫氏傳》：據《漢書·
藝文志》記載《齊孫氏故》有二十七卷，《齊孫氏傳》有二十八卷。孫氏為何
人，沒有記述。大概在三國時就已經亡佚了。還有《齊雜記》十八卷。姚振
宗《漢書藝文志條理》考察：與《春秋公羊雜說》相類似，都是合眾家所記
以為一編，著者不可考。

　　齊詩在三家詩中亡佚最早，亡於魏。

二、《齊詩》傳授特點〔註91〕：咸非本義

　　與《魯詩》傳授謹嚴本真不同，《齊詩》的傳授更多是適應社會發展需要，
為社會政治服務。當時的統治者喜歡陰陽災異，《齊詩》教本中多雜糅陰陽五
行讖緯之說，以所謂「四始」、「五際」、「六情」來釋詩，並重視與社會政治
的聯繫，充分發揮《詩經》為現實服務的功能。

（一）重「四始」、「五際」、「六情」

　　《齊詩》重陰陽讖緯與當時齊學的特點相一致，馬宗霍先生總結說：「大
抵齊學尚恢奇，……齊學喜言天人之理，……蓋當戰國時，齊有鄒衍善談天，
深觀陰陽消息，而作怪迂之變。其語宏大不經，先序今以上至黃帝，因載其
機祥度制，稱引天地剖判以來，五德轉移，治各有宜；於是流風所被，至漢
不替。」〔註92〕《齊詩》宗旨是：以「四始」、「五際」、「六情」言詩，其目
的是以其來明陰陽終始的道理，考察人事盛衰得失的原因。

　　何為「四始」？《詩泛歷樞》曰：「《大明》在亥，水始也；《四牡》在寅，
木始也；《嘉魚》在巳，火始也；《鴻雁》在申，金始也。」

　　「四始」揭示的是一種自然界周而復始的運動規律，其使用的是五行相
生的理論，因用四時配五行數目不合，遂用水、木、火、金主雲四時。水生
木、木生火、火生金。董仲舒習《齊詩》，在《春秋繁露·天辨在人》中說：

〔註91〕此處《齊詩》引文除注明者外，均引自《詩三家義集疏》，北京：中華書局，
　　　　1987年。
〔註92〕馬宗霍：《中國經學史》，上海：商務印書館，1936年，頁83。

「金木水火，各奉其主以從陰陽……，故少陽因木而起，助春之生也；太陽因火而起，助夏之養也；少陰因金而起，助秋之成也；太陰因水而起，助冬之藏也。」〔註93〕

《齊詩》選擇了記錄周代不同歷史階段的一系列組詩來匹配自然界更替變化的不同時期。《大明》反映的是文王受命興周，敘述了文王降生、結婚、生子、受命、興周的歷史，還有武王伐商，爲周之起始，相應與自然界更替之始「亥」位「萬物死而復蘇」相配。《四牡》反映了周王朝長期安定，逐漸強盛的時期，故配在寅位，陽氣漸盛。《嘉魚》反映了周代的繁盛期，太平盛世，故配在純陽之巳位，《鴻雁》反映周宣王中興時期，是周代由盛轉衰期，故配陰氣漸盛的申位。《齊詩》在亥、寅、巳、申四個關鍵位置上配以反映周王朝歷史進程的四個時期的詩篇，展示了西周興起、發展、繁榮、衰落的歷史變化過程，並與自然界陰陽消長規律聯繫起來，認爲社會的發展具有自然發展的規律。這樣天道與人事相結合，爲社會政治發展服務。

關於「五際」。翼奉曾說：「《易》有陰陽，《詩》有五際，《春秋》有災異，皆列終始，推得失，考天心，以言王道之安危。」〔註94〕《詩》的五際和《易》的陰陽、《春秋》的災異一樣，都反映了天心、得失，預示了王道的安危。一般認爲五際爲：卯、酉、午、戌、亥，都是陰陽際會之時，反映了世事的變化。

在《詩泛歷樞》中對「五際」的具體解釋爲：「午亥之際爲革命，卯酉之際爲改正。辰在天門，出入候聽。卯，《天保》也。酉，《祈父》也。午，《采芑》也。亥，《大明》也。」卯、酉、午、亥分別對應了《天保》、《祈父》、《采芑》、《大明》四首詩。並用陰陽交際盛衰來解釋：「亥爲革命，一際也；亥又爲天門，出入候聽，二際也；卯爲陰陽交際，三際也；午爲陽謝陰興，四際也；酉爲陰盛陽微，五際也。」〔註95〕戌是陰氣終結，亥是陽氣之始。

應劭將「五際」解釋爲：「君臣、父子、兄弟、夫婦、朋友也。」把「五際」與倫理相結合，揭示了「五際」的政治教化應用，更符合《齊詩》的特點。「四始」、「五際」說選擇了相應的八組詩，展示了周王朝興廢之規律，並借陰陽五行來形象、生動地表達，其最終目的是爲現實政治服務。

「六情」包括喜、怒、哀、樂、好、惡。《漢書·翼奉傳》載翼奉曰：

〔註93〕《春秋繁露·天辨在人》。
〔註94〕《漢書·翼奉傳》。
〔註95〕《詩泛歷樞》，《詩經要籍集成》第一冊。

> 臣聞之於師，……知下之術，在於六情十二律而已，北方之情，好
> 也；好行貪狼，申子主之。東方之情，怒也；怒行陰賊，亥卯主之。
> 貪狼必待陰賊而後動，陰賊必待貪狼而後用。二陰並行，是以王者
> 忌子卯也。……南方之情，惡也；惡行廉貞，寅午主之。西方之情，
> 喜也；喜行寬大，巳酉主之。二陽並行，是以王者吉午酉也。《詩》
> 曰「吉日庚午。」上方之情，樂也；樂行姦邪，辰未主之。下方之
> 情，哀也；哀行公正，戌丑主之。辰未屬陰，戌丑屬陽，萬物各以
> 其類應。

《齊詩》將「六情」與地支相配，既包含了北、東、南、西、上、下方位的
立體空間，又擁有陰陽消長的動態過程，其中也融彙著某些卦氣理論。

《齊詩》講「四始」、「五際」，最終是將《詩》與災異結合起來。以《小
雅·十月之交》詩爲例。

翼奉曾說：「臣奉竊學《齊詩》聞五際之要，《十月之交》篇，知日食地
震之效昭然可明，猶巢居知風，穴處知雨；亦不足多，適所習耳。臣聞人氣
內逆，則感動天地，天變見於星氣日蝕，地變見於奇物震動，所以然者，陽
用其精，陰用其形，猶人之有五臟六體。五臟象天，六體象地，故臟病則氣
色發於面，體病則欠申動於貌。」〔註96〕認爲日食的自然現象有預示作用，
就如人的面貌反映人的身體健康情況。在《詩·推度災》中，將十月之交的
日食，進一步與政治君臣關係結合起來：「十月之交，氣之相交。周十月，夏
之八月。及其食也，君弱臣強，故天垂象以見微。辛者，正秋之王氣，卯者，
正春之臣位。日爲君，辰爲臣。八月之日，交卯食辛矣。辛之爲君幼弱而不
明，卯之爲臣秉權而爲政。故辛之言新，陰氣盛而陽微，主其君幼弱而任卯
臣也。」大意是說，十月之交的日食，是天顯示的徵兆，君弱而臣強，天以
日食警告。之所以看出是天示的徵兆，是因爲「交卯食辛」的天時決定的。《詩
含神霧》解釋「燁燁震電，不寧不令」，指出不和節令的雷電是天對刑政大暴
的警示：「此應刑政之大暴。故震電驚人，使天下不安。」

（二）重社會政治

《齊詩》把具體的詩和君國大事聯繫在一起，和王朝具體的人、事聯繫
在一起，和禮義的要求聯繫在一起，使得《詩》篇都具有了現實的教化意義。

〔註96〕《漢書·翼奉傳》。

　　《齊詩》對《周南·桃夭》這首歌頌男女婚嫁的民間歌謠解釋爲:「春桃生花,季女宜家 。受福多年,男爲邦君」,將婚嫁的對象具體爲武王娶邑姜的事。《衛風·氓》是寫一個女子不幸的婚姻生活,《齊詩》的解釋是:「氓伯以婚,抱布自媒。棄禮急情,卒罹悔憂」,以「禮」解詩。《魏風·伐檀》一詩是揭露不勞而獲的事實,《齊詩》具體解釋爲:「功德不施於天下而勤勞於百姓,百姓貧陋困窮而家私累萬金,此君子所恥而《伐檀》所刺也。」〔註97〕

　　另外《齊詩》傳詩注重聯繫史實,用史實教化民衆。如對《鄭風·清人》的解說爲「清人高子,久屯外野。消遙不歸,思我慈母」,「慈母望子,遙思不已。久客外野,我心悲苦。」將這首詩與《左傳·閔公二年》記載的「鄭人惡高克,使帥師次於河上,外而弗召,師潰而歸。高克奔陳,鄭人爲之賦《清人》」,聯繫起來。同樣注重史實的還有《小雅·出車》、《小雅·六月》、《大雅·棫樸》、《陳風·株林》等,均一一指明了事件原委。

(三)分析《詩》之地域

　　《齊詩》傳詩還有一個特點是重視分析《詩》產生的地域:把天所顯示的星象和地上相應的分野聯繫起來,主要目的在於標明詩產生地的方位,最終和政治內容相聯繫。

　　如《詩·推度災》解說各詩的產生的地域:《王風》,王,天宿箕斗;《鄭風》,鄭,天宿斗衡;《魏風》,魏,天宿牽牛;《唐風》,唐,天宿奎婁;《秦風》,秦,天宿白虎,氣主元武;《陳風》,陳,天宿大角。

　　古人把二十八宿在天空的位置,自東向西,分作:角、亢、氐、房、心、尾、箕七宿,想像爲蒼龍,配於東方;牛、斗、女、虛、危、室、壁七宿,想像爲玄武,配於北方;奎、婁、胃、昴、畢、觜、參七宿,想像爲白虎,配於西方;井、鬼、柳、星、張、翼、軫七宿,想像爲朱雀,配於南方。因此,「王,天宿箕斗」,是說《王風》的產地,也即王畿附近地域相對應的是箕星和斗星;「鄭,天宿斗衡」,是說《鄭風》的產生地域相對應的是斗星之柄的部位;「魏,天宿牽牛」,是說《魏風》的產生地域相對應的是牽牛星……。

　　《詩含神霧》之中更詳盡地描述了《詩》產生的地域問題:

　　《齊風》:齊,地處孟春之位,海岱之間,土地污泥,流之所歸,利之所聚。律中太簇,音中宮角。

《魏風》：魏，地處季冬之位，土地平夷。

《唐風》：唐，地處孟冬之位，得常山太嶽之風。音中羽。其地磽确而收，故其民儉而好畜，此唐堯之所起。

《秦風》：秦，地處仲秋之位，男懦弱，女高瞭，身白色。律中南呂，音中商，律中南呂。其言舌舉而仰，聲清而揚。

《陳風》：陳，地處季冬之位，土地平夷，無有山谷。律中姑洗，音中宮徵。

《曹風》：曹，地處季夏之位，土地勁急。音中徵，其聲清以急。

對地域的解說，分析了各地所處的位置與之相對應春夏秋冬月份，以及與律呂對應的《詩》的音樂特點；還有詩產生地的地理特點和風俗民情。

《齊詩》教本的特點，在於其適應社會政治需要，將自己的解詩體系與當時的思想意識形態相聯繫，爲統治者的政治發展服務。

第五節　《韓詩外傳》：引事明《詩》

一、《韓詩》的傳授及教本

《韓詩》學派的創始人爲韓嬰，在文帝末期立爲博士。

韓嬰是燕人，孝文帝時爲博士，景帝時爲常山王太傅。據《史記‧儒林列傳》記載：「韓生推《詩》之意而爲內外傳數萬言」，與《齊詩》、《魯詩》以傳詩地域命名不同，以韓嬰之姓被稱爲《韓詩》。「武帝時，嬰嘗與董仲舒論於上前，其人精悍，處事分明，仲舒不能難也。後其孫商爲博士。」〔註98〕韓嬰教授淮南賁生，從此以後，燕趙間言《詩》者都出自韓嬰門下。韓嬰所著教本有：《韓故》和《內外傳》。據《漢書‧藝文志》記載《韓故》三十六卷，是韓嬰自爲本經訓故，以區別於《內外傳》。《韓詩內傳》四卷，《韓詩外傳》六卷。《內傳》多比附經義，是對經文的解說。《外傳》雜引古事古語，在每條之末再引《詩》句，這也是當時傳《詩》教本的一種體例，在後面將專題論述。

韓嬰傳趙子，趙子傳蔡義。蔡義曾爲昭帝說詩，深得昭帝肯定，官至丞相。蔡義授食子公與王吉，食生爲博士，王吉弟子長孫順，後亦爲博士。長

〔註98〕《漢書‧儒林傳》。

孫順又傳段福。「由是《韓詩》有王、食、長孫之學。」〔註99〕韓嬰的弟子傳《韓詩》時，作《韓說》，四十一卷。

　　東漢時傳《韓詩》者比較多，又有多種《韓詩》教本出現。

　　《後漢書·儒林傳下》記載薛漢「世習《韓詩》，父子以章句著名。」薛氏家世代治《詩經》，但不是全治《韓詩》。薛漢的父親名薛方邱，其曾祖薛廣德治《魯詩》，「薛廣德字長卿，沛郡相人也。以《魯詩》教授楚國，龔勝、舍事焉……爲博士，論石渠，遷諫大夫，代貢禹爲長信少府、御史大夫。」〔註100〕薛廣德生薛饒，是長沙太守。薛饒生薛願，爲淮陽太守。薛方邱，字夫子，邱生薛漢。自薛方邱開始治《韓詩》。薛方邱作章句，名爲《薛夫子韓詩章句》。薛漢繼承其父治《韓詩》傳統，在其父《章句》的基礎上修訂增刪而成《薛氏韓詩章句》。「漢少傳父業，尤善說災異讖緯，教授常數百人。建武初，爲博士，受詔校定圖讖。當世言《詩》者，推漢爲長。」〔註101〕曾樸認爲《薛夫子韓詩章句》和《薛氏韓詩章句》爲一書，《章句》之書蓋創於薛方邱，成於薛漢。

　　薛漢的弟子杜撫，少有高才，受業於薛漢。後來杜撫回鄉教授《韓詩》，沈靜樂道，舉動必以禮，弟子有千餘人，作《刪定韓詩章句》。《韓詩章句》從薛方邱開始，經薛漢，到杜撫，幾經刪定而成，《韓詩》教材在使用過程中，經歷了多代傳授者不斷改定、增刪，不斷完善的過程。杜撫除刪定《韓詩章句》外，還撰有《詩題約義通》。「其所作《詩題約義通》，學者傳之，曰《杜君法》云。」〔註102〕

　　趙曄從杜撫學《韓詩》十二年，所著《詩細》名於當世。趙曄字君長，會稽山陰人。〔註103〕少嘗爲縣吏，因恥於迎都郵，遂棄車馬而去，到犍爲資中，跟隨杜撫受《韓詩》，一共學習了十二年，直到學成。由於久無音信，家裏都已經爲其發喪制服。回去後，趙曄著《吳越春秋》、《詩細》、《歷神淵》。蔡邕至會稽，讀趙曄的《詩細》而歎息，認爲長於《論衡》。蔡邕還京師後，傳此書，學者都誦習。趙曄所撰《歷神淵》，《隋志》改爲《詩神泉》，研究者認爲是唐人爲避諱改《詩神淵》爲《詩神泉》。

　　東漢的《韓詩》傳授著作，還有《韓詩翼要》和《韓詩章句》。《韓詩翼

〔註99〕　《漢書·儒林傳》。
〔註100〕　《漢書·薛廣德傳》。
〔註101〕　《漢書·儒林傳》。
〔註102〕　《後漢書·儒林傳下》。
〔註103〕　《後漢書·儒林傳下》。

要》：據《隋書・經籍志》記載十卷，漢侯包撰。《唐書・藝文志》也記載有十卷，但不著作者。《韓詩章句》作者爲山陽張匡，「亦習《韓詩》，作章句。後舉有道，博士徵，不就。卒於家。」〔註104〕

另外，在東漢傳《韓詩》，但沒有《著作》流傳者有多人。劉寬：「寬少學歐陽《尚書》、京氏《易》、尤明《韓詩外傳》。星官、風角、籌曆，皆究極師法，稱爲通儒。未嘗與人爭埶利之事。」〔註105〕郅惲：「及長，理《韓詩》、《嚴氏春秋》」，「後令惲授皇太子《韓詩》，侍講殿中。」〔註106〕李恂：「少習《韓詩》。」〔註107〕杜喬：「累祖吏二千石。喬少好學，治《韓詩》、《京氏易》、《歐陽尚書》，以孝稱。雖二千石子，常步擔求師。」〔註108〕召馴：「馴少習《韓詩》，博通書傳，以志義聞，鄉里號之曰「德行恂恂召伯春」。」〔註109〕唐檀：「少游太學，習《京氏易》、《韓詩》、《顏氏春秋》，尤好災異星占。」〔註110〕公沙穆：「自爲兒童不好戲弄，長習《韓詩》、《公羊春秋》，尤銳思《河》《洛》推步之術。」〔註111〕《詩經》

很多人不但自己習《韓詩》，還教授門徒。楊仁：「建武中，詣師學習《韓詩》，數年歸，靜居教授。」〔註112〕夏恭：「習《韓詩》、《孟氏易》，講授門徒常千餘人。」〔註113〕廖扶：「習《韓詩》、《歐陽尚書》，教授常數百人。」〔註114〕

二、《韓詩外傳》的傳授特點：引事明《詩》

今文三家《詩》的著述中流傳至今的只有《韓詩外傳》，從此書我們可以大致瞭解漢代傳《詩》的一種內容和形式。

（一）《韓詩外傳》是《詩經》教本

據《漢書・藝文志》記載《韓詩外傳》爲六卷，在《隋書・經籍志》中

〔註104〕《後漢書・儒林傳下》。
〔註105〕《後漢書・劉寬傳》。
〔註106〕《後漢書・郅惲傳》。
〔註107〕《後漢書・李恂傳》。
〔註108〕《後漢書・杜喬傳》。
〔註109〕《後漢書・儒林傳下》。
〔註110〕《後漢書・方術傳下》。
〔註111〕《後漢書・方術傳下》。
〔註112〕《後漢書・儒林傳下》。
〔註113〕《後漢書・文苑傳上》。
〔註114〕《後漢書・方術傳上》。

記載爲十卷，今傳本的《韓詩外傳》十卷，三百一十章。臧琳《經義雜記》曰：「讀其書，少次序，又多見於《大戴》、《管》、《荀》、《呂覽》、《淮南》、《說苑》諸書。考《漢志》本作六卷，則今書非韓氏原編，容有後人分併，且以他書廁入者。」〔註115〕

對於《韓詩外傳》的性質，經學家大都認爲，《外傳》已非解經之作。《容齋隨筆》引孔子教子貢三挑阿谷處子之事曰：「以是說《詩》可乎？其繆戾甚矣，他亦無足言。」〔註116〕鄭曉《古言類編》曰：「今《韓詩外傳》，大抵斷章取義，語涉恢諧，豈足名家？」〔註117〕

認爲《外傳》非解經之作的原因在於此書之體例。通常，解釋經書的著作，會對經文的文字、章句、義理進行解說，而《韓詩外傳》都是先敘述前人論說、故事、嘉言懿行等，在最後皆引《詩經》語句作爲主題句。〔註118〕如卷一第一章：

> 曾子仕於莒，得粟三秉，方是之時，曾子重其祿而輕其身；親沒之後，齊迎以相，楚迎以令尹，晉迎以上卿，方是之時，曾子重其身而輕其祿。懷其寶而迷其國者，不可與語仁；窘其身而約其親者，不可與語孝；任重道遠者，不擇地而息；家貧親老者，不擇官而仕。故君子橋褐趨時，當務爲急。傳云：不逢時而仕，任事而敦其慮，爲之使而不入其謀，貧焉故也。詩云：「夙夜在公，實命不同。」〔註119〕

對於此書的體例特點，很多學者認爲《詩》不是主體，其不合《詩》義。明代王世貞說：「大抵引《詩》以證事，非引事以明《詩》」。〔註120〕

清代原良在《聽潮居存業》中進一步闡述了這一觀點。曰：「漢興，六藝皆得於散絕殘脫之餘，世無復明先王之道者。競爲群說所熒，各師異見，各自名家。故其時多經師，燕人韓嬰與魯申培、齊轅固，皆以《詩》名。意韓

〔註115〕《經義雜記》卷十九，《拜經堂叢書》本。
〔註116〕《容齋續筆》卷八，《韓嬰詩》。
〔註117〕《古言類編》卷上，叢書集成初編。
〔註118〕書中有部分章節未引《詩》，《四庫全書總目提要》說：「是書之例，每條必引《詩》詞，而未引《詩》者二十八條，又‘吾語汝’一條，起無所因，均疑有闕文。」卷六第二十二章是全書一特例，在一章的開頭論詩，然後進行闡釋，論述。「詩曰：『愷悌君子，民之父母。』君子爲民父母何如？……」
〔註119〕本章所引《韓詩外傳》內容，均出自賴炎元《韓詩外傳今注今譯》，台北：台灣商務印書館，1979年。
〔註120〕《四庫全書總目提要》引。

生衍《詩》作《傳》，必大發《風》、《雅》之蘊以擅顓門，乃僅集春秋戰國前後故事成語，雜然殽列，以爲《外傳》。每條之末，仿《孝經》例，足以《詩》詞。但引《詩》以證事，而不能引事以明《詩》，亦烏用標以《詩》名爲哉？於！稽其所載，與劉向《新序》所載，無大懸殊。輓近王氏之《世說》、焦氏之《類林》，李氏之《初潭》等書，於史傳之或掛或漏者彙集之，同同異異，先後薪傳，皆爲韓傳之續，韓傳非不典要也，以備采摭可矣，而託《詩》以名『傳』，奚當乎？」〔註121〕

《四庫提要》認爲《韓詩外傳》「無關乎《詩》義」，《四庫全書》「經類」爲不使後世讀者在開卷之初即不見《詩》之本旨，將其與《易緯》、《尙書大傳》等同視之，「綴於末簡」，〔註122〕附錄於說《詩》著作之後。從經學研究的角度來說，《韓詩外傳》不是解說《詩》義的《詩經》學作品。

《韓詩外傳》不是解說《詩》義的《詩經》學作品，其編寫目的是什麼呢？筆者認爲，從其編寫體例分析，該書爲韓嬰爲教授學生《詩經》而編。

《韓詩外傳》以詩爲綱目，按照《詩經》的順序，分篇講授各《詩》篇的義理。根據《詩》所要說明的觀點，尋找、編排、援引各種論據，如故事、史事、論說等，解說、闡釋《詩》意，使得《詩》之義理更易於理解。實際上是「引事以明詩」，通過事、言促進對《詩》的理解。徐復觀先生持此種觀點，「由此可以瞭解，《韓詩外傳》，乃韓嬰以前言往行的故事，發明《詩》的微言大義之書。此時《詩》與故事的結合，皆是象徵層次上的結合。」〔註123〕

這一點在《韓詩外傳》的編排體例中可以得到印證。據汪祚民對《外傳》考察，〔註124〕認爲在大多數卷次內，章次的編排按所引《詩》句在《詩經》完整篇章中出現的先後順序進行，並且引同一首詩或同一句詩的集中排列在一起。如，卷一之四、五、六、七章都引《魏風·相鼠》中的詩句；卷三，從二十七章到三十六章連續十引《商頌·長發》的詩句；卷四，從十八章到二十四章，連續七引《小雅·角弓》的詩句說事；卷六從一到八章，八引《大雅·抑》。並且其引詩句與在原詩中的排列順序相一致。這更說明《韓詩外傳》

〔註121〕《聽潮居存業》七編，《駁韓詩外傳》，四庫全書存目叢書。
〔註122〕《四庫全書總目提要·經部·詩類》。
〔註123〕徐復觀：《〈韓詩外傳〉的研究》，《兩漢思想史》，上海：華東師範大學出版社，2001年，頁6。
〔註124〕汪祚民：《〈韓詩外傳〉編排體例考》，西安：《陝西師範大學學報》（哲學社會科學版），2003年第3期。

是以《詩》句爲綱來組織、編撰的。〔註125〕《韓詩外傳》的編寫中心是《詩經》，書中的故事、史事和論說是爲解釋《詩》而組織的。

　　由此編寫體例推論，《韓詩外傳》是「引《詩》證事」還是「引事明《詩》」的問題迎刃而解。因此《韓詩外傳》是韓嬰爲傳授學生《詩經》而作的教材，但是此書的目標不是對學生講解《詩》的字詞、句義，這在《韓詩內傳》中已經完成了，而是通過古事舊言幫助學生理解詩義，並且提供用《詩》的範例。因此編寫此書的時候，充分體現儒家的詩教傳統，在所引史事中反映儒家的禮義道德思想。

（二）教《詩》方法

　　臺灣學者賴炎元在《韓詩外傳今注今譯》中說：「班固論三家詩時說，『或取《春秋》，采雜說，咸非其本義。』（原注：《漢書・藝文志》）從這本書大概可以看出西漢初年學者講授詩經的方法。」〔註126〕

1、講述故事說明《詩》義

　　《韓詩外傳》中有很多例證都是講述一段故事，然後引出詩句，以加深對詩義的理解。如卷一第三章：

> 孔子南遊，適楚，至於阿谷之隧，有處子佩瑱而浣者。孔子曰：「彼婦人其可與言矣乎！」抽觴以授子貢，曰：「善爲之辭，以觀其語。」子貢曰：「吾、北鄙之人也，將南之楚，逢天之暑，思心潭潭，願乞一飲，以表我心。」婦人對曰：「阿谷之隧，隱曲之汜，其水載清載濁，流而趨海，欲飲則飲，何問婦人乎？」受子貢觴，迎流而挹之，奐然而棄之，促流而挹之，奐然而溢之，坐、置之沙上，曰：「禮固不親受。」子貢以告。孔子曰：「丘知之矣。」抽琴去其軫，以授子貢，曰：「善爲之辭，以觀其語。」子貢曰：「向子之言，穆如清風，不悖我語，和暢我心。於此有琴而無軫，願借子以調其音。」婦人對曰：「吾，野鄙之人也，僻陋而無心，五音不知，安能調琴。」子貢以告。孔子曰：「丘知之矣。」抽絺紘五兩，以授子貢，曰：「善爲之辭，以觀其語。」子貢曰：「吾、北鄙之人也，將南之楚。於此有絺紘五兩，吾不敢以當子身，敢置之水浦。」婦人對曰：「客之行，

〔註125〕這不排除有後人根據傳世《詩經》重新整理的可能。

〔註126〕賴炎元：《韓詩外傳今注今譯》，臺北：臺灣商務印書館，1979年，第三版，序。

差遲乖人，分其資財，棄之野鄙。吾年甚少，何敢受子，子不早去，
今竊有狂夫守之者矣。」詩曰：「南有喬木，不可休思。漢有遊女，
不可求思。」此之謂也。（卷一）

此章解說《周南・漢廣》之「南有喬木，不可休思。漢有遊女，不可求思」，
描述了子貢三次挑逗阿谷處子的事情，先乞水，二乞調琴，再贈布匹，而該
女子以禮相待，嚴辭拒絕，發揮了「漢有遊女，不可求思」之詩，將漢女不
可求思之因歸在於「禮」。

2、敘述歷史理解《詩》文

楚莊王寢疾，卜之，曰：「河爲祟。」大夫曰：「請用牲。」莊王曰：
「止。古者、聖王制祭不過望，濰漳江漢，楚之望也，寡人雖不德，
河非所獲罪也。」遂不祭，三日而疾有瘳。孔子聞之，曰：「楚莊王
之霸，其有方矣，制節守職，反身不貳，其霸不亦宜乎！」詩曰：「嗟
嗟保介！」莊王之謂也。（卷三）

此處所述歷史取自《左傳》，以此史事來幫助理解《周頌・臣工》中這首勸誡
農官詩之「嗟嗟保介」。

3、論說道理引用《詩》句

禮者、治辯之極也，強國之本也，威行之道也，功名之統也，王公
由之，所以一天下也，不由之，所以隕社稷也。是故堅甲利兵，不
足以爲武；高城深池，不足以爲固；嚴令繁刑，不足以爲威；由其
道則行，不由其道則廢。昔楚人蛟革犀兕以爲甲，堅如金石，宛如
鉅蛇，慘若蜂蠆，輕利剛疾，卒如飄風，然兵殆於垂沙，唐子死，
莊蹻走，楚分爲三四者，此豈無堅甲利兵也哉！所以統之非其道故
也。汝淮以爲險，江漢以爲池，緣之以方城，限之以鄧林，然秦師
至於鄢郢舉，若振槁然，是豈無固塞限險也哉！其所以統之者、非
其道故也。紂殺比干，而囚箕子，爲炮烙之刑，殺戮無時，群下愁
怨，皆莫冀其命，然周師至，令不行乎左右，而豈其無嚴令繁刑也
哉！其所以統之者、非其道故也。若夫明道而均分之，誠愛而時使
之，則下之應上，如影響矣；有不由命，然後俟之以刑，刑一人而
天下服，下不非其上，知罪在己也。是以刑罰竟消，而威行如流者、
無他，由是道故也。詩曰：「自東自西，自南自北，無思不服。」如
是則近者歌謳之，遠者赴趨之，幽閒僻陋之國，莫不趨使而安樂之，

　　　若赤子之歸慈母者、何也？仁刑義立，教誠愛深，禮樂交通故也。

　　　詩曰：「禮儀卒度，笑語卒獲。」（卷四）

此章先講禮是「強國之本」，比堅甲利兵、高城深池、嚴令繁刑更具效用。以禮治國就會「自東自西，自南自北，無思不服」，進而「禮儀卒度，笑語卒獲」。

4、化解《詩》義

　　　孔子抱聖人之心，彷徨乎道德之域，逍遙乎無形之鄉。倚天理，觀人情，明終始，知得失，故興仁義，厭勢利，以持養之。於是周室微，王道絕，諸侯力政，強劫弱，眾暴寡，百姓靡安，莫之紀綱，禮儀廢壞，人倫不理，於是孔子自東自西，自南自北，匍匐救之。（卷五）

此章化解了《邶風·谷風》中的「匍匐救之」，暗用詩義，闡述儒家思想。

（三）學《詩》方法

　　　在《韓詩外傳》卷二第二十九章中，韓嬰借孔子教子夏和顏淵學習《詩經》的對話，論述了學《詩》方法和經驗。子夏讀《詩》畢，孔子問其感受。子夏回答說：「詩之於事也，昭昭乎若日月之光明，燎燎乎如星辰之錯行，上有堯舜之道，下有三王之義，弟子不敢忘，雖居蓬戶之中，彈琴以詠先王之風，有人亦樂之，無人亦樂之，亦可發憤忘食矣。詩曰：『衡門之下，可以棲遲；泌之洋洋，可以樂饑。』」詩中的義理，如日月、星辰，裏面有堯舜之道，有三王之義。學習的時候，自己彈琴歌詠，達到如《陳風·衡門》詩中所描述的境界。孔子對子夏的回答表示讚賞，表示其可以言詩了，但是也指出其「已見其表，未見其裏。」顏淵詢問表、裏的問題，孔子回答說：「窺其門，不入其中，安知其奧藏之所在乎！然藏又非難也。丘嘗悉心盡志，已入其中，前有高岸，後有深谷，冷冷然如此既立而已矣，不能見其裏，未謂精微者也。」孔子以自己學詩的體會，教育學生一定要「既見其表，又見其裏」。

第六節　《毛詩》教本：風動教化

一、《毛詩》的傳授及教本

　　　漢代的四家《詩》中，《齊詩》亡於魏，《魯詩》亡於晉，《韓詩》亡於宋，流傳至今的只有《毛詩》。

　　　《毛詩》的源頭要追溯到孔子。陸璣在《草木蟲魚疏》卷下中云：「孔子

刪《詩》授卜商，商爲之序以授魯人曾申，申授魏人李克，克授魯人孟仲子，仲子授根牟子，根牟子授趙人荀卿，荀卿授魯國毛亨，毛亨作《訓詁傳》，以授趙國毛萇，時人謂亨爲大毛公，萇爲小毛公。」

從孔子到荀卿，《毛詩》的傳承與《魯詩》相同。自荀卿以下，傳浮邱伯成《魯詩》，傳毛公成《毛詩》。關於毛公，歷來有爭論，《史記》未曾提及。《漢書》只說毛公，轉至東漢末鄭玄《詩譜》，又分大小毛公。三國陸璣又說大毛公名亨小毛公名萇。

《毛詩》在河間獻王處立爲博士。據鄭玄《六藝論》曰：「河間獻王好學，其博士毛公善說《詩》，獻王號之曰：《毛詩》。」〔註127〕《漢書‧藝文志》記載，《毛詩》有二十九卷。王引之《經義述聞》「毛詩經二十九卷」條曰：「《毛詩》經文當爲二十八，與齊、韓、魯三家同。其序別爲一卷，則二十九卷矣。」

毛亨撰《詩詁訓傳》。陸璣《詩疏》曰：「毛亨作《詁訓傳》，以授趙國毛萇。」河間獻王得而獻之，以小毛公爲博士。毛公授《詩》貫長卿，貫長卿授解延年，解延年授徐敖，敖授九江陳俠，「由是言《毛詩》者，本之徐敖。」〔註128〕敖爲右扶風掾，傳《毛詩》，授王璜、平陵涂惲子眞。

西漢有魯、齊、韓三家《詩》立爲博士，《毛詩》未被朝廷列於學官，而只爲地方諸侯河間獻王所重，「其學舉六藝，立《毛氏詩》、《左氏春秋》博士。」〔註129〕《毛詩》一直在民間私學傳授。西漢末，王莽出於改制的政治需要，倡導復古而重視古文經學。經學家劉歆附和鼓吹，力倡古文經學。平帝時，王莽幫助劉歆將古文四經《左氏春秋》、《毛詩》、逸《禮》、古文《尚書》立於學官，「所以罔羅遺失，兼而存之，是在其中矣。」〔註130〕但是光武帝即位後，廢古文，提倡今文經學，鼓勵用讖緯說詩，光武帝所立十四家博士中，《詩》博士爲「《詩》齊、魯、韓」，並沒有毛《詩》。章帝在建初八年（83年）曾下詔：「《五經》剖判，去聖彌遠，章句遺辭，乖疑難正，恐先師微言，將遂廢絕，非所以重稽古求道眞也。其令群儒選高才生受學《左氏》、《穀梁春秋》、《古文尚書》、《毛詩》，以扶微學，廣異義焉。」〔註131〕出於扶微學、廣異義的目的，《毛詩》得以在官學傳授。

〔註127〕《六藝論》，《拜經堂叢書》本。
〔註128〕《漢書‧儒林傳》。
〔註129〕《漢書‧景十三王傳》。
〔註130〕《漢書‧儒林傳》。
〔註131〕《後漢書‧章帝紀》。

　　東漢《毛詩》的傳授順序是：兩漢之際的謝曼卿作《毛詩訓》，「九江謝曼卿善《毛詩》，乃爲其訓。」〔註132〕東漢衛宏從謝曼卿受學，作《毛詩序》，後漢書評價說「善得《風雅》之旨。」〔註133〕

　　賈逵學《詩》於謝曼卿，曾撰《詩異同》，將齊、魯、韓與毛《詩》進行比較：「（建初中）逵數爲帝言《古文尚書》與經傳《爾雅》詁訓相應，詔令撰《歐陽》、《大小夏侯尚書古文》同異。逵集爲三卷，帝善之。復令撰《齊》、《魯》、《韓》詩與《毛氏》異同。」〔註134〕另外賈逵還撰《毛詩雜義難》十卷。」章帝建初八年（83年）扶微學的詔書頒佈後，「由是四經遂行於世，皆拜逵所選弟子及門生爲千乘王國郎，朝夕受業黃門署，學者皆欣欣羨慕焉。」〔註135〕

　　另外，還有《毛詩傳》，據《隋書·經籍志》記載，「鄭眾、賈逵、馬融並作《毛詩傳》」。

　　鄭玄是傳《毛詩》的重要人物。鄭玄字康成，北海高密人。漢末大儒，據記載其弟子自遠方至者數千。曾學《韓詩》，後「事扶風馬融」，〔註136〕爲《毛詩》作注，即《毛詩箋》，又著《毛詩譜》。由此《毛詩》的地位上升，成爲《詩》學之首，流傳於後世。

　　《毛詩箋》主旨是申明毛義，同時兼采今文三家《詩》說，自從《箋》傳，三家《詩》逐漸衰廢。關於《毛詩箋》的解《詩》原則，鄭玄在《六藝論》說：「注《詩》宗毛爲主，毛義若隱略，則更表明；如有不同，即下己意，使可識別也。」而且鄭玄專於《禮》學，所以多以禮說《詩》。

　　《毛詩譜》共一卷。鄭玄列諸侯世次及《詩》的次序，原本當爲表格的形式，現在已無法得到原貌。鄭玄自序說：「欲知源流清濁之所處，則循其上下而省之。欲知風化芳臭氣澤之所及，則傍行而觀之，此詩之大綱。舉一綱而萬目張，解一卷而眾篇明。」〔註137〕《毛詩譜》提供了歷史資料，幫助讀者瞭解詩文產生的地理條件和時代背景。

〔註132〕《後漢書·儒林傳下》。
〔註133〕《後漢書·儒林傳下》。關於《詩序》的作者爲何人，歷來衆說紛紜，下面將作專題討論。
〔註134〕《後漢書·賈逵傳》。
〔註135〕《後漢書·賈逵傳》。
〔註136〕《後漢書·鄭玄傳》。
〔註137〕《詩譜序》，《詩經要籍集成》第三冊。

鄭玄教授學生，還曾作《毛詩音》，陸德明言，爲《毛詩音》者九人，鄭玄即其一。但後世研究者認爲，《毛詩音》非鄭玄所作，其理由爲此書中的注音爲反切，但漢代沒有反切音，所以鄭氏的反切都是後人假託。

除以上可考傳承關係的《毛詩》教本外，還有《荀爽詩傳》，荀悅《漢紀》曰：「臣悅叔父故司空爽，著《易傳》……又著《詩傳》，皆附正義，無他說……通人學者多好尚之。然希各得立於學官也。」〔註138〕姚振宗《後漢藝文志》認爲荀爽是荀卿十二世孫，傳《毛詩》。另有《毛詩義問》十卷，魏太子文學劉楨撰。

二、《毛詩》的詩教：風動教化

在鄭玄爲古文經學的《毛詩》作箋之後，今文經學的三家《詩》逐漸式微，《毛詩》獨行於世。《毛詩詁訓傳》、《毛詩序》、《毛詩鄭箋》是流傳下來的漢代《毛詩》的教本。

《毛詩》的《經》、《序》、《傳》原分而成書，後爲便於學習者閱讀，合爲一書。《漢書・藝文志》記載的「《毛詩故訓傳》三十卷」，不包括《詩經》的本文。《毛詩正義》孔穎達疏云：「漢初爲《傳》、《訓》者，皆與《經》別行。三《傳》之文，不與《經》連。故《石經》書《公羊傳》皆無《經》文。《藝文志》云：《毛詩》經二十九卷；《毛詩故訓傳》三十卷。是毛爲《詁訓》亦與《經》別也。及馬融爲《周禮》之注，乃云：『欲省學者兩讀，故具載本文。』然則後漢以來，始就《經》爲注。未審此《詩》引經附傳，是誰爲之。其鄭之《箋》，當原在《經》《傳》之下矣。」〔註139〕東漢末鄭玄作《毛詩箋》的時候，已經是《經》、《傳》、《箋》在一本書中了。

《序》、《傳》、《箋》是《毛詩》的重要部分，連同經本文一起形成了《毛詩》學派的經典之作。陳奐《詩毛氏傳疏》序中評價說：「《毛詩》多記古文，倍相前典，或引申，或假借，或互訓，或通釋，或文生上下而無害，或辭用順逆而不違。要明乎世次得失之迹，而吟詠情性，有以合乎詩人之本志。讀《詩》不讀《序》，無本之教也；讀《詩》與《序》而不讀《傳》，失守之學也。文簡而義瞻，語正而道精，洵乎爲小學之津梁，群書之鈐鍵也。」〔註140〕

〔註138〕《漢紀》卷二十五。
〔註139〕《毛詩正義》卷一。
〔註140〕《詩毛氏傳疏》序。

《傳》爲《毛詩》特色所在，《序》爲《毛詩》的教化之本，而《箋》確立了
《毛詩》的地位。

（一）《毛詩故訓傳》〔註141〕——《毛詩》詩教的奠基

《毛詩》中的隨文注解即《毛詩故訓傳》，簡稱《毛傳》，西漢毛亨撰。《漢
志》記載有三十卷。現代一般根據鄭玄《詩譜》、陸機《毛詩草木鳥獸蟲魚疏》
所記，定爲魯國毛亨所作，以授趙國毛萇。河間獻王得而獻之，以小毛公爲
博士。近人王國維《書毛詩故訓傳後》根據《傳》中專言典制義理多用《周
官》，認爲《故訓》爲大毛公作，《傳》爲小毛公作。

從《故訓傳》的名稱可知，該書的內容大體可以分爲「故訓」和「傳」
兩部分。

「故訓」部分主要是詮釋經文。馬瑞辰說：「詁訓則博習古文，通其轉注、
假借，不煩章解句釋，而奧義自闢。」〔註142〕又說「故訓即古訓，《蒸民》詩
『古訓是式』，《毛傳》『古，故也。』《鄭箋》『古訓，先王之遺典也』。又作詁
訓」。〔註143〕「詁」是就其義旨而進行說明，「訓」是兼其言之比興而訓導之。

「傳」部分主要是對經文的引申。馬瑞辰說：「蓋詁訓第就經文所言而詮
釋之，傳則並經文所未言而引申之。」〔註144〕

《詁訓傳》是合三體爲一，以《關雎》一詩爲例，如「窈窕，幽閒也；
淑，善；逑，匹也」之類，是「詁」的方法。「關關，和聲也」之類，是訓的
方法。像「夫婦有別則父子親，父子親則君臣敬，君臣敬則朝廷正，朝廷正
則王化成」，則是傳的解釋。《毛詩故訓傳》的主要內容有三項。

1、解釋詞語、詩句

《毛傳》比較客觀地解說了《詩經》的詞句，並把前代較零碎的訓釋資
料系統化、條理化，便於學生掌握理解《詩經》的文本。

如：《衛風・淇奧》「有匪君子，如切如磋，如琢如磨」下，《傳》解釋說：
「匪，文章貌。治骨曰切，象曰磋，玉曰磨，道其學成也，聽其規諫而自修，
如玉石之見磋磨也。」

又如：《王風・黍離》「悠悠蒼天」，《毛傳》解釋曰：「悠悠，遠意。蒼天，

〔註141〕據段玉裁《毛詩詁訓傳》（定本），《詩經要籍集成》第一冊。
〔註142〕《毛詩傳箋通釋》卷一，《毛詩詁訓傳名義考》。
〔註143〕《毛詩傳箋通釋》卷一，《毛詩詁訓傳名義考》。
〔註144〕《毛詩傳箋通釋》卷一，《毛詩詁訓傳名義考》。

以題言之。尊而君之，則稱皇天；元氣廣大，則稱昊天；仁復閔下，則稱旻天；自上降鑒，則稱上天；據遠視之蒼蒼然，則稱蒼天。」

2、解釋名物制度

《詩經》中包括很多周代的名物制度，對於漢代的學習者來說，需要加以解釋才能理解。主要包括古代有關的制度或常識，如：名器物色，典章制度。對字句的解釋和對名物制度的訓詁，爲學習者解決知識上的障礙，更好地學習和理解詩。如：《周南·卷耳》「我姑酌彼兕觥」，《毛傳》的解釋爲：「兕觥，角爵也。」

3、指明詩之「興」

《傳》通過引申的方法來闡發「詩教」，其中一個方法就是爲詩標注「興」義，《毛傳》在一百十六首詩下注上「興」字，並適當地解說這些詩如何用「興」意，以使讀者理解《毛詩》中「興」的象徵和比喻的意義。通過「興」，使讀者進行一種在先驗觀念支配下的有意識地聯想，把義理形象化、具體化，以深入理解《詩》義。

如《邶風·凱風》：「凱風自南，吹彼棘心」。《毛傳》：「興也。南風謂之凱風。樂夏之長養，棘難長養者。」以棘爲難養的植物，凱風吹其長大，就像七子難養一樣，慈母養其長大，所以母親實在是辛苦。又如《小雅·鹿鳴》：「呦呦鹿鳴，食野之蘋。」《毛傳》：「鹿得蘋，呦呦然鳴而相呼，誠懇發乎中，以興嘉樂賓客，當有誠懇相招呼以成禮也。」鹿得蘋之後互相呼應的「呦呦」聲，興嘉樂賓客，進而解釋爲待客誠懇相招的禮儀。再如，《小雅·白華》：「白華菅兮，白茅束兮。」《毛傳》：「興者，喻王取於申，申後禮儀備，任后妃之事，而更納褒姒，褒姒爲孽，將至滅國。」以興爲喻，轉至褒姒之事。

《毛傳》在引申詩義的同時，也注入了禮義教化思想，通過注釋，達到教化民眾的目的。

（二）《序》──《毛詩》詩教的總綱

1、《毛詩序》是漢人傳《毛詩》的提綱

《毛詩序》是冠於《毛詩》每首詩之前的簡短說明，主要用以闡述詩篇的主旨、時代和作者。包括詩大序和小序。《大序》，即《關雎》序，總論全篇大旨，概括了《毛詩》的詩教理論和思想；《小序》是每首詩前之序，概括每首詩的詩旨，確定了每首詩的基本思想方向。

關於《序》的作者，長期以來一直存在爭論。《四庫全書總目提要》對這一爭論作了如下描述：

> 詩序之說，紛如聚訟：以爲《大序》子夏作，《小序》子夏毛公合作者，鄭玄《詩譜》也；以爲子夏所序《詩》即今《毛詩序》者，王肅《家語注》也；以爲衛宏受學謝曼卿作《詩序》者，《後漢書・儒林傳》也；以爲子夏所創，毛公及衛宏又加潤益者，《隋書・經籍志》也；以爲子夏不序《詩》者，韓愈也；以爲子夏惟裁初句，以下出於毛公者，成伯璵也；以爲詩人所自制者，王安石也；以《小序》爲國史之舊文，以《大序》爲孔子作者，明道程子也；以首句即爲孔子所題者，王得臣也；以爲《毛傳》初行尚未有序，其後門人互相傳授，各記其師說者，曹粹中也；以爲村野妄人所作，昌言排擊而不顧者，則倡之者鄭樵、王質，和之者朱子也。然樵所作《詩辨妄》，周孚即作《非鄭樵詩辨妄》一卷，摘其四十二事攻之。質所作《詩總聞》亦不甚行於世。朱子同時如呂祖謙、陳傅良、葉適皆以同志之交，各持異議。黃震篤信朱學而所作《日鈔》亦申序說。馬端臨作《經籍考》於他書無所考辨，惟《詩序》一事反覆攻詰，至數千言。自元明以至今日，越數百年儒者尚各分左右袒也。豈非說經之家第一爭詬之端乎？

《詩序》作者之說，確爲「說經之家第一爭詬之端」。本世紀初胡樸安在《詩經學》〔註145〕中歸納爲十三種說法，張西堂《詩經六論》〔註146〕歸納爲十六種說法。根據這些說法，或以爲是先秦時期人作，或以爲漢人所作，或以爲是先秦、漢人先後完成。

認爲是先秦人所作的觀點主要有，子夏、孔子、國史、詩人自制等。

流傳比較廣泛的是子夏作《序》。《孔子家語・七十二弟子》王肅注曰：「子夏所序詩意，今之《毛詩序》是也。」《經典釋文敘錄》：「孔子最先刪《詩》，以授子夏，子夏遂作序焉。」此說影響最廣，唐代孔穎達《毛詩正義》、清人朱彝尊、錢大昕等篤信不疑。

孔子作序是鄭玄的觀點，認爲孔子論詩，其義與眾篇之義合編，毛公作《詁訓傳》的時候，把各篇之義分別放到篇首。張西堂引用鄭玄《箋》說：「孔

〔註145〕據胡樸安：《詩經學》，臺北：臺灣商務印書館，1970年。
〔註146〕據張西堂：《詩經六論》，上海：商務印書館，1957年。

子論詩，……其義則與眾篇之義合編，故存。毛公爲《詁訓傳》，乃分眾篇之義，各置於其篇端云。」〔註147〕

宋代以後，又出現了國史作序說和詩人自制說。程頤認爲《詩小序》便是當時國史作，其詩中所言所美所刺，非國史誰能知之？如當時不作，雖孔子亦不能知，何況子夏？〔註148〕王安石認爲是詩人所自制，提出《詩》上及於文王高宗成湯，如《江有汜》之美媵，《那》之祀成湯，《殷武》之祀高宗，如果當其作時，無義昭示後世，無論孔子還是子夏都無法知道。

也有很多學者認爲《序》作於漢代。

流傳最廣泛的說法是衛宏作《序》。根據范曄《後漢書‧儒林傳》云：「衛宏字敬仲，東海人也。……初九江謝曼卿善《毛詩》，乃爲其訓。宏從曼卿受學，因作《毛詩序》。善得《風》《雅》之旨，於今傳於世。」陸璣的《毛詩草木蟲魚疏》亦持此觀點，清代姚際恒、崔述、魏源等亦主此說，近當代主此說者尤多，如顧頡剛等。

還有一種觀點，認爲是先秦與漢人先後完成說，先秦主要是子夏。鄭玄《詩譜》認爲《大序》子夏作，《小序》子夏、毛公合作。成伯璵《毛詩指說》提出，《大序》與《小序》首句爲子夏所作，其下毛公申足其辭。《隋書‧經籍志》中認爲是子夏所創，毛公、衛宏又加潤益。

現代更多的人認爲，《序》非出自一時一人之手，而是多人增加而成，是秦漢經師所作，最後由衛宏集錄、寫定。「《詩序》原是漢代毛詩學者相傳之講授提綱，非成於一時一人之手，最後由衛宏集錄、寫定。」〔註149〕

從教育的角度來看，這種觀點是可信的，因爲從詩教的方式分析，《序》符合漢代人詩教習慣。先秦的《詩》教和漢代的《詩》教具有不同的特點，前者主要是從詩之內而教，而後者主要自詩之外引發以教。

先秦的詩教，多用「興」義，而且不指切事情。如《論語》中兩處孔子教詩的記錄，子貢從「貧而無諂，富而無驕」不如「貧而樂，富而好禮者也」，而聯想到詩「如切如磋，如琢如磨」；子夏從孔子用「繪事後素」來說「巧笑倩兮，美目盼兮，素以爲絢兮」這三句，而得出「禮後乎」的結論。可見孔子教《詩》並不解說「詩之大義」，而祇是通過《詩》引發弟子的聯想，這些聯想都沒有像

〔註147〕張西堂：《詩經六論》，上海：商務印書館，1957 年，頁 121。
〔註148〕《二程遺書》卷二四。
〔註149〕洪湛侯：《詩經學史》（上冊），北京：中華書局，2002 年，頁 163。

《序》那樣充滿政治說教，也沒有通過「興」來比附史事，更沒有直指美刺。另外從上博簡《孔子詩論》提供的孔子教詩的記錄，可以看到孔子教《詩》多言詩之內，或概括詩旨，或表明自己態度，或分析詩的表現手法，這些都是圍繞詩的內容進行的，重點是論述《詩》的內涵，著重在《詩》的本體。

漢代的《教》詩，無論是今文《詩》，還是古文《詩》，其特點都是將詩比附眾多的史事、災異、讖緯，使《詩》具有教化意義。《詩》教在先秦和漢代的最大差異在於：先秦教詩重情性教化，而漢代教詩重政治諷諫。

而《序》說詩正在言詩之外，或指明其美與刺，或以詩附史，對每篇詩附加教化意義。這都不符合先秦教《詩》的特點和風格，因此《序》不會是先秦的作品。漢代以《詩》爲政治課本，實施儒家思想教化，《序》解說《詩》旨，使每首詩都具有了教化意義，因此各詩都體現了儒家的倫理教化思想。從這一點來說，《序》爲漢代的作品，是漢儒爲了用《詩》作爲政治課本而對詩旨所作的符合儒家思想的解說。

總之，《詩序》是漢代進行詩教的大綱，由傳《毛詩》的經師在教學過程中，不斷補充積累，最後由衛宏集錄、寫定。

2、《序》之風動教化說

詩《大序》，也即《關雎》序，系統闡釋了儒家的詩教思想。

詩具有教化作用「風，風也，教也，風以動之，教以化之」，所以可以「風天下而正夫婦也」，強調詩歌巨大的倫理教化作用，態度明確而堅定，無論在地方還是國家，詩都具有風動教化作用。

詩之所以具有教化作用，是因爲「詩者，志之所之也，在心爲志，發言爲詩，情動於中而形於言，言之不足，故嗟歎之，嗟歎之不足，故詠歌之，詠歌之不足，不知手之舞之足之蹈之也。」詩是人的情志最眞實的反映，所以詩可以反映世事的治亂：「治世之音安以樂，其政和；亂世之音怨以怒，其政乖；亡國之音哀以思，其民困」。由於詩與人的情感最接近，所以是最具教化感染作用的文學作品：「正得失，動天地，感鬼神，莫近於詩」。因此，先王以詩來進行教化，其作用可以分爲五個方面：「經夫婦，成孝敬，厚人倫，美教化，移風俗」。

《風》、《雅》、《頌》各有不同的教化作用。《風》：「以一國之事，繫一人之本」，所以可以「上以風化下，下以風刺上，主文而譎諫，言之者無罪，聞之者足以戒」。《雅》：「言天下之事，形四方之風」，所表現的是「王政之所由

廢興」。如果處於亂世，就會出現變風、變雅，「王道衰，禮義廢，政教失，國異政，家殊俗，而變風變雅作矣」。而《頌》是「美盛德之形容」的作品，其作用是「以其成功告於神明」。

在《小序》中，對每一首詩的主旨都進行了解說，爲《詩》注入了教化意義，其所用的方法包括：美刺言《詩》，以《詩》繫史，《詩》中求禮。

（1）美刺言《詩》，設立教化標準

《詩》小序明言各詩的美刺：據統計，《風》、《雅》各篇序中明言「美」者二十八，明言「刺」者一百二十九，兩者共有一百五十七，約占《風》、《雅》詩總數的百分之六十。其餘詩篇雖然沒有明確指出「美」與「刺」，但經過作序者確定各詩的時代、國別，以「六義」解詩並分爲「變風變雅」，明牽暗合，總是不離美刺精神。至於《頌》詩，歌詠王功聖德，更是美頌之詩。通過美刺，表明作者的道德傾向，爲學《詩》者樹立善、惡的行爲範本。

《二南》被解釋爲美詩，爲人們樹立道德教化的正面榜樣，《周南》爲美后妃之作，《召南》爲美大夫妻之作。如《周南》的前八首詩頌美后妃的方方面面，使得后妃成了婦女的模範：《關雎》：后妃之德；《葛覃》：后妃之本；《卷耳》：后妃之志；《樛木》：后妃逮下；《螽斯》：后妃子孫眾多；《桃夭》：后妃之所致也；《兔罝》：后妃之化；《芣苢》：后妃之美也。而後三首詩，寫了周王教化的所被：《漢廣》：德之所及也；《汝墳》：道化行也；《麟之趾》：《關雎》之應也。歸於周文王治國平天下的功績，使天下大平，教化大行。整個《周南》爲社會樹立了夫婦有別、家庭和美、國家安定、天下太平的理想表率。

又如《小雅·鹿鳴之什》，說《鹿鳴》是「燕群臣嘉賓也」，《四牡》是「勞使臣之來也」，《皇皇者華》是「君遣使臣也」，《棠棣》是「燕兄弟也」，《伐木》是「燕朋友故舊也」等等。所有這些詩，經《序》之解說，都具有了儒家教化的意義。

同時，《序》還對《詩》中所具有的「刺」意進行解釋，對世人起警醒作用。如《邶風·匏有苦葉》，《序》說：「刺宣公也。公與夫人並爲淫亂。」《雄雉》：「刺衛宣公也。淫亂不恤國事，軍旅數起，大夫久役，男女怨曠，國人患之而作是詩。」《靜女》：「刺時也。衛君無道，夫人無德。」

又如《陳風·防有鵲巢》：「憂讒賊也。宣公多信讒，君子憂懼焉。」《王風·君子于役》：「刺平王也。君子行役無期度，大夫思其危難以風焉。」《魏風·碩鼠》：「刺重斂也。國人刺其君重斂，蠶食於民，不修其政，貪而畏人，

若大鼠也。」《王風・葛藟》：「王族刺平王也。周室道衰，棄其九族焉。」

《毛詩序》解詩，皆以「美刺說」爲宗旨，詩以言志，非諷即頌，強調詩歌自上而下的教化作用，把詩三百篇的意旨規定在政教的美刺範圍之中，使其完全符合封建統治階級的政治思想和社會功用的要求，成爲安邦治國、立身行事的準則，使《詩經》成爲教化民眾的教科書。

（2）以《詩》繫史，史事教化

《詩序》賦予《詩》以教化作用的一個方式就是，將《詩》與史相聯繫，用史事解說《詩》，將詩篇的內容落實到歷史上的某人某事，將詩的內容與「周公」、「召公」、「后妃」、「大夫」等具體時代的具體人物聯繫起來，指出其背景、所涉及的人和事。

《小序》的作者將詩篇按時代順序排列，並附會史實，加以解說，如《衛風》中，《淇奧》是美武公有文章，又能聽其規諫；《考盤》爲刺莊公不能繼先王之業，使賢者退而窮處；《碩人》：寫莊公惑於嬖妾；《氓》寫宣公時禮義消亡；《秦風》按襄公、穆公、康公排列，逐篇以實人實事爲說。《詩序》借助歷史，將詩篇與詩篇聯繫起來，勾畫出一個時代背景，以建立有系統的「詩教」。

對《詩》中的史事，有的直接聯繫史書中的記載，如《衛風・載馳》：「許穆夫人作也。閔其宗國顛覆，自傷不能救也。衛懿公爲狄人所滅，國人分散，露於漕邑。許穆夫人閔衛之亡。傷許之小，力不能救，思歸唁其兄，又義不得，故賦是詩也。」《衛風・碩人》：「閔莊姜也。莊公惑於嬖妾，使驕上僭，莊姜賢而不答，終以無子，國人閔而憂之。」《鄭風・清人》：「刺文公也。高克好利而不顧其君，文公惡而欲遠之，不能，使高克將兵而禦敵於竟。陳其師旅，翱翔河上，久而不召，眾散而歸，高克奔陳。公子素惡高克進之不以禮，文公退之不以道，危國亡師之本，故作是詩也。」這些史事均見於《春秋左傳》。

但是，爲了給《詩》注入教化思想，更多的詩本事是爲求理而憑空杜撰的。如《序》解《氓》：「刺時也，宣公之時，禮義消亡，淫風大行，男女無別，遂相奔誘。」朱熹評論：「此非刺時，宣公未有考……其曰：『美反正』者尤無理」。〔註150〕

〔註150〕《詩集傳・衛風・氓》。

通過以詩附史，使得每篇《詩》都有了特定的歷史事件，通過這些歷史事件，來宣揚儒家的倫理教化觀點。「幾乎所有的詩作，不管其本義如何，都被落實到一定的歷史背景和具體人事上，然後進行褒貶美刺：或褒揚，或唾棄，或歌頌，或鞭撻，美善刺惡，愛憎分明，言詞激烈，無所顧忌。其間所包含的善惡是非標準，就是儒家的倫理規範和價值體系。讀詩者必讀序，讀序時必然會將《序》中所言史事與自己的思想行為互相比照，善者傚之，惡者改之或戒之。經過多次比照，反覆強化，便會自覺不自覺地養成合乎儒家倫理規範和價值觀念的行為習慣，《詩》就自然而然地起到鞏固社會秩序的作用。」〔註151〕

（3）《詩》中求禮，以禮教化

《毛詩序》根據儒家理論，賦予了《詩》禮義教化思想，成為安邦治國、立身行事的準則，成為承載政治倫理的教科書。為君臣、父子、夫婦等都設立了行為規範。

儒家思想認為婚姻是建立家庭的基礎，夫婦關係又是家庭內最重要的人際關係。《周易‧序卦》言：「有男女然後有夫婦，有夫婦然後有父子，有父子然後有君臣，有君臣然後有上下，有上下然後有所順，夫婦之道，不可不久也。」《中庸》亦言：「君子之道，造端乎夫婦。」所以，在《毛詩序》中，首先強調《詩》的作用是「經夫婦」。《關雎》序：「是以關雎樂得淑女以配君子，憂在進賢，不淫其色，哀窈窕，思賢才，而無傷善之心焉，是關雎之意也。」

《詩序》還為女性設立了行為的典範，如《周南》中的「后妃之德」，《召南》中的「大夫妻能循法度」。女子要能養育一大群子女，能「樂得淑女以配君子」而毫無嫉妒之心，還能志在女功，躬儉節用，不忘孝敬，要「輔佐君子，求賢審民」，撫慰勞苦之臣……這為婦女樹立了榜樣。家庭是社會的細胞，家庭穩定是社會穩定的前提，周王對此很清楚，因而認為「治家為治國之本」。文王、武王「夫婦有別」，崇高而又和諧的家庭關係為天下匹夫匹婦樹立了表率。

同時，《詩序》還為國君、大臣設立了治國安邦的行為準則，以禮治國。為統治者樹立賢明君主的榜樣：如《豳風‧七月》「陳王業業。周公遭變，故陳后稷先公風化之所由，致王業之艱難也。」明創業非易，實戒後王無逸；彰立國之公，實勸後王光大。要求統治者勤政愛民，要施仁義。如：《王風‧葛藟》「刺周平王仁義不施，棄其九族。」又如《公劉》「召康公戒成王也。

〔註151〕踪凡：《〈毛詩序〉的功利詩學觀念及成因初探》，《貴州社會科學》，1998年第2期。

成王將涖政，戒以民事，美公劉之厚於民，而獻是詩也。」《毛詩序》又從反面批判統治階級逸樂無度，荒廢政事：《小雅·賓之初筵》，「衛武公刺時也。幽王荒廢，媟近小人，飲酒無度，天下化之。君臣上下，沈湎淫液。」批判昏君殘暴傷民：《邶·北風》，「刺虐也。衛國並為威虐，百姓不親，莫不相攜而去焉。」明確反對暴政，並給統治者敲警鐘：如果殘暴虐民，人民將「相攜而去」。要求統治者任賢使能，遠離小人。要真正實行德政，單靠君主勤政愛民是不夠的，還必須依靠大批賢人，尚賢是《毛詩序》的重要思想內容。如《大雅·蒸民》：「尹吉甫美宣王也。任賢使能，周室中興焉。」

　　《毛詩序》使得每首詩都具有了正統倫理道德教化的思想。在《小雅·六月》之序總論《小雅》各篇的主題教化思想：「《鹿鳴》廢，則和樂缺矣；《四牡》廢，則君臣缺矣；《皇皇者華》廢，則忠信缺矣；《常棣》廢，則兄弟缺矣；《伐木》廢，則朋友缺矣；《天保》廢，則福祿缺矣；《采薇》廢，則征伐缺矣；《出車》廢，則功力缺矣；《杕杜》廢，則師眾缺矣；《魚麗》廢，則法度缺矣；《南陔》廢，則孝友缺矣；《白華》廢，則廉恥缺矣；《華黍》廢，則蓄積缺矣；《由庚》廢，則陰陽失其道理矣；《南有嘉魚》廢，則賢者不安，下不得其所矣；《崇丘》廢，則萬物不遂矣；《南山有臺》廢，則為國之基隊矣；《由儀》廢，則萬物失其道理矣；《蓼蕭》廢，則恩澤乖矣；《湛露》廢，則萬國離矣；《彤弓》廢，則諸夏衰矣；《菁菁者莪》廢，則無禮儀矣……《小雅》盡廢，則四夷交侵，中國微矣」。各詩都包含了規範社會、扶持邦家的理念。

　　《詩大序》闡述了詩教的理論基礎，而《小序》發揮這一理論，並將其具體落實到各篇詩文上，建立起了《毛詩》的詩教系統。從漢至唐，成為詩歌教化的正統理論。

（三）《毛詩傳箋》──《毛詩》詩教的深入

　　《毛詩傳箋》，簡稱《鄭箋》，鄭玄撰，二十三卷。

　　鄭玄（127～200）字康成。北海高密人。生在鄭眾之後，故世稱「後鄭」。少好學，不樂為吏，後入太學受業，「師事京兆第五元先，始通《京氏易》、《公羊春秋》、《三統曆》、《九章算術》。又從東郡張恭祖受《周官》、《禮記》、《左氏春秋》、《韓詩》、《古文尚書》。以山東無足問者，乃西入關，因涿郡盧植，事扶風馬融。」〔註152〕學成歸里之後，聚徒講學。因黨錮被禁，潛心著述，

───────────

〔註152〕《後漢書·鄭玄傳》。

以古文經說爲主，兼采今文經說，遍注群經。

在《詩》學上，鄭玄最初習今文詩，後跟隨古文學家馬融改習《毛詩》，爲《毛詩》作箋，即《毛詩傳箋》。由於鄭玄博通今文、古文，在爲《毛詩》作箋的時候，鄭玄以申《毛詩》爲主，兼采今文詩說。由於《鄭箋》融通了今古文《詩》說，成就超然，世人自此多學《毛詩》，遂大行於世，而今文的三家《詩》便少有人習，逐漸衰微。

《鄭箋》的內容包括對詞語、詩句的解說、對《序》意的申明，對《傳》的深入。

1、對詞語、詩句的解說

對《詩經》詞語、詩句的解說，最基本的是注音、解釋名物等訓詁方面的內容。注音：如《豳風·七月》之「田畯至喜」，《箋》曰：「喜讀爲饎，饎，酒食也。」解釋名物：如在《鄭風·緇衣》中解釋「緇衣之宜兮」的「緇衣」，《箋》曰：「緇衣者，居私朝之服也。天子之朝服，皮弁服也。」

在《箋》中有對詞語的解說，包括對經文詩句的注解，對《毛傳》的闡釋，也有對三家《詩》解釋的進一步發揮。對經文的注解有：如《周南·葛覃》詩：「葛之覃兮，施于中谷，維葉萋萋」，《箋》解釋「葛」曰：「葛者，婦人之所有事也」。對《傳》的解釋：《邶風·靜女》：「愛而不見，搔首踟躕」，《傳》曰：「言志往而行正」，《箋》曰：「志往，謂踟躕。行正，謂愛之而不往見。」對今文三家詩的解釋：如《周南·漢廣》：「翹翹錯薪，言刈其楚。」韓、魯《詩》說對「翹翹」的注釋爲：「眾也」，《箋》解釋曰：「楚，雜薪之中尤翹翹者。我欲刈取之，比喻眾女皆貞潔，我又欲取其尤高潔者。」

對詩句的解釋，主要是申講大意，如：《詩·邶風·擊鼓》：「土國城漕，我獨南行。」《箋》曰：「言民眾皆勞苦也，或役土功於國，或修理漕城，而我獨見使從軍，南行伐鄭，是尤勞苦之甚。」人們在國裏做土功，在漕邑築城牆，而我獨獨從軍到南方。《箋》對詞句的解釋，主要是疏通詩句的意義，幫助學習者理解基本的詩義。

2、對《序》意的申明

如《周南·漢廣》，《小序》說：「德廣所及也。文王之道被於南國，美化行乎江、漢之域，無思犯禮，求而不可得也。」《箋》曰：「紂時淫風遍於天下，維江、漢之域受文王之教化。」對《序》中所說的文王之禮義教化行於江漢作進一步申明。通過申明《序》意，也申明了《詩》的教化思想。

3、對《傳》的深入

《毛詩故訓傳》文辭質簡扼要，不煩瑣，有的解此見彼，有的舉要為訓，有的省文為釋。但是，有許多簡約隱略之處後人難明，因此鄭玄為之作形象而又易於明瞭的闡釋，使其義具體化，但又不顯繁瑣之累。如:《鄭風·羔裘》:「羔裘如濡，洵直且侯。」毛傳:「侯，君也。」鄭箋:「言古朝廷之臣皆忠直且君也。君者，言正其衣冠，尊其瞻視，儼然人望而畏之。」臣在朝廷都穿這樣的羔裘，言其有人君之度，正是申明毛謂其有人君之度義，然《傳》文簡略義隱，鄭加以申明。

又如:《小雅·谷風》云:「習習谷風，維風及雨」，《毛傳》標:「興也」；《鄭箋》進一步解釋曰:「興者，風而有雨，則潤澤行；喻朋友同志，則恩愛成」。鄭箋把《傳》所標注的「興」的意義明確為朋友同志之比。

《毛詩》在鄭玄作《箋》之後，大行於世，《箋》使得《詩》義更加明瞭。因為鄭玄兼采今文三家《詩》，符合當時所通行的統治者意志的要求，取得了社會權利階層的認同，終漢之世，成為《詩經》學中的顯學。

《傳》、《序》、《箋》一起完成了《毛詩》的教化，成為儒家《詩》教的重要課本。通過三者闡釋，使《詩》具有了符合漢代思想意識的倫理教化思想。如《秦風·蒹葭》，傳的解釋為「白露凝戾為霜，然後歲事成，國家待禮而後興」，將詩義與「禮」相聯繫；《序》解釋為「刺襄公也，未能用周禮，將無以固國焉。」將詩義與史事相結合；而鄭玄作《箋》:「喻眾民將不從政令者，得周禮以教之則服。」三者一致渴望禮樂教化，正體現了其解詩的思想主旨:「風以動之，教以化之。」《序》、《傳》、《箋》共實現了「經夫婦、成孝敬、厚人倫，美教化，移風俗」的《詩》教使命。

《齊詩》、《魯詩》、《韓詩》和《毛詩》形成四家不同的《詩經》傳授體系，他們的傳授在一些篇章的作者和時代的認定上，以及在文字、訓詁、章句和釋義上有所不同，但是他們的共同點是都把《詩經》看成是進行政治教化的神聖經典，在傳授的過程中，各有自己的特點，如魯《詩》較為謹嚴近真，齊《詩》倡讖緯及陰陽五行之說，《韓詩外傳》偏重「引事明《詩》」，毛《詩》則「以史證《詩》」。其根本目的是發揮《詩》的教化作用，為國家政權服務。

第三章　唐宋時期的《詩經》教本

　　從隋唐開始，《詩經》的教育就與選士制度——科舉考試緊密相關了。由於科舉採用考試的形式，需要有統一的標準作爲評判的依據，各個時期的科舉程式中都規定考試的標準書目，此書目就成爲經學教育的官方教本。《詩經》的傳授都以一種著述爲標準，結束了漢代傳《詩》分立多家的狀況。

第一節　《毛詩正義》：科舉考試統一教本

一、科舉考試需要統一的《詩經》教本

（一）科舉考試中對經學的考查

　　科舉考試中選拔人才的一項重要標準是掌握儒家經典的水平。科舉考試的科目中經常舉行是是明經、進士兩科。

　　明經科是直接考查儒經的科目。明經科意指通曉儒家經典，分爲：五經、三經、二經、學究一經、三禮、三傳、史科等科目。明經考試的內容主要是九部儒家經典：《左傳》、《公羊》、《穀梁》、《禮記》、《周禮》、《儀禮》、《尚書》、《毛詩》、《周易》。此九經分爲大、中、小三經，其中《禮記》、《左傳》爲大經，《詩》、《周禮》、《儀禮》爲中經，《周易》、《尚書》、《公羊》、《穀梁》爲小經。考試規程規定通二經者大經小經各一，或兩中經；通三經者，大中小經各一；通五經者，大經並通，餘經各一。《孝經》、《論語》並須兼習。通經的要求是：「文、注精熟，辨明義理」〔註 1〕；學究一經，要求在九經當中任

〔註 1〕《唐六典》卷二。

通一經，務取「深義奧旨，通諸家之義。」

進士科考試，重視詩賦取士，雖然也需要對儒經進行考試，但不是主要標準。唐初規定，進士考試，試時務策五道，帖一大經，經策全通爲甲第。策通四，帖過四以上爲乙第。貞觀八年（634 年）唐太宗下詔「加進士試讀經、史一部」，〔註2〕提高了對儒家經典要求。永隆二年（681 年）加試雜文二篇之後，進士科考試包括帖經、試雜文、對策 3 場。《唐六典》卷四云：「凡進士，先帖經，然後試雜文及策。文取華實兼舉，策須義理愜當者爲通。」天寶二年至八年（743～749 年），規定帖經不合格者，可以試詩取代帖經的成績，即所謂「內贖帖」。「舉司帖經，多有聲牙、孤絕、倒拔、築注之目，文士多於經不精，至有白首舉場者，故進士以帖經爲大厄。天寶初，達奚珣、李岩相次知貢舉，進士文名高而帖落者，時或試詩放過，謂之贖帖。」〔註3〕從此進士科中的帖經考試可以以詩代替。經學知識，並不是進士科考試的主要內容，進士考試主要是以詩賦的成績做黜落標準。〔註4〕

此外非常設的科目童子科也要考試儒經。《新唐書・選舉志上》記載：「凡童子科，十歲以下能通一經及《孝經》、《論語》，卷誦文十，通者予官，通七，予出身」。童子科精通一經即可授官，當時的裴耀卿即因精通《毛詩》、《尙書》及第，「八歲神童舉，試《毛詩》、《尙書》、《論語》及第」。〔註5〕

（二）經學考試方式：帖經和試義

對儒家經典的考查，在唐代前後期有變化。在高宗時的形式主要是帖經，至玄宗時，又增加按問大義的形式，後又增加策問的形式。明經考試的順序是：「先帖文，然後口試，經問大義十條，答時務策三道。」〔註6〕具體考試要求爲：帖經，每經十帖，每帖三言，通六爲上，即爲及格。然後口試，問經義十條，通十爲上上，通八爲上中，通七爲上下，通六爲中上，皆爲及格。答時務策三道，通二爲及格。三試皆及格爲及第。帖經和大義都是直接對儒經經文的考查。

帖經的具體考試方法，據《通典・選舉三》記載：「帖經者，以所習經掩

〔註 2〕 《通典》卷十五。

〔註 3〕 《封氏聞見記校注》卷三，《貢舉》。

〔註 4〕 雖然進士考試中不以經學水平爲主要評判標準，但是「詩賦取士」要求有深厚的文學素養，《詩經》是應進士考試的必讀書目。

〔註 5〕 《王右丞集》卷二一，《裴僕射濟州遺愛碑》。

〔註 6〕 《新唐書・選舉志上》。

其兩端，中間開唯一行，裁紙爲帖，凡帖三字，隨時增損，可否不一，或得四得五得六者爲通。」這種方式，類似現代的填空題，可以有效地考察士子對經書的熟悉程度。

帖經考試，以對經文的記誦爲主。在實際的實施中，這種考試存在很大的弊端。考過多次以後，經文大都考過了，爲了增加帖經的難度，就在貼經的條目上做起了花樣，故意貼孤章絕句，弄成似是而非的樣子，以迷惑考生。唐玄宗開元十六年（728 年），國子祭酒楊瑒上奏批評「竊見今之舉明經者，主司不詳其述作之義，曲求其文句之難，每至帖試，必取年頭月日，孤經絕句。」〔註7〕因此請求以後的科舉考試，帖經均帖平文。在帖平文的時候，考官出題又多帖經文的首尾，並多取「者、也、之、乎」相類似的地方。於是天寶十一年（752 年）下詔，「每帖前後，各出一行，相類之處，並不須帖」。〔註8〕

但是，帖經考試純粹是考查對經文和注疏的記誦功夫，與經文義理沒有關係，造成了士子在學習《詩經》的時候，不重視義理的掌握。寶應二年（763年），尚書左丞賈至提出：「間者禮部取人，有乖斯義。試學者以帖字爲精通，而不窮旨義。」〔註9〕而考生爲了應付考試，採取帖括之法：「帖括者，舉人因試帖，遂括取秷會爲一書，相傳習誦之，以應試，謂之帖括」。〔註10〕帖括之法，是士子應對帖經的一種簡便方式。

建中元年（780 年）歸崇敬更明確指出，安史之亂以後，明經「考試不求其文義，及第先取於帖經。」〔註11〕德宗建中二年（781 年）禮部貢舉趙贊上奏要求改變這種考試方式：「舉人明經之目，義以爲先，比來相承，唯務習帖，至於義理，少有能通。經術寢衰，莫不由此」。〔註12〕因此力主以試經義代替帖經，「今若頓取大義。恐全少其人。欲且因循。又無以勸學。請約貢舉舊例。稍示考義之難。」〔註13〕

考試經義最初採用的方式是口義，即就經文的內容進行口答。但是口義

〔註7〕《舊唐書‧良吏下》。
〔註8〕《唐會要》卷七十五。
〔註9〕《舊唐書‧賈曾傳附子至傳》。
〔註10〕《資治通鑒》代宗廣德元年（763 年），載楊綰議科舉改革，云：「其明經則誦帖括以求僥幸」，胡三省注。
〔註11〕《舊唐書‧歸崇敬傳》。
〔註12〕《唐會要》卷七十五。
〔註13〕《唐會要》卷七十五。

存在對答無憑，容易作弊的問題。貞元十三年（797年），顧少連權知貢舉，提出將口義改爲墨義。由於「試義之時，獨令口問，對答之失，覆視無憑，黜退之中，流義遂起」，所以「以所問錄於紙上，各令直書其義，不假文言，仍請依經疏對奏」，〔註14〕士子按照試題要求敘述典籍中的有關事實與大義及上下文的連綴，這種方式「既與策有殊，又事堪徵證。憑此取舍，庶歸至公」。〔註15〕於是，以墨義代口義。

在後來的科舉考試中，墨義和口義又出現了多次反覆。元和二年（807年）十二月，禮部建議改口義爲墨義：「五經舉人，請罷試口義。準舊試墨義十餘條，五經通五，明經通六，便放入第。」〔註16〕元和七年（812年）根據權知禮部侍郎韋貫之奏義，又將墨義改爲口義：「試明經請停墨義，依舊格，問口義。」〔註17〕

在問義的考試中，不但要考試經文，還要考試注、疏。中唐古文家柳冕曾寫信給權德輿說：「自頃有司試明經，奏請每經問義十道，五道全寫疏，五道全寫注。其有明聖人之道，盡六經之意，而不能誦疏注，一切棄之。恐清識之士無由而進，腐儒之生比肩登第，不亦失乎」〔註18〕權德輿的答書中也說道：「明經問義，有幸中所記者，則書不停綴，令釋通其義，則牆面木偶。」〔註19〕

口義的方式和內容，由於沒有記錄，現在已經無從得知。就墨義來說，在權德輿的文集中，還存有他在知貢舉時所出試題，我們可以看到當時大義題的形式，由此可以推知當時的口義和墨義的大體內容。

權德輿《明經諸經策問七道》記載了七道當時的墨義題目，是權德輿在貞元十七、十八、十九年（801～803年）知貢舉時所出的試題。關於《毛詩》的試題爲《毛詩第五問》：

> 問：二南之化，六義之宗，以類聲歌，以觀風俗。列國斯眾，何限
> 於十四；陳詩固多，豈止於三百。頌編《魯頌》，奚異於商周；風有
> 《王風》，何殊於邶衛。頗疑倒置，未達指歸。至若以句命篇，義例

〔註14〕《冊府元龜》卷六四○。
〔註15〕《唐會要》卷七十五。
〔註16〕《唐會要》卷七十五。
〔註17〕《唐會要》卷七十五。
〔註18〕《與權侍郎書》，《全唐文》卷五二七。
〔註19〕《答柳福州書》，《全唐文》卷四八九。

非一，瓜瓞取綿綿之狀，草蟲序喓喓之聲。斯類則多，不能具舉。

既傳師學，一爲起予。企問博依之喻，當縱解頤之辨。〔註20〕

文集中只有試題，沒有答案。由此試題可知，當時的大義是側重經文大義，注意經書內容的前後照應，而不祇是就經文的內容機械地回答問題。但是，考查的仍是應試者對經書及其注疏的記誦功夫，是對通篇內容的掌握。有時對答的文字較多，要求把二千字左右的經文段落及其注疏一同寫出來，有點像現代考試中的默寫題。唐文宗批評此種考試方式：「只念經疏，何異鸚鵡能言！」〔註21〕由此可知當時的科舉考試，無論是帖經還是墨義，都是以對經文和注疏的記誦爲考查標準。

對經文和注疏的記誦是否正確，要以統一的經書爲標準才可以衡量，但是隋唐科舉考試建立時期，卻沒有這樣的統一標準，造成了科舉考試要求與經學發展的不適應。據《隋書·儒林傳》記載：隋高祖

令國子生通一經者，並悉薦舉，將擢用之。既策問訖，博士不能時定臧否。祭酒元善怪問之，琩遠曰：「江南、河北，義例不同，博士不能遍涉。學生皆持其所短，稱己所長，博士各各自疑，所以久而不決也。」

這反映了當時經學發展的狀況。自漢代以來，經學領域，師法多門，派別林立，經學著作更是義疏紛紜，章句繁雜，甚至連經文都互有出入，因此，不論是官學傳授還是科舉考試都很難確定一個統一的標準。在考試的時候，各人都用自己的注釋本，在評定標準考試成績的時候，無法確定標準答案。隋朝立國時間短，無論是科舉制度，還是科舉考試需要的標準教科書都沒有來得及建立。到唐初之時，仍舊存在科舉考試缺少標準統一的經文和注疏的問題。隨著科舉考試的逐步建立，對經文統一的要求提上了日程。

漢代的《詩經》教育分魯、齊、韓、毛四家《詩》，這四家《詩》同時並存，隨後經歷了魏晉南北朝經學的衰落，到唐朝設立科舉考試的時候，《魯詩》、《齊詩》已經亡佚，今文經學只剩《韓詩》還存，而古文經學的《毛詩》經過南學和北學之爭，鄭學和王學之爭，各家學派，眾說紛紜。學習《詩經》，也是隨各家的學說，沒有統一的教本。

〔註20〕《明經策問七道》，《全唐文》卷四八三。
〔註21〕《南部新書》乙，歷代史料筆記叢刊。

二、《詩經》的統一教本——《毛詩定本》和《毛詩正義》

《詩經》文本的統一，是與《書》、《禮》、《易》、《春秋》同時進行的。

在唐初，關於《五經》有很多注本，這些注本義疏紛紜，章句繁雜，並且多有訛謬，造成了官學教授和士子學習的諸多分說歧義。特別是在科舉考試中的儒經，需要有統一的版本作爲考試的統一標準。

唐太宗的時候，兩次致力於釐定新注本的事，先統一《五經》經文，再統一《五經》注本。

> 太宗又以經籍去聖久遠，文字多訛謬，詔前中書侍郎顏師古考定《五經》，頒於天下，命學者習焉。又以儒學多門，章句繁雜，詔國子祭酒孔穎達與諸儒撰定《五經》義疏，凡一百七十卷，名曰《五經正義》，令天下傳習。〔註22〕

（一）經文的統一——《詩經定本》

在統一《詩經》的時候，最先需要統一的是《詩經》的經文。

據《舊唐書·顏籀傳》記載，貞觀四年（630年）太宗詔令顏之推的孫子顏師古考定《周易》、《尚書》、《毛詩》、《禮記》和《左傳》文字，顏師古利用秘府圖籍，考訂辨析，悉心校勘，多所釐正。完成後上奏，太宗又令房玄齡召集諸多儒生共同評議。但是「諸儒傳習已久，皆共非之」，顏師古憑自己的博學，引用晉宋以來儒經古本，「隨言曉答，援據詳明」，駁倒了各人的觀點，眾儒生皆歎服。於是，「貞觀七年（633年）十一月丁丑，頒新定《五經》」。〔註23〕這就是顏師古的《五經定本》，並且規定「令學者習焉。」於是，顏師古校定的《五經定本》便以朝廷政令的形式，頒行全國，成爲從中央到地方的標準教科書。其中《詩經定本》成爲當時學習《詩經》的標準文本，也成爲後來編訂的《毛詩正義》所依據的文字定本。

（二）注疏的統一——《毛詩正義》

但是，對於儒家經典來說，祇是統一經文，還不能做到完全統一。因爲，自漢代以後，儒家經典的學習更注重的是經文注疏的學習，對經文的闡釋不同，就會造成經文理解的不同。從漢至唐，對儒經的注釋，已有多家多門，章句繁雜，一方面造成科舉考試評判時的歧義，另一方面造成思想和理論的

〔註22〕《舊唐書·儒學傳序》。
〔註23〕《舊唐書·太宗本紀》。

混亂。爲了改變這種局面，使經學符合李唐王朝統治者的意志，有利於推行國家的教化思想，需要統一對經典的注釋。

　　貞觀十二年（638 年），唐太宗「詔國子祭酒孔穎達與諸儒撰定五經義疏」，〔註 24〕由孔穎達〔註 25〕、顏師古、司馬才章、王恭、王琰等人共同撰寫，秉承唐太宗「博采廣納，相容並蓄」的經學思想，採取了「融貫諸家，擇善而從」的原則，力圖做到訓詁詮釋、闡明義理和經世致用兼備。經過兩年的努力，貞觀十四年（640 年）二月編成，名爲《五經義贊》，共一百八十卷。唐太宗對此非常滿意，對孔穎達等人大加褒獎，「卿等博綜古今，義理該洽，考前儒之異說，符聖人之幽旨，實爲不朽。」〔註 26〕不過，太宗以爲「義贊」之名不甚確切，特下詔更名爲《五經正義》。

　　書完成後，最先在國子監作爲教材使用。在使用過程中，曾有人疑。貞觀十六年（642 年）十月，校書郎王玄度自己注《尚書》和《毛詩》，毀孔、鄭的舊義，「上表請廢舊注，行己所注者」，王玄度所注之書包括《尚書》、《毛詩》、《周易》並《義決》三卷，「與舊解尤別者一百九十餘條」，〔註 27〕請學官裁定是否可行，於是「詔禮部集諸儒詳議」，這些博士因爲學習詩經都宗孔、鄭的舊注，而王玄度抵孔、鄭舊學，認爲王的注釋穿鑿，但是「玄度口辯，諸博士皆不能詰之」，這樣就有人提出可以與舊注同用：「郎中許敬宗請付秘書閣藏其書，河間王孝恭特請與孔、鄭並行。」最終，崔仁師認爲王玄度穿鑿不經，乃「條其不合大義，駁奏請罷之」。〔註 28〕太宗下詔同意崔仁師的意見，王玄度終沒有成功。據《冊府元龜》記載，王玄度的《毛詩注》雖然沒能取代孔、鄭的舊注成爲當時所通行的教材，但太宗「欲廣見聞，並納之密府。」

　　在孔穎達主持的修撰工作接近尾聲的時候，一個重要修撰人太學博士馬嘉運橫生枝節。馬嘉運對《正義》提出異議：「駁正其失，至相譏詆」，〔註 29〕而且「頗多繁雜」。〔註 30〕其他儒生對馬嘉運的觀點「亦稱頗允當」。於是唐

〔註 24〕《舊唐書・儒學傳序》。
〔註 25〕孔穎達，字沖遠，冀州衡水人（今河北冀縣），唐初著名的經學家、教育家。孔穎達生於北朝，少時曾從毛詩學家、經學家劉焯問學。到唐代，歷任國子博士，國子司業，國子祭酒等職，爲唐初十八名士之一。
〔註 26〕《舊唐書・孔穎達傳》。
〔註 27〕《冊府元龜》卷六○六。
〔註 28〕《舊唐書・崔仁師傳》。
〔註 29〕《新唐書・儒學上》。
〔註 30〕《舊唐書・馬嘉運傳》。

太宗又下詔「更令裁定」。孔穎達在貞觀十七年（643 年）就「以年老致仕」，二十二年（648 年）去世，沒能看到這項工作的最終完成。孔穎達去世後五年，即唐高宗永徽四年（653），最後完成對《五經正義》的刊定。三月，《五經正義》上呈，高宗下詔「頒於天下，每年『明經』依此考試」。〔註31〕科舉考試的標準用書確定。

《五經正義》中，關於《詩經》的注疏稱《毛詩正義》，四十卷，據《毛詩正義序》記載，具體撰寫者是朝散大夫行太學博士王德韶、徵事郎守四門博士齊威；貞觀十六年（642 年）奉敕修改，參加人員包括前修疏人及給事郎守太學助教雲騎尉趙乾葉、登仁郎守四門助教雲騎尉賈普曜核對，最後經趙弘智詳正。《毛詩正義》在頒行以後，成為權威，影響很大。「自孔氏《疏》以後，大而郊社宗廟，細而冠婚喪祭，其儀法莫不本此。」〔註32〕

《四庫全書總目》評《毛詩正義》：「能融貫群言，包羅古義，終唐之世，人無異詞」。每年明經考試，以《五經正義》為準，一直使用到宋初。皮錫瑞在《經學歷史》中指出：「永徽四年，頒孔穎達《五經正義》於天下，每年明經依此考試。自唐至宋，明經取士，皆尊此本。夫漢帝稱制臨決，尚未定為全書；博士分門授徒，亦非止一家數；以經學論，未有統一若此之大且久者。」〔註33〕

《毛詩定本》和《毛詩正義》統一了《詩經》的考試標準。馬宗霍先生在《中國經學史》中評論道：「自《五經定本》出，而後經籍無異文；自《五經正義》出，而後經義無異說。每年明經，依此考試，天下士民，奉為圭臬。」〔註34〕

以國家的力量統一《詩經》的內容，並立為標準，增強了《詩經》的神聖性和權威性。

三、《毛詩正義》的內容

《毛詩正義》共包括五部分：《詩序》、《毛傳》、《鄭箋》、《詩譜》、《孔疏》。《詩序》、《毛傳》、《鄭箋》在前一章已有詳解，此不贅述。

《詩譜》是鄭玄所做，包括《詩譜序》、十五《國風》分國列譜，《小雅》、

〔註31〕《唐會要》卷七十六。
〔註32〕《鄭堂讀書記》，經部，詩類，叢書集成續編本。
〔註33〕皮錫瑞：《經學歷史》，北京：中華書局，1959 年，頁 198。
〔註34〕馬宗霍：《中國經學史》，北京：商務印書館，1998 年影印本，頁 85。

《大雅》合譜，三《頌》分譜。《毛詩正義》把它們分開，《詩譜序》收於全書之前，各譜則收於各國、各編之前。各譜大致內容爲：說明一國的地理位置、始封的諸侯，國勢的盛衰與詩篇的關係，舉出有代表性的詩篇，說明詩的美刺或諷喻作用。

　　孔穎達在編撰《毛詩正義》的時候，以貞觀七年（633年）頒定的《詩經定本》的文字爲定本。在注疏方面，在收入漢代《毛詩》成果的基礎上，並給這些注文再作疏解，〔註35〕即爲「孔疏」。其「疏」堅持「疏不破注」的原則，所作疏釋都必須符合毛、鄭的《傳》和《箋》，不合的就不予採取，進一步發揮了《毛詩》的詩教思想。

　　在所作注疏中，《毛詩正義》包括了漢魏時期學者對《詩經》的各種注釋，彙集了兩晉、南北朝學者研究《詩經》的成果。主要參考了隋朝劉焯的《毛詩義疏》、劉炫的《毛詩述義》。劉焯、劉炫是當時的《詩經》學大家，「然焯、炫並聰穎特達，文而又儒，擢秀幹於一時，驤絕轡於千里。固諸儒之所揖讓，日下之無雙。於其所作疏內，特爲殊絕。今奉敕刪定，故據以爲本。」〔註36〕但是，二劉的義疏存在不足，主要是同其所異，異其所同，應略反詳，應詳反略，「準其繩墨，差忒未免。勘其會同，時有顚躓。」於是在注疏時，將繁複的內容刪減，對過於簡略的內容補足。其標準是「惟意存於曲直，非有心於愛憎」。〔註37〕

四、《毛詩正義》的《詩》教思想

　　孔穎達在主持《毛詩正義》編撰的過程中，一方面繼承了漢儒的詩教觀，同時也有所發展。在《毛詩正義序》中，孔穎達表達編撰《毛詩正義》的目的是「對揚聖範，垂訓幼蒙」，即闡發古聖先賢的經文，對民眾進行教化。因此，《毛詩正義》，代表了唐代儒家的禮義教化的《詩》教思想。

　　詩是人情感的自然表現，所以具有感發人心、教化民眾的作用：「若夫哀樂之起，冥於自然；喜怒之端，非由人事。」〔註38〕因此，「《詩》是言志之

〔註35〕疏解，是古書注解的另一種方式，疏不僅給正文作注釋，而且還給前人的注解作注釋，形成了經、注、疏三個層次。一般來說，疏不違反注的意思，所謂「疏不破注」。《五經正義》是唐代官修的義疏，朝廷頒行學校爲講義，稱「正義」。

〔註36〕《毛詩正義》序。

〔註37〕《毛詩正義》序。

〔註38〕《毛詩正義》序。

書，習之可以生長志意，故教其詩言志以導冑子之志，使開悟也。」〔註 39〕
《詩經》是表現志意的書，學習《詩經》可以生長人的志意，使人開悟，從
而達到教育人的目的，同時調和人的性情，使人「直而溫，寬而栗，剛而無
虐，簡而無傲。」

　　從《詩》與社會政治的關係來說，《詩》與社會有緊密的聯繫，具有教化
民眾的作用：

> 夫詩者，論功頌德之歌，止僻防邪之訓，雖無爲而自發，乃有益於
> 生靈。……若政運醇和，則歡娛被於朝野；時當慘黷，亦怨刺形於
> 詠歌。作之者，所以暢懷舒憤；聞之者，足以塞違從正。……故曰：
> 「感天地，動鬼神，莫近於《詩》。」此乃《詩》之爲用，其利大矣。
> 〔註 40〕

詩歌具有論功頌德，止僻防邪的政教倫理作用，詩篇反映當時的政治狀況，
作詩之人，可以「暢懷舒憤」，讀詩之人，可以「塞違從正」，因此「詩之爲
用，其利大矣」。

　　《詩》的教化功能具體體現在諫君和教化。「臣下作詩，所以諫君，君又
用之教化，……在上，人君用此六義風動教化；在下，人臣用此六義以諷喻
箴刺君上。」〔註 41〕從人君來說，可以用《詩》來推動教化的施行，使得政
通人和；作爲人臣來說，可以用《詩》來諷喻君主，使得君主政治更加清明。

　　從《詩經》的發展過程看，《詩》的教化作用是古已有之的：「上皇道質，
故諷喻之情寡，中古政繁，亦謳歌之理切。唐虞乃見其初，犧軒莫測其始。
於後，時經五代，篇有三千，成康沒而頌聲寢，陳靈興而變風息。」這承續
了傳統儒學的觀點，強調了政教之於詩的重大意義。

　　詩歌之所以具有教化作用，其原因在於詩是人「情」、「志」共同的表現，
因爲情、志一也。《毛詩序》中說：「詩者，志之所之也。在心爲志，發言爲
詩，情動於中而形於言。」孔穎達進一步發展爲「情志一也」：「民有六志，……
此六志，《禮記》謂之六情。在己爲情，情動爲志，情志一也，所從言之異耳。」
〔註 42〕情志都是人的內心活動，只不過說法不同罷了。

〔註 39〕《尚書正義》卷三。
〔註 40〕《毛詩正義》序。
〔註 41〕《毛詩正義》，《關雎序》。
〔註 42〕《春秋左傳正義》卷五十一。

> 作詩者，所以舒心志憤懣，而卒成歌詠，故《虞書》謂之詩言志也。
> 包管萬慮，其名曰心；感物而動，乃呼為志。志之所適，外物感焉，
> 言悅豫之志則和樂興而頌聲作，憂愁之志則哀傷起而怨刺生。《藝文
> 志》云：「哀樂之情感，歌詠之聲發」，此之謂也。〔註43〕

所以詩歌是人心志的反映，心中的感念，因外物的引發而成為志，所以詩歌
是人內心哀樂情感的表現。

　　作為一首詩來說，同時具有「承、志、持」三個方面的意義，稱為：「詩
有三訓」，「作者承君政之善惡，述己志而作詩，為詩所以持人之行，使不失
隊（墜）」。〔註44〕因此詩歌對於作詩者來說外「承君政」，內述「己志」而為
詩，對於讀詩者來說，可以使人辨別美醜善惡，使自己的行為保持端正。因
此教化意義是詩歌的內在本性。

　　《詩》的六義都具有美刺的教化意義。《毛詩正義》釋詩序「詩有六義」云：

> 太師上文未有文字，不得徑云六義，故言六詩，各自為文，其實一
> 也。彼注云：「……賦之言鋪，直鋪陳今之政教善惡；比見今之失，
> 不敢斥言，取此類以言之；興見今之美，嫌於諂媚，取善事以諭勸
> 之。……」賦云「鋪陳今之政教善惡」其言通正變，兼美刺也；比
> 云「見今之失，取比類以言之」，謂刺詩之比也；興云「見今之美，
> 取善事以勸之」，謂美詩之興也。其實美刺俱有比興者也。〔註45〕

孔穎達在解釋「六義」的時候，始終圍繞「美」「刺」來解釋，「賦」「比」「興」
均為美刺，賦兼美刺，刺詩之比，美詩之興，又言「美刺俱有比興」。所以詩
的功用就是要美刺。詩寫得失之事，見善則美，見惡則刺，不但君主受益匪
淺，即使普通百姓也能從中受到教化，即：「普正人之得失，非獨正人君也。」

　　在一些具體詩篇的疏訓中，具體體現了孔穎達的禮義教化的詩教思想。
如《秦風‧蒹葭》正義：「作蒹葭詩者，刺襄公也。……禮者，為國之本，未
能用周禮，將無以固其國焉，故刺之也。」以禮義來解詩，注重詩樂禮義的
教化作用。又如《魏風‧伐檀》正義：「言君子之人不得進仕，坎坎然身自斬
伐檀木，置之於河之厓，欲以為輪輻之用。此伐檀之人，既不見用，必待明
君乃仕。」《毛詩正義》遵循著「疏不破注」的原則，進一步發揮毛詩和鄭箋

〔註43〕　《毛詩正義》卷一，《關雎序》。
〔註44〕　《毛詩正義》，《詩譜序》。
〔註45〕　《毛詩正義》卷一，《關雎序》。

的解釋，使得《詩經》的教化作用更加明顯。

第二節　《詩經新義》：新學改革思想教本

一、《詩經新義》──王安石改科舉的產物

（一）宋初的帖經墨義考試

宋代科舉考試中以經學為考試範圍的科目主要有：九經、五經、三禮、三傳、學究等科。《宋史·選舉志》記載考試內容主要為：「凡《九經》，帖書一百二十帖，對墨義六十條。凡《五經》，帖書八十帖，對墨義五十條。凡《三禮》，對墨義九十條。凡《三傳》，一百一十條。凡《開元禮》，凡《三史》，各對三百條。凡學究，《毛詩》對墨義五十條，《論語》十條，《爾雅》、《孝經》共十條，《周易》、《尚書》各二十五條。凡明法，對律令四十條，兼經並同《毛詩》之制。各兼經引試，通六為合格，仍抽卷問律，本科則否。」〔註46〕

宋初的科舉考試是沿襲唐代之舊，考試儒家經典的方式仍用帖經墨義的形式。帖經與唐代相比，沒有變化，但是墨義的試題更加傾向於記誦之學。

在《文獻通考》中，記載了馬端臨所見宋初呂夷簡的墨義試卷：

> 愚嘗見東陽麗澤呂氏家塾，有刊本呂許公夷簡應本州鄉舉試卷，因知墨義之式，蓋十餘條。有云「作者七人矣」，請以七人之名對。則對云「七人某某也，謹對」。有云「見有禮於其君者，如孝子之養父母也」，請以下文對。則對云，「下文曰，見無禮於其君者，如鷹鸇之逐鳥雀也，謹對。」有云「請以注疏對」者，則對云，「注疏曰云云，謹對。」有不能記憶者，則只云「對未審」。蓋既禁其挾書，則思索不獲者，不容臆說故也。其上則具考官批鑿，如所對善則批一「通」字，所對誤及未審者，則批一「不」字。大概如兒童挑誦之狀。故自唐以來賤其科。所以不通者殿舉之罰特重。而一舉不第者，不可再應。蓋以其區區記問，猶不能通悉，則無所取材故也。〔註47〕

南宋王栐著《燕翼貽謀錄》中也記載了本經義疏的形式：

> 又試場所問本經義疏，不過記出處而已，如呂申公試卷問：「子謂『子

〔註46〕《宋史·選舉一》。
〔註47〕《文獻通考·選舉三》。

產有君子之道四焉』，所謂四者何也？」答曰：「對『其行己也恭，其事上也敬，其養民也惠，其使人也義』，謹對。」試卷不謄錄，而考官批於界行之上，能記則曰「通」，不記則曰「不」，十問之中四通，則合格矣。〔註48〕

這種墨義的試題與前面所舉唐代明經科的「大義」試題比較起來，後者還需要對經文的融會貫通，而前者幾乎全憑記誦，只要照經文內容回答就可以了。這樣的考試形式，不考查考生對經文的理解，只考查對經文和注疏的熟悉程度。因此，考生在學習時僅注重對經文及注疏的死記硬背，不利於他們真正深入理解儒家經典的意義。「自唐以來，所謂明經，不過帖書、墨義，觀其記誦而已，故賤其科，而不通者其罰特重。」〔註49〕記誦之學使得明經科的地位很低，宋代有：「焚香禮進士，徹幕待經生」的俗言。〔註50〕

（二）經義考試的開始

經學考試的帖經、墨義兩種方式，都是考查士人的記誦之功，被認為無助於選拔治國人才，在宋初就已經受到很多人的批評。如蔡襄上疏說：明經之帖義，於治民經國之術「了不關及」，比較現實的改革辦法是「以大義為去留明經之術」。〔註51〕

從仁宗朝開始，開始改革科舉考試的方式，對經學的掌握逐漸轉向以考查經文義理為主的經義形式。

首先是設立說書舉，以鼓勵掌握經書大義。仁宗天聖四年（1026年）九月庚申，詔禮部貢院：「舉人有能通三經者，量試講說，特以名聞，當議甄擢之。」〔註52〕據胡宿《論增經術取士額狀》云：「景祐制書節文，始令禮部貢院舉人通三經以上，進士、諸科過落外，許自陳嘗於某處講授某經，貢院別試經義十道，直取聖賢意義解釋對答，或以詩書引證，不須全具注疏，以六通為合格，講誦精通，具名聞奏。」〔註53〕

慶曆興學期間，范仲淹對科舉考試進行了改革，第一場考策問三道，一道問經史方面的問題，二道問有關時務方面的問題；第二場試論一道；第三

〔註48〕《燕翼詒謀錄》卷二，歷代史料筆記叢刊本。
〔註49〕《宋史・選舉一》。
〔註50〕《夢溪筆談》卷一，叢書集成初編本。
〔註51〕《端明集》卷十九，文淵閣四庫全書本。
〔註52〕《續資治通鑑長編》卷一〇四，仁宗天聖四年九月庚申。
〔註53〕《文恭集》卷八，文淵閣四庫全書本。

場試詩、賦各一首。以策論定優劣等級，罷去帖經墨義。主要是克服科舉考試中注重詩賦和記誦等無用之學的弊端，加強對經義和社會實際問題的考查。所頒《詳定貢舉條制》規定，諸科舉人，凡願對大義者，「除逐場試墨義外，至終場並御試，各於本科經書內只試大義十道，直取聖賢意義解釋對答，或以諸書引證，不須具注疏。」〔註54〕但是《條制》終因慶曆新政的失敗而未及施行。雖然沒有實行，卻開啓了明經考試廢帖經、墨義的先聲。越來越多的有識之士意識到存在的問題，必須改革經學考試中的記誦之學。

慶曆興學後，諸科考試仍用帖經、墨義。皇祐五年（1053年）閏七月戊子，規定「諸科舉人自今後終場問大義十道」，其中「能以本經注疏對而加以文辭潤色發明之者爲上，或不指明義理而但引注疏備者次之。……九經止問大義，不須注疏全備」。〔註55〕規定發明「大義」比記誦注疏爲優。至嘉祐二年（1057年）十二月戊申，規定「諸科增試大義十條，又別置明經科，其試法凡明兩經或三經、五經者各問墨義、大義十條」，同時規定「舊置說書舉，今罷之」。〔註56〕明經考試中，增加了大義的內容，加強了儒經在科舉考試中的地位。

在王安石主持的熙寧興學中，以經義代替了詩賦。王安石認爲之前的科舉考試不但不能養成人才，只能敗壞人才「今以少壯時正當講求天下正理，乃閉門學作詩賦，及其入官，世事皆所不習。」〔註57〕所以改革科舉考試「宜先除去聲病偶對之文，使學者得以專意經義。」王安石所重的經義，不再是以前的帖經、墨義的記誦之學，而注重對經文義理的理解。

熙寧四年（1071年），在王安石的主持下，開始對科舉考試內容進行重大的調整，調整後的貢舉新制規定：「進士罷詩賦、帖經、墨義，各占治《詩》、《書》、《易》、《周禮》、《禮記》一經，兼以《論語》、《孟子》。每試四場：初本經，次兼經，並大義十道，務通義理，不須盡用注疏；次論一首，次時務策三道，禮部五道。」〔註58〕

科舉考試廢除了明經諸科，只有進士一科考試。原明經考試的經學科目加入進士考試中，進士考試的經學範圍擴大，包括《詩經》、《易經》、《尚書》、《禮記》、《春秋》五經，另加《論語》、《孟子》。考試形式也以經義代替帖經、

〔註54〕《宋會要輯稿》卷二八。
〔註55〕《續資治通鑑長編》卷一七五，皇祐五年閏七月戊子。
〔註56〕《續資治通鑑長編》卷一八六，嘉祐二年十二月戊申。
〔註57〕《宋史・選舉一》。
〔註58〕《續資治通鑑長編》卷二百二十，熙寧四年二月丁巳。

墨義，對經文的理解代替了對經文的記誦，經文的注疏之學不再是考試的重點，代之以義理之學。考試用經義，促使考生鑽研儒家經典的義理，重新恢復儒學「修其身，治天下國家，在於安危治亂，不在章句名數焉而已」〔註59〕的傳統，將天下治亂與《詩經》緊密聯繫，闡發詩中義理，重在實用。

馬端臨總結這次考試的特點說：「變聲律爲議論，變墨義爲大義。」〔註60〕通過突顯經典義理的重要性，促使廣大士子在領悟儒家經典要義的過程中自覺接受儒家思想的熏陶，達到政治教化的目的。

這次改革也確實起到了引導士子學習儒經從記誦到義理的轉變。熙寧六年（1071 年）三月，實施貢舉改革後第一次考試結束時，宋神宗高興地對臣下說：「今歲南省所取多知名舉人，士皆趨義理之學，極爲美事。」〔註61〕經學考試完成了從重記誦經文注疏到重義理的轉變。

熙寧興學所用的經義形式，王安石曾撰經學小論文，作爲士子考試經義、論策的答卷模板，也作爲考官評判試卷優劣的標準。這種經學小論文，被稱爲「經義式」，逐漸成爲了科舉考試中的一種新文體。

王安石所撰寫的「經義式」在《古今圖書集成・文學典》中尚保存有六篇。下面取其中的《可以歟，可以無歟，與傷惠，可以死，可以無死，死傷勇》爲例，一見當時經義的形式：

可以歟，可以無歟，與傷惠；可以死，可以無死，死傷勇。

世之論者曰：「惠者輕歟，勇者輕死，臨財而不訾，臨難而不避者，聖人之所取而君子之所行也。」吾曰：「不然，惠者重歟，勇者重死，臨財而不訾，臨難而不避者，聖人之所疾而小人之所行也。」

故所謂君子之行者有二焉：其未發也愼而已矣；其既發也義而已矣。愼則待義而後決，義則待直而後動，蓋不苟而已也。

易曰：「吉凶悔吝生乎動。」言動者，賢不肖之所以分，不可以苟耳。是以君子之所動，尚得已則斯靜矣，故於義有可以不與、不死之道而必與、必死者，雖眾人之所謂難能，君子未必善也；於義有可與、可死之道而不與、不死者，雖眾人之所謂易出，而君子未必非也。是故尚難而賤易，小人之行也；無難無易而惟義之是者，君子之行也。

〔註59〕《王文公文集》卷八。

〔註60〕《文獻通考・選舉四》。

〔註61〕《續資治通鑑長編》卷二百四十三，熙寧六年三月庚戌條。

傳曰，義者天下之制也，制行而不以義，雖出乎聖人所不能，亦歸
於小人而已矣。季路之為人可謂賢也，而孔子曰：「由也，好勇過我，
無所取材。」夫孔子之行，惟義之是而子路過之，豈過於義也。為
行而過於義宜乎？孔子之無取於材也。勇過於義，孔子不取，則惠
之過於義亦可知矣。

孟子曰：「可以歟，可以無歟，與傷惠；可以死，可以無死，死傷勇。」
蓋君子之動必於義無所疑而後發，苟有疑焉，斯無動也。

語曰：「多見闕殆，慎行其餘，則寡悔。」君子之行，當慎處於義字。

而世有言孟子若曰：「孟子之文傳之者有所誤也。孟子之意當曰：『無
與傷惠，無死傷勇。』嗚呼，蓋亦弗思而已矣。」〔註62〕

這種經義小論文是就經書的內容髮揮自己的觀點，結構、程式比較固定，當
然還沒有像後來的八股文一樣程式化，但是，也是從帽子、原經、到論述、
到結語，面面俱到。俞長城評價王安石的經義式的特點為「謹嚴峭勁，附題
詮釋；或震蕩排撻，獨抒己見，一則時文之祖也，一則古文之遺也。」〔註63〕

在王安石的「經義式」中，沒有「詩經義」，我們現引一篇程頤的學生楊
時所作的《詩》義，他力闢王安石的《三經新義》，作《三經義辨》，與王安
石的觀點不同，但從此文可見當時《詩》義的一般面目。

將仲子

孟子曰：取之而燕民悅則取之，古之人有行之者，武王是也。取之而
燕民不悅則勿取，古之人有行之者，文王是也，文王之所為不違民而
已。夫共叔段繕申甲治兵，國人說而歸之，而詩人以刺莊公，何也？
曰：叔段以不義得眾，其失在莊公之不制其早也。君明義以正眾，使
眾知義則雖有不義者，莫之與也。雖有僭竊者，莫之助也。尚何使人
說而歸之哉？民說而歸之，則其取之也固不說矣。故莊公雖以仲叔為
可懷而終畏人之多言也。夫取之而燕民不悅，則勿取，文王固嘗行之
矣。叔段得眾而民悅則勿取，不亦可乎？曰：彼其得眾以不義也，則
民化而為不義，不義則後其君矣，勿取則危亡之本也。〔註64〕

分析詩經義的特點，其內容出自經書，但是，要在經書原意的基礎上進行自

〔註62〕《古今圖書集成》卷一八〇，理學彙編·文學典·經義部。

〔註63〕《可儀堂一百二十名家制義》序。

〔註64〕《龜山集》卷八，文淵閣四庫全書本。

己的發揮，表達自己的觀點。《將仲子》是詩經《鄭風》中的一首，《詩序》解釋爲「刺莊公也。不勝其母，以害其弟。弟叔失道而公弗制，祭仲諫而公弗聽，小不忍以致大亂焉。」此篇詩義，用《序》義，結合莊公之事，以孟子所說的「取之而燕民悅則取之」與「取之而燕民不悅則勿取」爲主題，發揮《詩》義。如若創作此類文章，首先是對經書內容熟悉掌握，在此基礎上要有自己的理解，並發揮其說法，在內容上有所創新。

在改革科舉之前的熙寧元年（1068 年），王安石以翰林學士侍講《尚書》，第二年參知政事，王雱嗣講。宋神宗要求王安石「闡輯舊聞」，重新訓釋六藝。〔註65〕熙寧四年（1071 年）的科舉改革規定「不須盡用注疏」，造成了人人自解經書的局面。熙寧五年（1072 年），「經術今人人乖異，何以一道德？卿有所著，可以頒行。令學者定於一。安石曰：《詩》，已令陸佃、沈季長作義。」〔註66〕可見重新訓釋經書的工作，這時已經成爲統治者的迫切要求。熙寧六年（1073 年），宋政府鑒於「舉人對策，多欲朝廷早修經義，使義理歸一。」〔註67〕於是設經義局，由朝廷任命文臣數十人，專司修撰經義之事。王安石兼任經義局提舉，負責總領其事，所有書稿都經他審定並進呈。當時修纂《詩》、《書》、《周禮》三經之義，《詩》主要由王安石之子王雱訓詞，王安石釋義；《書》根據王安石的經筵講義，由王雱撰述。《禮》由王安石自撰，合稱《三經義》，頒行爲三經之標準本。熙寧八年（1075 年），「頒王安石《書》、《詩》、《周禮》義於學官，是名《三經新義》」。〔註68〕

修成之後，《三經新義》代替《五經正義》的官書地位，頒行天下，成爲士子必學的經典。王安石訓釋《三經義》的目的，是爲他的革新服務，就是要使他推行的新法在聖賢著述的合法外衣下能夠「塞異議者之口」，要用三經義這個思想武器宣傳新法的普遍適用性，從理論上打擊反對派。企圖通過這個工作，達到所謂「一道德而同風俗」的目的，造成以三經義爲基礎的學術思想一致的局面。

《三經新義》中的《詩經新義》，完成於熙寧七年（1074 年），次年又作補充修改後頒行學官，成爲官方考試、講授《詩經》依據的標準教材。從此，

〔註65〕《臨川先生文集》卷五六，《詔進所著文字謝表》。
〔註66〕《續資治通鑑長編》卷二二九，熙寧五年正月戊戌。
〔註67〕《續資治通鑑長編》卷二四三，熙寧六年三月庚戌。
〔註68〕《宋史‧選舉志三》。

士子參加經學考試，必宗其說。「時科舉罷詞賦，專用王安石經義，且雜以釋氏之說。凡士子自一語上，非新義不得用，學者至不誦正經，唯竊安石之書以干進，精熟者轉上第，故科舉益弊。」〔註69〕應舉「少異輒不中程」，便遭黜落。陳師道《談叢》曾批評說「舉子專誦王氏章句而不解義」。〔註70〕

元豐八年（1085年），隨著宋神宗的去世，宣仁太后垂簾聽政，盡斥新黨人物。次年司馬光為首的舊黨把持朝政，實行元祐更化，興學的措施多被廢除，對科舉考試的內容進行了調整。在經學考試中，司馬光贊同王安石反對帖經、墨義的考試方式，上《起請科場箚子》：「有司以帖經墨義試明經，專取記誦，不詢義理。其弊至於離經析注，務隱爭難，多方以誤之。是致舉人自幼至老，以夜繼晝，腐唇爛舌，虛廢勤勞以求應格。詰之以聖人之道，瞢若面牆，或不知句讀，或音字乖訛，乃有司之失，非舉人之罪也。」〔註71〕但是，關於考試標準，不同意以王安石的《三經新義》作為標準來考試士子：「但王安石不當以一家私學，欲掩蓋先儒，令天下學官講解及科場程式，同己者取，異己者黜。使聖人坦明之言，轉而陷於奇僻；先王中正之道，流而入於異端。」〔註72〕

蘇軾批評王安石以一家之學統天下：「文字之衰，未有如今日者也。其源實出於王氏（安石）。王氏之文，未必不善也，而患在於好使人同己……王氏欲以其學同天下。地之美者，同於生物，不同於所生。惟荒瘠斥鹵之地，彌望皆黃茅白葦，此則王氏之同也。」〔註73〕

侍御史劉摯持同樣的觀點，不主張以王氏的一家之說作為士子學習、考試的書目。元祐元年（1086年）劉摯奏《論取士並乞復賢良科疏》：「熙寧初，神宗皇帝崇尚儒術，訓發義理以興人才，謂章句破碎大道，乃罷詩賦，試以經義，儒士一變，皆至於道。夫取士以經，可謂知本。然古人治經，無慕乎外，故其所自得者，內足以美己而外足以為政。今之治經以應科舉，則與古異矣。以陰陽性命為之說，以泛濫荒誕為之辭，專誦熙寧所頒《新經》、《字說》，而佐以莊、列、佛氏之書，不可究詰之論，爭相誇尚。場屋之間，群輩百千，渾用一律，主司臨之，瑌玉朱紫，困於眩惑，其中雖有深知聖人本旨，該通先儒舊說，苟

〔註69〕《宋史‧呂公著傳》。
〔註70〕《後山談叢》卷一，叢書集成初編本。
〔註71〕《續資治通鑑長編》卷三七一，元祐元年三月壬戌。
〔註72〕《續資治通鑑長編》卷三七一，元祐元年三月壬戌。
〔註73〕《蘇東坡全集‧答張文潛書》。

不合於所謂《新經》、《字說》之學者，一切皆在所棄而已。」〔註74〕

　　元祐二年（1087年），正月頒詔，規定「自今舉人程式，並許用古今諸儒之說，或出己見，勿引申、韓、釋氏之書。」〔註75〕在元祐二年和四年所定的考試程式中，都規定考試經書的方式為經義，闡發經典大義，沒有回到熙寧改革以前的「帖經」、「墨義」的死記硬背的方式。祇是《三經新義》失去獨尊的地位，古今諸儒之說並用。

　　蔡京主持崇寧、大觀興學時，在進士科考試方面，仍舊是罷止詩賦，專以經義取士，並在經義考試中廢止了諸家之說，恢復以《三經新義》為考試的標準，新學重又一學獨尊。

　　進入南宋以後，建炎二年（1128年），禮部侍郎王綯和大理少卿吳璵等主張改革科舉考試制度，在經學考試方面提出「經義當用古注，不專取王氏說」。〔註76〕自此《三經義》失去考試標準的資格，與各種傳注本同等參考，傳習者少，逐漸亡佚。

　　王安石的《詩經新義》自熙寧七年（1074年）撰成，作為科舉考試的標準用書，在隨後的考試變革中，或一學獨遵，或與其他注疏同用，前後大約六十年。

　　由於科舉考試規定士子只占治一經，造成了士子他書不識，葉夢得云：「熙寧以前，以詩賦取士，學者無不先遍讀《五經》。余見前輩，雖無科名人，亦多能雜舉五經，蓋自幼學時習之爾，故終老不忘。自改經術，人之教子者，往往便以一經授之，他經縱讀，亦不能精，其教之者，亦未必皆讀《五經》，故雖經書正文，亦率多遺誤。」〔註77〕《曲洧舊聞》卷三亦載：「科舉自罷詩賦以後，士趨時好，專以《三經義》為捷徑，非徒不觀史，而於所習經外，他經及諸子無復有讀之者，故於古今人物及時世治亂興衰之迹，亦漫不省。」

　　王安石的改革，以經義代替帖誦之學，以一家之學統一士子所學，並沒能達到當初的改革目的，並引發出一些新的流弊，即舉子闡釋經義時往往會妄加比附隨意發揮，導致文風浮誇不實，或者重新陷入記誦新經義的桎梏之中。「王荊公改科舉暮年乃覺其失，曰：『欲變學究為秀才，不謂變秀才為學究也。』蓋

〔註74〕《續資治通鑑長編》卷三六八，元祐元年閏二月庚寅。
〔註75〕《續資治通鑑長編》卷三九四，元祐二年正月戊辰。
〔註76〕《建炎以來繫年要錄》卷一五，建炎二年五月丙戌。
〔註77〕《石林燕語》卷八，叢書集成初編本。

舉子專誦王氏章句，而不解義，正如學究誦注疏爾。教坊雜戲亦曰：學《詩》於陸農師（佃），學《易》於龔深之（原）。蓋譏士之寡聞也。」〔註78〕陸佃、龔原都是王安石弟子，曾積極推行王學；所謂「變秀才爲學究」是說將文士變爲經生，抹殺了文士的創造力，祇是背誦經義注疏。

二、《詩經新義》中的新學教化思想

《詩經新義》是科舉考試新標準的產物，更是王安石新學思想的產物，通過《詩經新義》，王安石闡發新學的教化思想，體現了爲推行新法服務的政治目的。「先王之道德，出於性命之理，而性命之理，出於人心，《詩》、《書》能循而達之。」〔註79〕學習《詩》、《書》可以通過性命之理，從而達先王之德。在王安石看來，經術具有實用功能，是用來「經世務」的。王安石任參知政事後，神宗對他說：「人皆不能知卿，以爲卿但知經術，不可以經世務。」安石對曰：「經術者所以經世務也；果不足以經世務，則經術何賴焉？」〔註80〕由此可見，王安石經學具有強烈的功利色彩。正因爲經學在王安石眼中具有現實功用，所以他就要用經義來網羅人才，爲他的變法服務。

在王安石的《詩義》中，對經的解釋不拘於章句名數，而重要的是《詩》的義理，重在闡述聖人的安危治亂之術。他說：「今冠衣而名進士者……蹈道者則未免離章絕句，釋名釋數，遽然自以爲聖人之術單此者，有焉。夫聖人之術，修其身，治天下國家，在於安危治亂。」〔註81〕這是王安石的訓釋原則，與其科舉考試的治道思想是一致的，在作爲科舉考試標準用書的《詩經新義》中，更多地體現了王安石的教化思想。

（一）《詩》教功能

王安石認爲，《詩》是一部教科書，它「上通乎道德，下止乎禮義」，能夠起「君子以興」，「聖人以成」的成德達材之教育作用。《詩》的美刺是一種政治褒貶，「序善惡以示萬世」，能夠使「亂臣賊子知懼而天下勸」。〔註82〕

王安石承襲傳統詩說，認爲《國風》特別強調詩的美刺是對天子、諸侯

〔註78〕《後山談叢》卷一，叢書集成初編本。
〔註79〕《王文公文集》卷三十四，《虔州學紀》。
〔註80〕《續通鑑長編紀事本末》卷五九，《王安石事迹上》。
〔註81〕《王文公文集》卷八，《答姚辟書》。
〔註82〕《王文公文集》卷三十，《國風解》。

的政治褒貶。在《國風解》裏，王安石認爲：十五國風的排列順序，既不是按尊卑之序，也不是按國之大小，而是按美刺之序，所美者在前，所刺者在後，「序善惡以示萬世」，以善惡來教化民眾。

王安石的《詩》說在儒家傳統說《詩》的基礎上，爲他的新法建立古聖先賢的理論根據。裏面貫穿了新學思想，雖然依舊以「美刺」和「禮義」說《詩》，但適應熙寧改革時期的歷史條件新精神。其美刺以新學中的道德要求爲標準，其禮義成爲新法改革下的準則，實乃借《詩經》新義實施新學教化思想。

（二）尊《序》之美刺教化作用

王安石推崇《詩序》，對其內容深信不疑，認爲其傳達了「先王之法言」，但「其言約而明，肆而深」，王安石發揚了《詩序》中的教化思想，並進行符合當時要求的進一步解釋。

如對《公劉》之《序》的解釋：〔註83〕《詩序》：「公劉，召康公戒成王也。成王將蒞政，戒以民事，美公劉之厚於民而獻是詩也。」《詩義》解釋此《序》爲：「王氏日：周之有公劉，言乎其時則甚微，言乎其事則甚勤。稱時之甚微以戒其盈，稱事之甚勤以懲其逸，蓋召公之志也。」

據邱漢生分析，「戒盈」、「懲逸」，實際是對宋神宗的勸誡，目的是爲了求北宋的富強。這裡，王安石就是召康公，而宋神宗就是周成王。通過對《序》的進一步解釋，使得《序》的教化思想更加明瞭，而且符合當時社會發展的需要。

（三）以《禮》解《詩》，以禮教化

王安石認爲：「詩禮足以相解」，故以禮釋詩。「某之學，則惟詩禮足以相解，以其理同故也。」〔註84〕詩和禮都產生於西周春秋時期，它們所反映的社會生活是相同的，書裏的名物度數是相同的，故詩禮足以相解。

在《詩義》中，很多地方都用「禮」來闡釋「詩」。

如《雨無正》，釋「正大夫」：「周官八職，一日『正』，六官之長是也。」

《七月》，釋「二之日其同」之「同」日：「唯田，國人竭作，故日『同』。」這是根據《周官》田狩釋《詩》。

〔註83〕此節所引《詩經新義》的內容，均來自邱漢生：《詩義鉤沉》，北京：中華書局，1982 年。

〔註84〕《臨川先生文集》卷七十四，《答吳孝宗書》。

《大車》，釋「毳衣」曰：「上大夫爲卿者也。」王氏解釋曰：「春官典命，王之三公八命，其卿六命，其大夫四命。及其出封，皆加一等。蓋八命加一等，所謂上公九命，其服以九爲節也。其未出封，則與侯伯同服矣。公與侯伯同服，則卿與子男同服矣，此詩所謂周大夫者，卿也。司服所謂卿大夫之服，自玄冕而下者，諸侯之卿大夫也。」

《車攻》，釋「赤芾金舄，會同有繹」曰：「諸侯人君宜朱芾，而此赤芾者，會同故也。蒞其臣庶則朱芾，君道也。故方叔服其命則朱芾，會同於王則赤芾，臣道也。故此『會同有繹』則赤芾也。」

王安石以禮解詩是通過對《詩》中禮的解釋，傳達《詩》中的美刺精神，以達到政治教化的目的。

如釋《采蘋》，在《序》中解釋爲「大夫妻能循法度」：王安石將「能循法度」分別解釋爲所薦有常物、所采有常處，所用有常器，所奠有常地，以此來發揮了「能循法度」，即能守周禮。

「於以采蘋，南澗之濱。於以采藻，於彼行潦。」王安石的解釋爲：「『采蘋』必於『南澗之濱』，『采藻』必於『行潦』，言其所薦有常物，所采有常處也。」

「於以盛之，維筐及筥。於以湘之，維錡及釜。」《詩義》解釋曰：「言其所用有常器也。」

「於以奠之，宗室牖下。……」王氏曰：「『宗室牖下』，言其所奠有常地也。自所薦之物，所采之處，所用之器，所奠之地，皆有常而不敢變，此所謂『能循法度』。」王安石指出的這個「法度」，就是周禮。

又如《車攻》，釋「我出我車，於彼牧矣」，王氏曰：「古者兵隱於民，而馬則牧於野。兵車之出，則以車就牧地也。」在周代，天子召諸侯，諸侯輦輿就馬，是禮的表現。再如《生民》，釋「取蕭祭脂」，王安石曰：「宗廟之祭，升臭也。《郊特牲》曰：蕭合黍稷，具達牆屋，故既奠然後焫蕭合膻薌。」用周禮作爲道德標準衡量《詩》中的行爲。

所有這些，王安石都以《詩》中之禮來表達自己的「禮義」教化的思想。在讀《詩》之中，體會其中的「禮」，使民眾潛移默化地接受「禮」的思想。

總之，王安石在《詩經新義》中注入了禮義教化思想，使《詩經新義》成爲新學思想的教科書，爲其新政改革服務。

第四章　元明清時期的《詩經》教本

從元朝開始，理學思想正式成爲國家的意識形態，並被明清兩朝沿用，其重要表現就是在科舉考試中將程朱理學的經學著述作爲考試的統一標準。朱熹是理學思想集大成者，其著作《詩集傳》成爲元明清三朝《詩經》的基本教本。

第一節　《詩集傳》：理學教本

一、《詩集傳》被確立爲科舉考試的標準用書

元代建立以後，建立自己的教育選士制度，經過對科舉考試形式和內容的一番討論，在皇慶二年（1313 年），下詔規定科舉考試的程式和內容。考試分兩榜：蒙古人、色目人爲一榜，第一場在《大學》、《中庸》、《論語》、《孟子》裏出題，考試經問 5 條；第二場考試策 1 道，以時務出題。不考試《詩經》。漢人、南人爲一榜，考試內容爲：

> 第一場明經經疑二問，《大學》、《論語》、《孟子》、《中庸》內出題，並用朱氏章句集注，復以己意結之，限三百字以上；經義一道，各治一經，《詩》以朱氏爲主，《尚書》以蔡氏爲主，《周易》以程氏、朱氏爲主，以上三經，兼用古注疏，《春秋》許用《三傳》及胡氏《傳》，《禮記》用古注疏，限五百字以上，不拘格律。第二場古賦詔誥章表內科一道，古賦詔誥用古體，章表四六，參用古體。第三場策一道，經史時務內出題，不矜浮藻，惟務直述，限一千字以上成。〔註1〕

〔註1〕《元史·選舉志一》。

經義是第一場考試的內容，《詩》、《書》、《禮》、《易》、《春秋》，士子各治一經。經學的考試方式沿襲了宋代「經義」取士的思路：「學秀才的經學詞賦是兩等，經學的是說修身齊家治國平天下的勾當，詞賦的是吟詩課賦作文字的勾當。自隋唐以來，取人專尚詞賦，人都習學的浮滑了。罷去詞賦的言語，前賢也多曾說來。爲這上頭，翰林院、集賢院、禮部先擬德行明經爲本，不用詞賦來。俺如今將律賦省，題詩、小議等都不用，止存留詔誥章表，專立德行明經科。」〔註2〕

仁宗皇慶二年（1313）六月，元廷詔：「以宋儒周敦頤、程顥、顥弟頤、張載、邵雍、司馬光、朱熹、張栻、呂祖謙及故中書左丞許衡從祀孔子廟廷。」〔註3〕自此，元代統治者把程朱理學定爲國學。反映在科舉考試中，將四書五經、程朱理學作爲選拔人才的標準。「明經內四書五經，以程子、朱晦菴注解爲主，是格物致知修己治人之學。這般取人呵，國家後頭得人才去也。」〔註4〕考試《詩經》以朱氏爲主，兼用古注疏。朱氏《詩》，指的是宋代朱熹所著《詩集傳》。在朱熹去世一百多年後，《詩集傳》成爲國家科舉考試的標準用書。元代學者指出「群經、四書之說，自朱子折衷論定，學者傳之，我國家尊信其學，而講誦授受，必以是爲則，而天子之學皆朱子之書。」〔註5〕

從此朱熹的《詩集傳》成爲元明清三代科舉考試的指定書目，並且其地位越來越重要，在元代規定主《詩集傳》，兼用古注疏，明代逐漸發展到獨以《詩集傳》試士。明代官方修撰《詩經大全》作爲科舉考試用書，以元人劉瑾所著《詩傳通釋》爲本而稍加損益，其主體仍舊是朱熹《詩集傳》。清朝規定《詩》仍主朱氏，因此《詩集傳》成爲我國古代社會後期的《詩經》教育的主要教本。自《詩集傳》成書以後六百年間，乃學子必讀之書目，科士之範本。

二、《詩集傳》的成書與版本

《詩集傳》是朱熹的《詩經》學著作。朱熹（1130～1200），字元晦，後改仲晦，號晦菴，祖籍江西。朱熹生活在孝宗至寧宗時代，在政治派別的鬥爭中屢遭失敗，但在社會上講學授徒，產生了廣泛的影響。朱熹曾任密閣修

〔註2〕　《通制條格》卷五，《科舉》元仁宗皇慶二年（1313 年）中書省上奏。
〔註3〕　《元史·仁宗紀一》。
〔註4〕　《通制條格》卷五，《科舉》元仁宗皇慶二年（1313 年）中書省上奏。
〔註5〕　《道園集》，《考亭書院重建文公祠堂記》，四庫全書存目叢書。

撰等職，廣注典籍，對經學、史學、文學、樂律以致自然科學有不同程度的
貢獻；他繼承了北宋程顥、程頤的理學，是宋代理學的集大成者。著有《四
書章句集注》、《詩集傳》等。他曾在白鹿洞書院講學，又建紫陽書院，從事
教育 50 餘年。

　　朱熹注釋《詩經》，曾先作《詩集解》，淳熙四年（1177 年）完成，序定
《詩集解》。於是轉而作《詩集傳》，據束景南考證，在淳熙十三年（1186 年）
完成《詩集傳》的撰寫，時朱子五十七歲。〔註6〕該書一出，即以其旨意宏深、
義理精明、體備而辭簡，廣爲人所關注。《詩集傳》爲朱熹精神所注、學力所
萃，爲晚年得道之書。朱熹注釋儒家諸經，自謂於《詩》獨無遺憾。而王應
麟《詩考序》則云：「朱文公《集傳》閎意眇指，卓然千載之上。」王應麟博
學多識，給予《詩集傳》如此高的評價，可見其成就之高。

　　朱熹的《詩集傳》在宋代沒有得到重視。朱熹的學說，在晚年被斥爲「僞
學」。在朱熹去世後九年，才被恢復名譽。保慶三年（1227 年），宋理宗下詔，
特贈朱熹太師稱號，追封信國公，並提倡習讀朱熹著作。從此，以朱熹爲代
表的理學成爲中國的正宗思想體系。元代確立以理學思想爲國學之後，延祐
二年（1315 年）舉行科舉考試，以《詩集傳》作爲《詩經》考試的標準用書，
從此《詩集傳》成爲士人學習《詩經》的教本。

　　現存《詩集傳》有八卷本和二十卷本兩種。二十卷本在宋、元時期已有
刻本，八卷本是明清時通行的版本。朱傑人先生對此問題進行了分析，認爲
八卷本《詩集傳》非朱子原帙，是明人刪改的本子。〔註7〕

　　對照這兩個版本，在傳文方面並沒有什麼不同，主要區別在經文夾註：
一是在《詩集傳》的注音方面，八卷本採用了當時通行的直音來代替二十卷
本的反切注音，二是八卷本刪減了二十卷本中有關異文、句逗、押韻、考辨
等的說明文字。

〔註 6〕　束景南《朱熹年譜長編》稱：「朱熹淳熙四年序定《詩集解》（原注：亦即《毛
　　　　詩集解》），遂轉而作《詩集傳》。淳熙七年其始悟雅、鄭之辨。十一年作《讀
　　　　呂氏詩記「桑中」篇。王懋竑據此篇推斷《詩集傳》成於淳熙十一年甲辰以
　　　　後，而無確考……亦可證朱熹刪削《詩集傳》而成一小書定本在淳熙十三年。」
　　　　束景南：《朱熹年譜長編》（下冊），上海：華東師範大學出版社，2001 年，頁
　　　　853。

〔註 7〕　朱傑人：《論八卷本〈詩集傳〉非朱子原帙，兼論〈詩集傳〉之版本——與
　　　　左松超先生商榷》，徐德明等：《朱熹著作版本源流考》，中國文聯出版社，2000
　　　　年，頁 10～34。

分析兩處不同，八卷本與二十卷本相比，更便於士子學習。當時所通行的注音主要是直音，用直音代替反切注音，更適合初讀的人學習《詩集傳》；而刪減有關異文、句逗、押韻、考辨的說明文字與當時的科舉考試有直接的關係。在科舉考試中，主要以經義的形式來考《詩經》，注重詩的義理，不具體考查音韻、異文、考辨等內容。而這些內容在二十卷本的《詩集傳》中使得內容繁瑣，學習起來費時費力。為了更有針對性地學習《詩集傳》以應對科舉考試，就刪減了科舉考試中不直接考查的內容，保留了朱熹說《詩》之義理的部分，這就是八卷本的面貌。

八卷本出現以後，適應了社會上童蒙和應舉學習《詩集傳》的需要，同時書肆找到了一種簡便印行且很有市場的版本，在社會上流傳甚廣，成為通行刻本，超過了內容繁複的二十卷原本。

刪減合併之人為誰？四庫館臣認為八卷本「蓋坊刻所併」，可能是書坊組織人刪減合併二十卷本的內容，成為八卷本，並刻印發行。也有可能是村塾陋儒所刪減，被書坊採用，發現了其市場而大量刻行的。

三、《詩集傳》的理學教化思想

在朱熹的理論中，「理」是萬物開始的主宰，是自然界的一切，所以世間萬物生成於「理」，遵從於「理」，歸結於「理」。這種先天存在的精神之「理」既遙不可及，又是隨處可見，時時主宰著人們的生活。他說萬物有一「理」，而一物也有一「理」。

理具有普遍性，「夫天下之事，莫不有理，為君臣者有君臣之理，為父子者有父子之理，為夫婦、為兄弟、為朋友，以致於出入起居，應接事物之際，亦莫不各有理焉。」〔註8〕因此在《詩經》中，存在著理的觀念，朱熹所撰《集傳》主要解釋了其中所包涵之「理」。理是制約一切人倫關係的準則，具有超越一切經驗現象的特點：「未有這事，先有這理。如未有君臣，已先有君臣之理，未有父子，已先有父子之理。」〔註9〕

要體認事物之理，需要從讀書開始。「為學之道，莫先於窮理。窮理之要，必在於讀書。」〔註10〕朱熹重視求知和博學，讀書是求知的一個重要途徑，

〔註8〕《朱文公文集》卷十四，《甲寅行宮便殿奏箚二》。
〔註9〕《朱子語類》卷九十五。
〔註10〕《朱文公文集》卷十四，《甲寅行宮便殿奏箚二》。

通過讀書體會書中所蘊含的「理」。通過書中的理，發現自己心中固有的「天理」。讀《詩》的目的也在窮理，體認詩中所蘊含的「天理」，也即聖人之意，即聖人通過詩所要讓讀者知道的垂戒之意。「《詩》之爲經，所以人事浹於下，天道備於上，而無一理之不具也。」〔註11〕《詩經》中具備了人事、天道之理，朱熹通過《詩集傳》發掘了《詩經》中的聖人之意，把《詩經》闡釋成理學教化的課本。

（一）《詩》教思想

在《詩集傳》開首的《詩集傳序》，〔註12〕朱熹開宗明義，借回答他人的問題，概括地闡述了他的詩教思想。

首先，朱熹論述了詩的產生是情感作用的結果。「人生而靜，天之性也；感於物而動，性之欲也。夫既有欲矣，則不能無思；既有思矣，則不能無言；既有言矣，則言之所不能盡，而發於咨嗟詠歎之餘者，必有自然之音響節族（音奏）而不能已焉，此《詩》之所以作也。」人感物而動，有欲而思，思化爲言，言所不能盡者，借《詩》來表達。詩是人的感情的自然流露，所以與人的思想最接近，具有感人心性的教化作用。「詩者，人心之感物而形於言之餘也。」《詩》是聖人所感，可以教化民眾。「心之所感有邪正，故言之所形有是非。惟聖人在上，則其所感者無不正。而其言皆足以爲教。其或感之之雜，而所發不能無可擇者，則上之人必思所以自反，而因有以勸懲之，是亦所以爲教也。」朱熹重視《詩》對人的感情的作用，通過對人心產生作用，進而對人實施教化。

朱熹認爲早在周代，《詩》就已經用於教化了，「昔周盛時，上自郊廟朝廷，而下達於鄉黨閭巷，其言粹然無不出於正者，聖人固已協之聲律而用之鄉人、用之邦國，以化天下。至於列國之詩，則天子巡守，亦必陳而觀之，以行黜陟之典。降自昭、穆而後，寖於陵夷，至於東遷，而遂廢不講矣。」到孔子對《詩》進行整理，「以從簡約、示久遠。」《詩》作爲教材使用，「學者既是而有以考其得失，善者師之而惡者改焉。」從而使《詩》教長久不衰。

《風》、《雅》、《頌》具有不同的教化作用。風詩是里巷歌謠，多爲男女言情之作。「吾聞之，凡《詩》之所謂風者，多出於里巷歌謠之作，所謂男女相與詠歌，各言其情者也。」其中《二南》是風中的正詩，具有正面導向的

〔註11〕《詩集傳》序。
〔註12〕《詩集傳》序。

作用：「惟《周南》、《召南》，親被文王之化以成德，而人皆有以得其性情之正，故其發於言者，樂而不過於淫，哀而不及於傷，是以二篇獨爲《風》詩之正經。」其餘的風詩有邪正、是非不齊：「自《邶》而下，則其國之治亂不同，人之賢否亦異，其所感而發者，有邪正是非之不齊。而所謂先王之風者，於此爲變矣。」至於《雅》、《頌》，多聖人所作，可爲萬世法程，「若夫《雅》、《頌》之篇，則皆成周之世，朝廷郊廟樂歌之辭，其語和而莊，其義寬而密，其作者往往聖人之徒，固所以爲萬世法程而不可易者也。」即使變《雅》之音，也具陳善閉邪之意：「至於《雅》之變者，亦皆賢人君子閔時病俗之所爲，而聖人取之，其忠厚惻怛之心，陳善閉邪之意，尤非後世能言之士所能及之。」所以「此《詩》之爲經，所以人事浹於下，天道備於上，而無一理之不具也。」《詩經》中具備了人事、天道之理，可以作爲教化的教材對世人進行教育。

在學習《風》、《雅》、《頌》時，其大旨各不相同：「本之《二南》以求其端，參之列國以儘其變，正之於《雅》以大其規，和之於《頌》以要其止，此學《詩》之大旨也。」學習的方法是「章句以綱之，訓詁以紀之，諷詠以昌之，涵濡以體之。」通過對《詩》中的性情的體察，對言行的審思，修身、齊家、治國、平天下之目的在《詩經》中都可以達到。

（二）「淫詩」垂鑒後世的教化作用

自孔子說：「《詩》三百，一言以蔽之，曰思無邪」〔註13〕之後，《詩經》中的詩，都被認爲是合乎禮義的「無邪」之詩。但是朱熹認爲《詩經》中有情愛之詩，並非都是「思無邪」，「凡《詩》之所謂風者，多出於里巷歌謠之作，所謂男女相與詠歌，各言其情者也。」〔註14〕對這些情詩，朱熹分爲兩部分，一爲正風，是符合正統的倫理觀念的，所以「舉其正者以勸之」，一爲變風，反映不符合正統的倫理觀念的，所以「舉其不正者以戒之」。「《詩》中所言有善有惡，聖人兩存之，善可勸，惡可戒。」〔註15〕無論正風、變風，都有教化的作用。

《詩經》中有二十八首詩被定爲「淫詩」，朱熹認爲這些是反面教材。如《衛風・氓》：「此淫婦爲人所棄，而自敘其事以道其悔恨之意也。」〔註16〕

〔註13〕《論語・學而》。
〔註14〕《詩集傳》序。
〔註15〕《朱子語類》卷八十。
〔註16〕《詩集傳・衛風・氓》。

指出這些是淫奔之詩之目的和孔子刪詩時保留「淫詩」之目的是一樣的：「聖人存之（「淫詩」），以見其風俗如此不好，至於做出此詩來，使讀者有所愧恥而以爲戒耳。」〔註17〕淫詩「垂鑒戒於後世」，「《詩》無邪」即是教人對淫逸之詩須用無淫逸之心讀之。這樣，《詩經》中的愛情詩就成了鑒戒人淫逸之心的鏡子。

（三）《二南》——修齊治平的完整版本

「察之性情隱微之間，審之言行樞機之始，則修身及家、平均天下之道，其亦不待他求而得之於此矣。」〔註18〕在朱熹看來，《詩》反映了人的性情、言行的多個方面，所以修身、齊家、治國平天下的道理都可以從《詩經》中找到。其中《二南》是修齊治平的完整版本，具有正面教化的作用。

「惟《周南》、《召南》，親被文王之化以成德，而人皆有以得其性情之正，故其發於言者，樂而不過於淫，哀而不及於傷，是以二篇獨爲《風》詩之正經。」〔註19〕所以《二南》是學詩的根本，是正家之道，「武王崩，子成王誦立，周公相之，製作禮樂，乃采文王之世風化所及民俗之詩，被之筦弦以爲房中之樂；而又推之以及於鄉黨邦國，所以著明先王風俗之盛，而使天下後世之修身齊家治國平天下者，皆得以取法焉。」〔註20〕朱熹將《二南》樹爲修齊治平的樣本。

朱熹認爲《周南》包括了一個完整的修身、齊家、治國、平天下的詩教次序：前五詩都是言后妃之德，《關雎》全面表現后妃之德，幽閒貞靜，《葛覃》后妃雖富貴而能勤儉，對長上尊敬，對父母孝順，《卷耳》中的后妃貞靜專一，均是「志行之在已」；《樛木》后妃能逮下而無嫉妒之心、《螽斯》不妒忌而子孫眾多，說后妃的美德惠及他人。都是皆指后妃一事來說的。辭雖主於后妃，但實際上，都是說明文王身修家齊之效。至於《桃夭》中男女以正，婚姻以時、《兔罝》中賢才眾多、《芣苢》中人民家室和平，就擴展至家齊而國治之效。《漢廣》文王之化，自近及遠、《汝墳》汝旁之國也被文王之化，均是南國之詩，可見天下已有可平的意思了。若《麟之趾》，則是王者之瑞，有非人力所致而自至者，應在文王后妃言傳身教，子孫宗族都化於善。

〔註17〕《朱子語類》卷二三。
〔註18〕《詩集傳》序。
〔註19〕《詩集傳》序。
〔註20〕《詩集傳・周南》。

　　《召南》亦被認爲是齊家、治國的教化詩：「《鵲巢》至《采蘋》，言夫人、大夫妻，以見當時國君大夫被文王之化，而能修身以正其家也。《甘棠》以下又見由方伯能布文王之化，而國君能修之家以及其國也。其辭雖無及於文王者，然文王明德新民之功，至是而其所施者溥矣。抑所謂其民皞皞而不知爲之者歟。」〔註21〕《召南》十四首詩，均描述南國被文王之化之後，諸侯正心修身以齊其家的結果。《鵲巢》中女子具專靜純一之德；《采蘩》、《草蟲》、《采蘋》中的大夫妻獨自在家，思其君子並盡誠敬以奉祭祀召伯傳佈文王的教化，所以《甘棠》中後人思其德，並按照其教化而規範自己的行爲：《行露》中，變革以前的淫亂之俗，女子以禮自守；《羔羊》中的在位者節儉正直；《殷其雷》中婦人思念從役在外的君子；《摽有梅》中的女子以貞信自守；《小星》中的夫人無妒忌，眾妾安於其命；《江有汜》中嫡、媵各盡其道；《野有死麝》中的女子有貞潔自守；《何彼襛矣》下嫁於諸侯的王姬不挾貴以驕其夫家，謹守婦道。《騶虞》中南國諸侯修身齊家以治其國，仁民之餘恩及於庶類，其國草木茂盛，禽獸眾多。

　　二南雖然說的是后妃、大夫妻的道德，但是，可以推及平民百姓的家庭之理，《詩》行教化之功。所以朱熹在《召南》最後借程子之話總結說「程子曰：天下之治，正家爲先。天下之家正，則天下治矣。二南，正家之道也。陳后妃、夫人、大夫妻之德，推之士庶人之家一也。故使邦國至於鄉黨皆用之，自朝廷至於委巷，莫不謳吟諷誦，所以風化天下。」〔註22〕

（四）《詩集傳》中的具體教化思想

　　修養要主敬涵養。如在《秦風・渭陽》中說：「怨欲害乎良心也，使康公知循是心，養其端而充之，則怨欲可消矣。」教人要養其端，而消怨欲。又如在《小雅・鶴鳴》中：「猶君子與小人處也，橫逆侵加，然後修省畏避，動心忍性，增益預防，而義理生焉，道德成焉。」心存敬字，多加涵養，是人修身的第一層。在此之下，要養成收斂、謹畏、警省、主一、嚴肅的態度，行動合乎禮儀，「言其樂易而有節也……可觀而必有節焉，則其動容周旋之間無適而非禮，亦可見矣。」並且要做到不過分，如在分析《小雅・湛露》的後兩章時，說「言令德令儀，雖過三爵，亦可謂不繼以淫矣。」

　　士君子要重立身。朱熹借《衛風・氓》講士君子要重立身，立身一敗，

就如女子失身，須引以爲戒。「此淫婦爲人所棄，而自序其事以道其悔之意也。夫既與之謀而不遂往。又責所無以難其事。再爲之約以堅其志，此其計亦狡矣。以御蜚蜚之氓，宜其有餘，而不免於見棄。蓋一失其身，人所賤惡，始雖以欲而迷，後必以時而悟，是以無往而不困耳。士君子立身一敗，而萬事瓦裂者，何以異此，可不戒哉？」

　　夫婦之道是三綱之本。「有天地，然後有萬物；有萬物，然後有男女；有男女，然後有夫婦；有夫婦，然後有父子；有父子，然後有君臣；有君臣然後有上下；有上下，然後禮義有所措。」〔註23〕所以「男女者，三綱之本，萬事之先也。」〔註24〕在理學家看來，男女組成的婚姻關乎家庭、社會、天下的治亂，所以是第一重要的人倫關係。「蓋聞人之大倫，夫婦居一，三綱之首，理不可廢。」〔註25〕《詩經》包含正夫婦之道的準則。如《周南》講「后妃之德」、「文王之化」，這又是「正道之始，王化之基」，統治者夫婦關係符合正道，是社會擁有良好的政治、歷史、文化的基礎，夫婦關係直接影響到社會生活的多個方面。這是因爲統治者身居上位，作爲民衆尊尚的楷模，是風化之本，與民衆是「上風下草」的感應關係，統治者個人的道德若不符合「正道」，會影響整個社會風氣，史書上對「夫婦不正」造成的後果多有記載。所以統治者夫婦應該率先遵守「正道」，即人類必須遵守的普遍道德。

　　齊家是治國的基礎。「文王之化，自家而國，男女以正，婚姻以時，故詩人因所見以起興，而歎其女子之賢，知其必有以宜其室家也。」〔註26〕只有在家庭關係處理好之後，才能實現國治之目的。理想的家庭關係是「上以誠愛下，下以忠利上，父父子子，夫夫婦婦，養老而慈幼，食力而助弱。」〔註27〕

　　孝悌爲仁之本。「這個仁是愛的意思，行愛自孝弟始。」〔註28〕孝是社會的道德規範，不孝是逆天理。「則其忘親逆理，而得罪於天甚矣。」〔註29〕而父子關係中，應是父慈子孝，各盡其道：「蓋父雖不慈，子不可以不孝，各盡其道而已矣」。〔註30〕對於母親也應盡孝道，「或曰，子可以制母乎？趙子曰，

〔註23〕《周易・序卦傳》。
〔註24〕《詩集傳・陳風》。
〔註25〕《朱文公文集》卷一百，《勸女道還俗榜》。
〔註26〕《詩集傳・周南・桃夭》。
〔註27〕《詩集傳・豳風・七月》。
〔註28〕《朱子語類》卷二十。
〔註29〕《詩集傳・王風・揚之水》。
〔註30〕《詩集傳・召南・江有汜》。

夫死從子……莊公者，哀痛以思父，誠敬以事母……夫人之往也，則公哀敬之不至，威命之不行耳。」〔註31〕

　　女子的道德要求。由於《詩經》中多男女之情詩，所以多次言說女子的道德要求。首先是要貞靜純一。「南國諸侯被文王之化能正心修身以齊其家。其女子亦被后妃之化，而有專靜純一之德。」〔註32〕《召南・標有梅》：「南國被文王之化，女子知以貞信自守，懼其嫁不及時，而有強暴之辱也。」《召南・野有死麕》：「南國被文王之化，女子有貞潔自守，不爲強暴所汙者。」也有從反面來說明女子貞信的重要性。《衛風・氓》：「此淫婦爲人所棄，而自序其事以道其悔之意也。夫既與之謀而不遂往。又責其所無以難其事。再爲之約以堅其志，此其計亦狡矣。以御蚩蚩之氓，宜其有餘，而不免於見棄。蓋一失其身，人所賤惡，始雖以欲而迷，後必以時而悟，是以無往而不困耳。」「士猶可說，而女不可說者，婦人被棄之後，深自愧悔之辭。主言婦人無外事，惟以貞信爲節，一失其正，則餘不足觀爾。」女子的貞信是一生之本，如果失去貞信，就會「人所賤惡」，「餘不足觀」，所以貞信是女子極其重要的品德。

　　保持貞信的方法就是以天理制人欲。《鄘風・蝃蝀》篇末章：「乃如之人也，懷昏姻也！大無信也，不知命也！」朱子云：「程子曰：『女子以不自失爲信。』命，正理也。言此淫奔之人，但知思念男女之欲，是不能自守其貞信之節，而不知天理之正也。程子曰：『人雖不能無欲，然當有以制之，而惟欲之從，則人道廢而入於禽獸矣。以道制欲，則能順命。』」教育女人不能只知道男女思念之情欲，而不知道天理，應當以天理之正制男女之欲，這樣才能不陷入禽獸，也就能順命。

　　男女之情，要符合禮義的要求。《邶風・匏有苦葉》：男女之際，亦當量度禮義而行也……此淫亂之人，不度禮義，非其配偶，而犯理以相求也。」

　　婚後女子的行爲，要符合禮的要求。父母去世，女子歸寧雖然是孝的行爲，但是不合於禮，所以不可如此行事。如《邶風・泉水》：「衛女思歸，發乎情也。其卒也不歸，止乎禮義也。聖人著之於經，以示後世，使知適異國者，父母終，無歸寧之義，則能自克者，知所處矣。」在《鄘風・載馳》同樣說要求「義」爲先：「先王製禮，父母沒則不得歸寧者，義也。雖國滅君死，

〔註31〕《詩集傳・齊風・猗嗟》。
〔註32〕《詩集傳・召南・鵲巢》。

不得往赴焉，義重於亡故也。」在古代一夫多妻的制度下，妻妾各安其位，不可有怨言：如《召南‧小星》：「南國夫人承后妃之化，能不妒忌以惠其下，故其眾妾之美如此。」「夫人無妒忌之行，而賤妾安於其命，所謂上好仁而下必好義者也。」《召南‧江有汜》：「是時汜水之旁，媵妾有待年於國，而嫡不與之偕行者，其後嫡被后妃夫人之化，乃能自悔而迎之。」「江沱之嫡，惠不及媵妾，而媵妾不怨。……各盡其道而已。」妻妾都應盡自己所應盡的道，這樣就相安無事了。丈夫死後為夫守義，從一而終。「夫喪改嫁，皆是無恩也。」〔註33〕因此在《鄘風‧柏舟》，朱熹推崇這種行為：「以為衛世子共伯蚤死，其妻共姜守義，父母欲奪而嫁之，故共姜作此以自誓。」

君臣的行為標準。首先要嚴行王綱，若「王政不綱，諸侯擅命，殺人不忌」，〔註34〕會造成社會大亂。其次君臣各盡其分，臣事君，應該先公而後私；君使臣，應先恩而後義。「夫君之使臣，臣之事君，禮也。故為臣者奔走於王事，特以盡其職分之所當為而已，何敢自為勞哉？然君之心則不敢以是而自安也，故燕饗之際，敘其情以憫其勞。……范氏曰，臣之事上也，必先公而後私，君之勞臣也，必先恩後義。」〔註35〕君對臣應該以人道使人，這樣，臣下對君才會盡忠盡力。「程子曰，……上能察其情則雖勞而不怨，雖憂而能勵也。范氏曰，予於采薇，見先王以人道使人，後世則牛羊而已矣。」〔註36〕另外，《小雅‧節南山》中說：「李氏曰，孟子曰，人不足與適也，政不足與聞也。惟大人為能格君心之非。蓋用人之失，政事之過，雖皆君之非，然不必先論也。惟格君心之非，則政事無不善矣，用人皆得其當矣。」

四、諷誦涵泳──《詩經》學習的方法

對「理」的認識，朱熹提出「格物窮理」、「主敬涵養」的方法。「窮理涵養，要當並進，蓋非稍有所知，無以致涵養之功，非深有所存，無以盡義理之奧。正當交相為用而齊致其功。」〔註37〕讀書窮理的同時，更重視涵養，主體不是簡單的致知，而要自己深入其中進行體悟。

《詩》相比其他經書來說，是關乎人的情志之作，因此學《詩》更重在

〔註33〕《朱文公文集》卷一百，《揭示古靈先生勸諭文》。
〔註34〕《詩集傳‧秦‧黃鳥》。
〔註35〕《詩集傳‧小雅‧四牡》。
〔註36〕《詩集傳‧小雅‧采薇》。
〔註37〕《朱子語類》卷四十五。

自己對《詩》的體認,「沈潛諷誦、玩味義理,咀嚼滋味,方有所益」。〔註38〕朱熹在《詩集傳序》中概括了學《詩》的方法:「章句以綱之,訓詁以紀之,諷詠以昌之,涵濡以體之。」

(一)《詩》全在諷誦之功

朱熹認為學習《詩》,最重要的要對《詩》做到熟讀。

朱熹讀書,強調諷誦。「大凡讀書,多在諷誦中見義理,況《詩》又全在諷誦之功。」〔註39〕對於《詩》來說,「全在諷誦之功」,可見諷誦對於《詩》是最重要的步驟。每一首詩要讀到一百遍左右,才能理解詩的意蘊:「涵泳讀取百來遍,方見得那好處。那好處方出,方見得精怪。」〔註40〕就像人播種之後的澆灌:「如人下種子,既下得種了,須是討水去灌溉他,討糞去培擁他,與他耘鋤,方是下工夫養他處。今卻只下得個種子了便休,都無耘治培養工夫。如人相見,才見了,便散去,都不曾交一談,如此何益!所以意思都不生,與自家都不相入,都恁地乾燥。」朱熹在問學生林武子看《詩》的進度的時候,批評其看詩太快,這樣不能理會其中的意味:「而今人看文字,敏底一揭開板便曉,但於意味卻不曾得。」提出:「百遍自是強五十遍時,二百遍自是強一百遍時。」因為:「解不得底意思,卻在說不得底裏面。」〔註41〕所以,讀《詩》要讀足一定遍數。朱熹強調要諷誦精熟,因為諷誦文字,是貫通的基礎。「今學者看文字,若記不得,則何緣貫通!」〔註42〕如果能諷詠得熟,六義才能都分明,而且會使得篇篇明白才行。

因此,每一篇都要做到熟讀:「讀得這一篇,恨不得常熟讀此篇,如無那第二篇方好。」不可著急趕篇數:「而今祇是貪多,讀第一篇了,便要讀第二篇;讀第二篇了,便要讀第三篇。恁地不成讀書,此便是大不敬!」只有去除了這種想法,「方可讀書」。〔註43〕

朱熹提出諷誦《詩》時要協韻讀。朱熹說《詩》,「率皆協韻」,「看詩,須並協韻讀,便見得他語自整齊。」〔註44〕《詩》是一千多年之前的作品,

---

〔註38〕《朱子語類》卷八十。
〔註39〕《朱子語類》卷一百四。
〔註40〕《朱子語類》卷八十。
〔註41〕《朱子語類》卷八十。
〔註42〕《朱子語類》卷八十。
〔註43〕《朱子語類》卷八十。
〔註44〕《朱子語類》卷八十。

古音不傳，今音與古音相去甚遠，所以，按照今音來讀，就存在韻不和諧的問題。爲了誦讀方便，朱熹吸取吳棫的協韻說以讀《詩》。「協韻乃吳才老（棫）所作，某又續添減之。蓋古人作詩皆押韻，與今人歌曲一般。今人信口讀之，全失古人詠歌之意。」〔註45〕所以，讀古人的詩要力求押韻，便用協韻，同一字在不同的詩中，會讀不同的音。另外不但要會用協韻讀，「又更略知協韻所由來，甚善。」〔註46〕

　　朱熹雖主張以協韻讀詩，但他認爲音韻之設，是爲了便於諷詠，而不必特意去追求字韻上的嚴整。他說，「古人情意溫厚寬和，道得言語自恁地好。當時協韻，祇是要便於諷詠而已。到得後來，一向於字韻上嚴切，卻無意思。漢不如周，魏晉不如漢，唐不如魏晉，本朝又不如唐。」〔註47〕

（二）沈潛涵泳，重在通悟

　　在誦讀的基礎上，更要細心玩味其義理，深入涵泳。「學者姑即其詞，而玩其理，以養心焉，則亦可以得學《詩》之本矣。」〔註48〕

　　因此，在讀詩的時候，需要「打疊得這心光蕩蕩地，不立一個字」，不要著急議論，「若便要立議論，往往裏面曲折，其實未曉，只彷彿見得，便自虛說耳，恐不濟事。」只有「玩索涵泳，方有所得」。熟讀涵味之後，「自然和氣從胸中流出，其妙處不可得而言。」〔註49〕因此，書祇是要讀，其中的道理自然會理解。「如看詩，不須得著意去裏面訓解，但只平平地涵泳自好。」〔註50〕

　　讀詩諷誦涵泳，體會至就像自己作此詩一般，才能理解詩的意味：「讀詩正在於吟詠諷誦，觀其委曲折旋之意，如吾自作此詩，自然足以感發善心。」但是，現在讀詩的人，卻不是這樣，「今公讀詩，祇是將己意去包籠他，如做時文相似。中間委曲周旋之意，盡不曾理會得，濟得甚事？若如此看，只一日便可看盡，何用逐日只捱得數章，而又不曾透徹耶？」〔註51〕就如讀鄭詩，都說「鄭聲淫」，但是《鄭風》中的詩各有不同：「《出其東門》一詩，卻如此好。《女曰雞鳴》一詩，意思亦好。讀之，眞個有不知手之舞、足之蹈者！」

〔註45〕《朱子語類》卷八十。
〔註46〕《朱子語類》卷八十。
〔註47〕《朱子語類》卷八十。
〔註48〕《詩集傳・周南・關雎》。
〔註49〕《朱子語類》卷八十。
〔註50〕《朱子語類》卷八十。
〔註51〕《朱子語類》卷八十。

這些詩的好處，都需要在諷誦吟詠中體會、理解。所以，讀書像煉丹、煮物一般，需要反覆玩味：「讀書如煉丹，初時烈火鍛煞，然後漸漸慢火養。又如煮物，初時烈火煮了，卻須慢火養。讀書初勤敏著力，仔細窮究，後來卻須緩緩溫尋，反覆玩味，道理自出。」〔註52〕

在涵泳詩文的時候，主要是體味詩之意味，詩的好處：「公不會看詩。須是看他詩人意思好處是如何，不好處是如何。看他風土，看他風俗，又看他人情、物態。只看《伐檀》詩，便見得他一個清高底意思；看《碩鼠》詩，便見他一個暴斂底意思。好底意思是如此，不好底是如彼。好底意思，令自家善意油然感動而興起。看他不好底，自家心下如著槍相似。如此看，方得詩意。」〔註53〕

在涵泳理解詩的時候，對《詩》中所用的「興」要特別注意，因為《詩》之興具有興人化成之功。其注「興於詩」云：「興，起也。《詩》本性情，有邪有正，其為言既易知，而吟詠之間，抑揚反覆，其感人又易入。故學者之初，所以興起其好善惡惡之心，而不能自已者，必於此而得之。」〔註54〕其言《詩》之為功，全在諷詠吟誦之間，久之則入於人心而興起於善。故讀《詩》得法，可事半而功倍。讀《詩》草草看過一遍，兩三日就可以完成。這樣是沒有作用的，「不得滋味，也記不得，全不濟事。」涵泳之後要能夠有「興起處」，讀詩才有成果。「若不能興起，便不是讀詩。」〔註55〕因此要「讀《詩》見其不美者，令人羞惡；見其美者，令人興起。」〔註56〕

讀詩涵泳，並不是死扣詩中的字句，而應重「通悟」。五經之中，《詩》與他經相比，是有其特殊性的。朱熹認為《春秋》、《書》、《禮》等「經」多注重邏輯實證性，「字較實」，而《詩》無理會，不可盡求之於《詩》中之理，要看大意。所以，朱熹說：「聖人有法度之言，如《春秋》、《書》、《禮》是也，一字皆有理。如《詩》亦要逐字將理去讀，便都礙了。」〔註57〕若要深入到詩裏面，就反而會影響對詩的理解。「不消得恁地求之太深。他當初祇是平說，橫看也好，豎看也好。今若要討個路頭去裏面，尋卻怕迫窄了。」〔註58〕「看

〔註52〕《朱子語類》卷一百一十四。
〔註53〕《朱子語類》卷八十。
〔註54〕《論語集注》卷八。
〔註55〕《朱子語類》卷八十。
〔註56〕《朱子語類》卷四十七。
〔註57〕《朱子語類》卷八十。
〔註58〕《朱子語類》卷八十。

《詩》，義理外更好看他文章。且如《谷風》，他祇是如此說出來，然而敘得事曲折先後，皆有次序。而今人費盡氣力去做後，尚做得不好。」

（三）章句訓詁以綱紀之

熟讀涵泳的同時，也要參看注釋，這是讀詩的輔助手段。

讀詩的百遍，可以分兩個階段，先看四五十遍，看過注解後，再讀三四十遍：「當時解《詩》時，且讀文本四五十遍，已得六七分。卻看諸人說與我意如何，大綱都得之，又讀三四十遍，則道理流通自得矣。」〔註59〕

朱熹強調學詩要重視熟讀詩文，要自己理解不可先看諸家注解，只要將本文熟讀玩味，就自然會理解詩所言之事。就如一首詩，描寫一種花既白又香，在寒冷的冬天開放，就可以知道是寫梅花的詩。學詩只有在「其話有未通者」時，才「略檢注解看」，重要的仍是：「時時誦其本文，便見其語脈所在」〔註60〕在通悟與訓詁之間，《詩》中的音韻、訓詁、文體等均爲幫助理解的內容，不須各個細究：「詩中頭項多，一項是音韻，一項是訓詁名件，一項是文體。若逐一根究，然後討得些道理，則殊不濟事，須是通悟者方看得。」〔註61〕如在讀變風、變雅的時候，朱熹指出要看大意，「也是後人恁地說，今也只依他恁地說。如《漢廣》、《汝墳》皆是說婦人。如此，則是文王之化只及婦人，不及男子！只看他大意，恁地拘不得。」〔註62〕

《詩》的注解，要看《集傳》，也要參看諸家注。「文蔚泛看諸家詩說。先生曰：『某有集傳。』後只看集傳，先生又曰：『曾參看諸家否？』曰：『不曾。』曰：『卻不可。』」〔註63〕朱熹同時用形象的比喻，說明古注和《集傳》同時看的必要性：「今見看詩，不從頭看一過，云，且等我看了一個了，卻看那個，幾時得再看？如塚殺相似，祇是殺一陣便了。不成說今夜且如此塚殺，明日重新又殺一番！」〔註64〕

在《詩經》的注釋中，《詩序》從漢代開始就被認爲是聖人所作，因此，讀《詩》的時候，《序》是一個越不過去的問題。朱熹根據自己學《詩》的經驗體會，主張廢《小序》學詩。在《詩經正義》的編排體例中，《序》緊跟詩

〔註59〕《朱子語類》卷八十。
〔註60〕《朱子語類》卷八十。
〔註61〕《朱子語類》卷八十。
〔註62〕《朱子語類》卷八十。
〔註63〕《朱子語類》卷八十。
〔註64〕《朱子語類》卷八十。

的題目之後。這樣學詩的人，在讀每一首詩的正文之前，必定要先讀該詩之《序》，帶著這個先入為主的觀念來讀詩，對《詩》的理解，也就自然無法超出《序》的框架了。朱熹在開始讀《詩》時，也存在同樣的問題：「某自二十歲時讀《詩》，便覺《小序》無意義。及去了《小序》，只玩味詩詞，卻又覺得道理貫徹。當初亦嘗問諸鄉先生，皆云《序》不可廢，而某之疑終不能釋。」〔註65〕並指出：「後世但見詩《序》巍然冠於篇首，不敢復議其非，至有解說不通，多為飾辭以曲護之者，其誤後學多矣！」朱熹體會到《序》影響了人們對詩的理解，因為如果完全按照詩《序》來理解詩，有很多詩都是無法解釋通的。所以讀《詩》，要拋棄《小序》舊說，從自己的體會中玩味詩人本意。「今欲觀《詩》，不若且置《小序》及舊說，只將元詩虛心熟讀，徐徐玩味，候彷彿見個詩人本意，卻從此推尋將去，方有感發。」〔註66〕

（四）七分功夫理會義理

無論是熟讀，涵泳，還是學習注釋，最終目的是理解詩中的義理。

用韻是為了便於諷誦，而諷誦熟則義理易見，所以朱熹主張在誦讀中把主要精力放在理會義理上，而把理會音韻放在次要位置。「只要音韻相協，好吟哦諷誦，易見道理，亦無甚要緊。今且要將七分功夫理會義理，三二分功夫理會這般去處。若只管留心此處，而於《詩》之義卻見不得，亦何益也！」〔註67〕朱熹是以韻為便於誦讀，誦讀是為了理會義理，所以讀詩之最終目的是體會詩中義理。

涵泳詩文，目的也是要體會《詩》中的聖人之意：「《詩》，如今恁地注解了，自是分曉，易理會。但須是沈潛諷誦，玩味義理，咀嚼滋味，方有所益。」〔註68〕「玩味義理」，就是要「看他詩人之意是在甚處」。〔註69〕

對於不同的詩，用不同的讀法。《雅》、《頌》等詩需要仔細體會其中的道理，而《國風》中的詩，看其大概就可以了。「伊川有詩解數篇，說到《小雅》以後極好。蓋是王公大人好生地做，都是識道理人言語，故它裏面說得盡有道理，好子細看。非如《國風》或出於婦人小夫之口，但可觀其大概也」。〔註70〕同樣

〔註65〕《朱子語類》卷八十。
〔註66〕《朱子全書》卷八十。
〔註67〕《朱子語類》卷八十。
〔註68〕《朱子語類》卷八十。
〔註69〕《朱子語類》卷八十一。
〔註70〕《朱子語類》卷八十。

是《國風》中的詩，也要用不同的讀法，如《衛風》中的詩，有說時事的，這些是需要細細學習；像鄭風中的淫詩，不必花時間深究，「看詩，且看他大意。如衛諸詩，其中有說時事者，固當細考。如鄭之淫亂底詩，若苦搜求他，有甚意思？一日看五六篇可也。」〔註71〕

朱熹學詩的方法，以諷誦涵泳為第一，在此基礎上，參看注疏幫助對詩的理解，最終還是要體味詩中的義理、聖人之意和天理。

《詩集傳》作為科舉考試的標準，成為我國封建社會後期元、明、清三朝有關《詩經》的最權威教本。黃焯先生曾簡明概括《詩集傳》說：「朱子作《詩集傳》，廢棄《詩序》及《毛傳》、《鄭箋》、《孔疏》之說，而壹以己意出之，於是說《詩》之風大變。自元延祐時行科舉法，始定《詩》義用朱子，猶參用古注疏；至明永樂中，始獨以《朱傳》課士。延及清世，逾五六百年，士子莫不奉為定本，一如鄭學行世以後，士有寧道孔、孟誤，諱言鄭、服非者。」〔註72〕此說至為恰切。

第二節　《詩經大全》：取士教本

一、明清科舉考試對《詩經》的考查

（一）明　代

明代科舉考試的程式通過兩次詔書確定下來，分別在洪武三年（1370 年）和洪武十七年（1384 年），在這兩次規定的程式中，《詩經》教本方面稍有變化。

洪武三年五月，朱元璋下令在這年八月舉行科舉考試。有關科舉的內容、程式具體規定為：鄉試、會試都考試三場，「初場試經義二道，《四書》義一道；二場論一道；三場策一道。中式後十日，復以騎、射、書、算、律五事試之。」〔註73〕出題範圍是：《易》程、朱氏注和古注疏，《書》蔡氏傳，《詩》朱氏傳和古注疏，《春秋》主左氏、公羊、穀梁三傳及胡安國、張洽《傳》，《禮記》主古注疏。在這次頒定的科舉程式中，《詩經》的考試方式是經義，所定的標準是朱熹的《詩集傳》和古注疏兼用。

〔註71〕《朱子語類》卷八十。
〔註72〕黃焯：《詩說》，武漢：長江文藝出版社，1981 年，頁 44。
〔註73〕《明史·選舉志二》。

十七年三月，再度頒行科舉程式，更加詳細地規定了考試的內容和形式。第一場試本經義四道，每道三百字以上，未能者，許減一道。四書義三道，每道二百字以上。未能者許減一道。出題的範圍規定：「《四書》主朱子《集注》，《易》主程《傳》、朱子《本義》，《書》主蔡氏《傳》及古注疏，《詩》主朱子《集傳》，《春秋》主左氏、公羊、穀梁三傳及胡安國、張洽《傳》，《禮記》主古注疏。」﹝註74﹞仍以經義的形式考《詩經》，衹是考試標準中沒有了古注疏，只用《詩集傳》，朱熹的理學思想成爲科舉考試和意識形態的主導思想。

科舉考試的標準在永樂年間又有一次統一。明成祖朱棣組織編撰頒定《四書五經大全》，作爲科舉考試的標準。自此，廢其他注疏不用，《春秋》亦不用張洽傳，禮記止用陳澔《集說》。《大全》中的《詩經大全》是胡廣等人在元代劉瑾所撰《詩傳通釋》的基礎上略加刪改而成，是一本以朱熹的《詩集傳》爲本的疏解。

明代「士子各占一經」，並不要求通習五經。《明史‧職官志二‧國子監條》「凡經，以《易》、《詩》、《書》、《春秋》、《禮記》，人專一經，《大學》、《中庸》、《論語》、《孟子》兼習之。」因爲各經的字數和難度有不同，修習各經的人數有多有少。在會試中，要按照參加各經考試的人數設立考試經房數，就是平時所說的「十八房」。每次會試的房數常有變化，可以反映當時學習各經的人數的不同。據研究，﹝註75﹞《詩》的房數一直是最多的，從天順元年（1457 年）的三房，到成化十七年（1481 年）的四房，正德六年（1511 年）的五房，再到萬曆十四年（1586 年）的六房，與《易》、《書》、《春秋》、《禮記》相比，參加《詩經》考試的士子人數居各經之首。

（二）清　代

清代科舉考試中，《詩經》義最初在第一場。順治二年（1645 年）頒佈《科場條例》，按明朝舊制，鄉試第一場，試四書義三篇，經義四篇，士子各占一經；第二場試論一篇，詔、誥、表各一通，判五條；第三場，試經史時務策五道。到乾隆二十一年（1756 年），《詩經》義改爲第二場。根據該年的詔諭：嗣後鄉試頭場止試以四書文三篇，第二場經文四篇，第三場策五道，其論、表、判概行刪省。由於清代科舉專重頭場，《詩經》移至第二場以後，並不受重視。考試

﹝註74﹞《明史‧選舉志二》。

﹝註75﹞李國鈞、王炳照主編，吳宣德著：《中國教育制度通史》第四卷，山東教育出版社，2000 年，頁 480。

標準規定:「《四書》主朱子集注,《易》主程傳、朱子本義,《書》主蔡傳,《詩》主朱子集傳,《春秋》主胡安國傳,《禮記》主陳澔集說。其後《春秋》不用胡傳,以《左傳》本事爲文,參用《公羊》、《穀梁》。」〔註76〕《詩經》仍以朱熹《詩集傳》爲準。

在清代科舉內容兩次規定中,士子一直是各專一經,二場的《五經》試題供士子選擇答題。乾隆五十二年(1787年),提出士子應該《五經》全讀,所以應於鄉會試二場酌改每經各出一題。但考慮到當時士子專習一經奉行已久,第二年就是鄉試年,爲期甚近,若立即改爲五經試士,士子來不及認眞學習其他經書,恐導致二場背謬經旨,難於取中。建議採用朱熹分年考試各經的方法,自第二年鄉試始,先試《易經》,在五科內依次考完五經。再於二場內裁去論一篇,五經各出一題。乾隆又作了補充:「士子束髮受書,原應五經全讀,向來止就本經按額取中,應試各生,止知專治一經,揣摩誦習,而於他經並不旁通博涉,非敦崇實學之道。今改用五經,既可令士子潛心經學,又可杜絕場內關節弊端,而衡文取中,復不至限於經額致佳卷被遺,自應於分年輪試畢後,即以五經出題並試。」乾隆鑒於《易經》較難,將九卿建議先考《易經》改爲先考《詩經》。乾隆五十八年(1793年)五經全部輪試一遍,遂按前面議准的規制,實行五經並考。這樣《詩經》成爲所有士子的必讀經書。

至此清代鄉會試的內容爲:第一場,四書制藝題三題,五言八韻詩題一道;第二場,五經制藝題各一;第三場,策問五道。四書題:首《論語》,次《中庸》,次《孟子》。如第一題用《大學》,則第二題用《論語》,第三題仍用《孟子》。五經題,首《易經》,次《書經》,次《詩經》,次《春秋》,次《禮記》。《詩經》在清代成爲所有應試考生的必考科目,《詩經》義也成爲士子所必須學習的內容。

(三)《詩經》義舉例

明清時期,以八股文的形式考試儒經。這是一種程式化的考題,要求「代古人語氣爲之」,並在結構上有非常嚴格的規定。下面是清朝嘉慶庚辰科徐汝鑾以「或來瞻女,載筐及筥,其饟伊黍」爲題的《詩經》義答卷。

瞻彼農夫,其來饟之,情可詠焉。夫以其播穀也,而瞻之,而饟之,所

〔註76〕《清史稿·選舉三》。

饟維何？則伊黍是，所載維何，則筐筥是。來饟之情，不可先詠乎？且而農夫自瞻榆束耒以來，固無日不作苦田間矣。乃家人慰勞不殊宴笑之常，而中饋親操毋致饔殄之缺，則觀一時之熙熙而來者，而其事其情，俱堪曲繪已。如而農夫之往南畝而播穀也，原田錯繡，載耕四野之雲；覓土如酥，爰墢一犁之雨。而且綠樹陰濃之際，鳥集催耕禽鳴布穀，維彼農人，得毋有不遑暇食者乎？而其家人早計及此矣，或有遵彼微行笑語而前者，則瞻女來矣。且夫合亞旅而勸主伯，髦士之所以可烝也；攘左右而嘗旨否，田畯之所以有喜也。於斯時也，遲遲日永，味乃具夫盤殄，習習風和，香更分夫炊粒。則有體之圓者焉，而非若一盂之盛也；爰有形之方者焉，而非猶二簋之享也。所載惟何？則惟筐及筥雲。抑聞之貴者之食則用黍，賤者之食則用稷。雪桃則以黍矣，薦廟則以黍矣，黍貴而稷賤也。彼夫幸三時之不害，喜八蠟之可通，家或貯以一鍾，食即兼夫四鬴，亦惟是進以常餐，供茲脫粟，於以湘之，爰果小人之腹，惟其有矣，如拜君子之恩已耳。胡為乎饟者之以黍聞也，豈如茨而如梁，同美禾而美麥，則觀饁餉東郊而不至興嗟懸耜，庶幾臚歡夏畝而相與競樂播琴也歟。吾意其時，或冉冉其來，或行行且止，或輟素於機中，或結侶於壟右。黃童白叟，相顧眄於青疇翠甸之間，葦箔筥筐，共提攜於亥稰辛祈而後。與多稌而並詠味佐瓜壺，偕有稷以同傳香烹葵菽。力諸原，不啻聚諸室，故言笑可親；出而作，不聞舍而嬉，故明昭有應。瞻周原之膴膴，樂民事之雍雍，令人如置身於高原下隰間也。〔註77〕

「或來瞻女，載筐及筥，其饟伊黍」，出自《周頌・良耜》，全文為：

畟畟良耜，俶載南畝，播厥百穀，實函斯活。或來瞻女，載筐及筥。
其**饟**伊黍，其笠伊糾，其鎛斯趙，以薅荼蓼。荼蓼朽止，黍稷茂止。
穫之挃挃，積之栗栗。其崇如墉，其比如櫛。以開百室。百室盈止，
婦子寧止。殺時犉牡，有捄其角。以似以續，續古之人。

這是一首周王秋冬答謝神祐的樂歌，主要描寫了耕耘、收穫和祭祀的過程。在《詩集傳》中，對「或來瞻女，載筐及筥，其饟伊黍」的解釋有：「或來瞻汝，婦子之來饁者也。筐、筥，饟具也」。文章後面的「本房加批」說：「雅韻宜人，幽香拂紙，而按之細切，字字著題，非僅似摩詰田家詩也。」「字字著題」道出了在八股文在內容上的特點，所有發揮都尊朱子的解釋，沒有發表自己的見解，

〔註77〕顧廷龍編：《清代朱卷集成》（第四冊），臺灣：成文出版社，1992 年，頁 217～218。

有「代聖賢立言」的意思；在形式上，均遵照八股文的體式的要求，包括破題、承題、起講、入題、起股、出題、中股、後股、束股、收結等部分。可見此種《詩經》經義的寫作，除了要掌握《詩集傳》中的解釋之外，還要按照解釋進行發揮，根據語脈敷衍成形式完美的八股文。因此要寫好《詩經》的經義，需要學習專門講解作法的書籍和進行有針對性的訓練。

二、《詩經大全》——明代科舉考試的標準書目

明朝洪武年間，解縉上奏朝廷，建議由官方修撰理學書籍，「上溯唐、虞、夏、商、周、孔，下及關、閩、濂、洛。根實精明，隨事類別，勒成一經，上接經史，豈非太平製作之一端歟？」〔註78〕此事直到明成祖時才正式實施。永樂十二年（1414年）十一月，明成祖詔諭翰林院學士胡廣、侍講楊榮、金幼孜等，葉時中等39人，集諸家傳注撰修《五經大全》、《四書大全》、《性理大全》，「命廣等總其事，仍命舉朝臣及在外教官有文學者同纂修。開館東華門外，命光祿寺給朝夕饌。」〔註79〕修書歷時一年，於永樂十三年（1415年）修成。

關於纂修《大全》的目的，在《大全》的序言中，明成祖有明確的表述：「六經之道明，則天地聖人之心可見，而至治之功可成。六經之道不明，則人之心術不正，而邪說暴行侵奪蠹害，欲求善治，烏可得乎？朕為此懼。乃命編修五經、四書，集諸家傳注而為《大全》。凡發明經義者取之，悖於經旨者去之……」六經是聖人明道的經典，要發揮其正人心術、達於治善的目的，須發明經義，去除悖於經義者。「使天下之人獲睹經書之全，探見聖賢之蘊，由是窮禮以明道，立誠以達本，修之於身，行之於家，用之於國，而達之於天下，使家不異政，國不殊俗，大回醇古之風，以紹先王之統，以成雍熙之治。」〔註80〕由此可知其最終目的是通過經書的學習，實施教化思想，以達到修身、齊家、治國、平天下之目的。胡廣、楊榮、金幼孜等人在進書《表》裏也說：「以是而興教化，以是而正人心。……非惟備覽於經筵，實欲頒佈於天下。俾人皆由於正路，而學不惑於他歧。家孔孟而戶程朱，必獲真儒之用。佩道德而服仁義，咸趨聖域之歸。頓回太古之淳風，一洗相沿之陋習。煥然

〔註78〕《明史·解縉傳》。
〔註79〕《明太宗實錄》卷一五八。
〔註80〕《明太宗實錄》卷一六八。

極備，猗歟盛哉！」〔註81〕

永樂十五年（1417 年）三月，朱棣命令將這三部書頒於六部、兩京國子監和天下郡縣學，〔註82〕《大全》成爲官學的指定教材。同時也成爲科舉考試的標準用書，士人求取功名利祿的必讀書目，民眾進德修身的道德教科書。

《詩經大全》二十卷，主要以元代劉瑾所著《詩傳通釋》爲本，並稍加增刪，主要刪去了過於冗蔓的數條，其餘部分仍舊依劉本。在體例上，劉書把《小序》分別歸於各詩，在《大全》中，把所有《序》合爲一篇。此書完全是爲科舉考試而編纂的書籍，從《詩經》學研究來說，是無所可取的。顧炎武《日知錄》評論《大全》：「僅取已成之書，抄謄一過，上欺朝臣，下誑士子，唐宋之時，有是事乎！豈非骨鯁之臣已空於建文之代。而制義初行，一時人士盡棄宋元以來所傳之實學，上下相蒙，以饗祿利，而莫之問也。嗚呼！經學之廢，實自此始。」顧炎武認爲，經學自《五經大全》而廢，實非如此。還是《四庫全書總目》所說更恰切：「蓋自胡廣《五經大全》一出，應舉、窮經，久分兩事」。祇是自此以後，有關《詩經》的著述，分成兩條路子，一爲《詩經》學研究的著述，清代的經學研究取得了豐碩的成果；一爲應科舉考試而編寫，明清兩代，出現了大量的與經學研究無關的《詩經》應試書籍。

明清兩朝，《詩經》的科舉考試的標準不外乎《詩集傳》和《詩經大全》，而《詩經大全》乃羽翼朱熹《詩集傳》的本子，所闡明的基本精神均不超出朱熹的《詩》教思想。在教學領域中所用書都是以此二書爲本，或發明或解釋或補充或簡化，更便於學生學習。

三、明清《詩經》科舉應試書〔註83〕

科舉考試以八股文的形式來考試《詩經》。八股文是一種程式化的文體，

〔註81〕《皇明文衡》卷五，《進五經四書性理大全表》。
〔註82〕《明太宗實錄》卷一六八。
〔註83〕此部分內容主要參考：
〔清〕永瑢等編：《四庫全書總目提要》（經部·詩類），上海：商務印書館，1931 年。
中國科學院圖書館整理：《續修四庫全書總目提要》（經部·詩類），北京：中華書局，1993 年。
夏傳才、董治安主編：《詩經要籍題解》，北京：學院出版社，2003 年。

有多項嚴格要求，需要在熟練掌握《詩經》經、注的基礎上，體會理解，加以發揮，以八股文的形式組織成篇。所以以科舉考試為目標的《詩經》學習就以寫《詩經》八股文為主。由於功名利祿的吸引，很多人完全為應科舉而學習《詩經》，從而出現了很多以教育和考試為目的《詩經》著述。這類著述，與《詩經》的經學研究無關，在《詩經》學史上，不為詩經學家所重視，如顧炎武所述「八股行而古學棄，《大全》出而經說亡」。〔註84〕在四庫全書中，也不收入，只在「存目」中有些介紹。

　　為應科舉考試而編寫的《詩經》著述在社會上的需求量大，所以書賈對此類書大有偏愛，就出現了大量的非學術性《詩經》著述。由於為士子應科舉考試而編寫，其應試功能突出。

（一）以《詩集傳》為本

　　在科舉考試的程式中規定，《詩經》義「主朱子《集傳》」。在明代《詩經大全》頒行之後，就以《詩經大全》作為科舉《詩經》義考試的標準答案，但依前所述，《詩經大全》所依據的劉瑾所著《詩傳通釋》，也是羽翼《詩集傳》的本子。因此，指向科舉考試的《詩經》著述，都以《詩集傳》為主體，在此基礎上，加以發揮、補充。

　　有的是直接對《詩集傳》的解說，如明代江環的《詩經闡蒙衍義集注》是對《詩集傳》的解說，「闡蒙」表示是《詩經》的入門讀物，「衍義」目的是幫助讀者讀通原文，並博采資料對注釋簡潔的《詩集傳》進行詳細解說。還有明代《詩經存固》是葉朝榮酌取《詩經大全》，參以己意而成。明陳元亮所撰之鄉塾講義《鑑湖詩說》，其所取裁不出《大全》諸書。

　　同時，還有書籍是以《詩集傳》為主，間採他書，如毛、鄭之說。如明代宋景雲撰《毛詩發微》，書中以正字標推衍《集傳》之文，附字標採用他說。但是，這些書不論用何解說，都以《詩集傳》為中心，如明代唐汝諤撰《詩經微言合參》，雖然溯源毛鄭，參以《讀詩記》和嚴氏《詩輯》，最終是要折衷於朱子。同樣，明代劉敬純撰《詩意》的大旨宗朱子《集傳》，同時間采諸家之說，其目的是發明《集傳》。

　　還有一些書籍，因《詩經大全》解詩繁複，不便於學習，就對其進行刪冗補闕。如明徐奮鵬撰《詩經刪補》，解詩以《朱傳》為主，對《詩經大全》

〔註84〕《日知錄》卷十八。

為補充朱《傳》之不足而造成的經文繁瑣，而進行了刪補。

明何大掄撰《詩經主義默雷》代表了此類書的共同點是：「詮釋經文，不過循文敷衍，大旨皆宗紫陽，雖間採《序》說，蓋發明《集傳》。」〔註85〕此類書不是闡發《詩集傳》，就是對《詩經大全》的因襲、發展，或注音、或訓釋、或闡發、或精簡釋文，都圍繞《詩集傳》而作。

（二）修撰者多為進士

中進士之人，由於親身經歷過科舉考試並取得成功，曾研習《詩經》義的作法規律，深諳此道，所以應對《詩經》的考試很有心得。他們撰寫的這類書籍，具有針對性和權威性，就如當前的高考狀元介紹高考經驗。如《詩經正義》的撰者許天贈，嘉靖乙丑（1565 年）進士；《詩經主義》的撰者楊於庭，萬曆庚辰科（1580 年）進士；《詩經闡蒙衍義集注》的撰者江環是萬曆丙戌（1586 年）進士；《詩經六帖重訂》的撰者徐光啓，萬曆甲辰（1604 年）進士；《詩經脈》和《毛詩振雅》的撰者魏浣初，萬曆丙辰（1616 年）進士；《毛詩發微》的撰者宋景雲，萬曆己未（1619 年）進士；《詩牗》的撰者錢天賜、《詩經琅玕》的撰者黃道周都是天啓壬戌（1622 年）進士；《詩經注疏大全合纂》的撰者張溥，崇禎辛未（1631 年）進士。

（三）多用引人注目的書名

如駱日升所撰《駱會魁家傳葩經講義金石節奏》，其中「家傳」、「金石節奏」，都是「欺人之語」，為吸引買者所取的書名。《四庫全書總目提要》指出這類書互相抄襲，〔註86〕改頭換面，乃至變換書目引人注目。當時的科舉考試參考書，是書賈盈利的重要體裁，為了在書市上取得更好的銷售量，就需要有引人注目的書名，這樣就出現了在所撰書名上的「欺人之語」。又如明代張裴《新刻占魁高頭提章詩經正文》，名字點明了「占魁」，即為專為科舉考試而作在書籍。又如瞿汝說撰《詩經橋梓世業》，「橋梓」、「世業」表明科舉用途。

（四）多採用高頭講章式

高頭講章是明清時期學塾講義的一種重要形式。此類書分上、下兩欄，

〔註85〕中國科學院圖書館整理：《續修四庫全書總目提要》，北京：中華書局，1993年，頁 325。

〔註86〕此類書的多傳抄，江環《闡蒙衍義集注》一出，《詩經狐白》、《駱會魁家傳葩經講義金石節奏》、《新鐫鄒臣虎先生詩經翼注講意》等都是從此書刪節抄錄講章級合而成。

或上、中、下三欄，一般在下欄印《詩經》原文，在上端留有較寬的空白，刊印講解文字。

分兩欄的著作如《詩經琅玕》下格載詩篇原文，每篇首列篇旨，各章之下分注比興之體、訓詁字義、考證名物、詮釋章旨。並將僞《詩傳》、僞《詩說》分錄於各篇之後；再於正文字旁加圈點，上格則採掇各家之說，分條會列，釐然剖明：參微、特解、筋脈、參證、附參、問辨、辯駁諸子目。或推闡詩旨，或發明《傳》《序》。又如馮元颺、馮元飆撰《詩經狐白》，下欄是《詩集傳》，上欄解說詩經內容；又如駱日升撰《駱會魁家傳葩經講義金石節奏》，又將歷年各地鄉試及各科會試的考題附在上欄。

分三欄的如明代江環輯著的《詩經闡蒙衍義集注》。下欄全錄入八卷本《詩集傳》，有夾註，解釋字句或指點筆法。中欄加「按」字引錄文獻，解明《詩集傳》的訓詁或篇旨，多錄宋以後著作。上欄串講和發揮整篇或每章的意旨。

（五）內容緊扣科舉考試程文

此類書的內容，以幫助掌握《詩經》應付科舉考試爲目的，所以內容緊扣科舉考試程文。有的書重視解釋基本的字義、句義、章義，以便於士子學習記誦。如葉儀昂撰《詩經能解》，每篇之前有全篇主旨，篇後有「能解」和「指南」。「能解」釋字義句義，「指南」釋章義，採掇眾說，融會貫通。也有的書對訓詁字句不重視，而以發明意旨爲主的，如楊於庭撰《詩經主義》首列全篇大意，然後分章解說，不甚訓詁字句，以發明意旨爲主，反覆申說，務求闡明，以程文爲目的，所以難免明人空疏的毛病。

大多數書的內容在語氣上模倣科舉程文，如錢天賜撰《詩牖》推敲字義，尋求語脈，詹雲程撰《詩經精義》詮釋經文，皆敷衍語氣，黃道周撰《詩經琅玕》的詩說拘牽文意，如瞿汝說撰《詩經橋梓世業》不對各詩逐篇逐章注解和闡釋，而是以《詩》中的某篇、某章或某句爲題，進行解說，像一篇短論文，提供參加科舉考試的舉子閱讀，舉子在寫經義試題時，在內容、技巧上都可以參考。又如《詩經主義默雷》不刊經文，祇是標出篇目，而發揮其意旨。大都根據詩意解說，尋味詞氣之間，全章均標出該章旨趣，在旨趣之外，又將詩意碎分，引出語脈，以揣摩科舉成文之本，並有鈎剔模倣之習。「主司輒因文理簡便，每以取士。」〔註87〕並且此書將不容易記憶的篇目次序，

〔註87〕中國科學院圖書館整理：《續修四庫全書總目提要》，北京：中華書局，1993年，頁325。

彙成口歌，幫助背誦。統觀其書，蓋所以為程式制藝之用，不脫時文之習。總之「其書皆以批點時文之法，推求經義，蓋揣摹弋取之書」。〔註88〕

在教育類用書中，除了直接指向科舉考試的用書以外，還有一些書是學塾中的教學用書，這些書是《詩經》教育的基礎用書，或是童蒙入門讀物，或是塾師的教學講義。

作為儒家經書，字句古奧，加上歷代諸家注疏，使初學者常有望洋興歎之感。特別對於兒童來說更是困難。因此《詩集傳》和《詩經大全》並不適合直接作為課本傳授兒童，就產生了專門為蒙童編撰的課本。如《陳太史訂閱詩經旁訓》。

此類課本大多也是因襲《詩經大全》，並間採諸家之說，並不加辨正。由於要作為童蒙課讀讀本，其內容要便於兒童學習入門，主要是離斷句讀、摘注意義，使《詩經》內容精簡、了然。《陳太史訂閱詩經旁訓》，採用旁注之體，釋音和釋義都列之經文之旁。難讀的字，用直音反切之法，注於本字之下。音釋本之陸德明的《經典釋文》，釋義節錄《傳》、《箋》，並略加詮釋，刪去繁蕪，以便於童蒙誦習。作為童蒙課本，簡約是其特點，但是由於過求簡約，往往割裂語氣，對於詩經的辭旨，沒有能夠進一步發明。對於原來注疏的不足之處，也不加辨正。

總之，在明清時期，出現了大量以應科舉為目的的學習參考書，這些《詩經》著述，在經學研究方面沒有太多發展；但作為應舉專書，在社會上非常流行，成為《詩經》教育的專門教材。

〔註88〕中國科學院圖書館整理：《續修四庫全書總目提要》，北京：中華書局，1993年，頁326。

第五章　《詩經》教本的歷史演變

　　前面四章我們考察了從先秦到清末《詩經》教本更替的過程，梳理了各個時期的《詩經》教本。在先秦時期，大師教瞽矇、大司樂教國子、孔子教弟子所用教本均是一種原典形態的《詩》教本，從漢代開始，《詩經》分魯、齊、韓、毛四家《詩》傳授；而唐代的《毛詩正義》，是在國家意志的作用下對《詩經》注疏統一的結果；在宋代新政改革的背景下，《詩經新義》成爲官方指定的教本，使用了大約六十年；從元代開始，《詩集傳》成爲科舉考試的標準用書，明成祖時期又由政府組織編撰《詩經大全》，這一時期出現了大量指向科舉考試的《詩經》學習參考書。

　　在《詩經》教本演變發展的過程中，經歷了三次大的轉變。

第一節　從原典教本到注釋教本

一、從原典到注釋本

　　《詩經》從產生之時起就作爲教本使用，周代大師以此教瞽矇詩樂，大司樂以此教國子禮儀用詩，孔子將其作爲弟子修身的教科書。先秦時期的《詩》教本，是一種原典形態的教本。這是因爲，春秋時期，時間距《詩》成文的時代不遠，人們在閱讀詩文時沒有語言障礙，無須注釋。無論是瞽矇學習「風、賦、比、興、雅、頌」，還是國子學習「興、道、諷、頌、言、語」，都可以直接學習《詩經》原文。孔子整理《詩經》作爲教本教授弟子的時候，一般不對文字、詩句進行解釋，在上博簡《孔子詩論》中，可以看到祇是對《詩》

的特點進行分析，而沒有作注解。同時，從當時的學習需要和目的來說，作爲詩樂教材、作爲外交辭令的教本、作爲修身教科書，都是詩篇本身具有的作用，不需要加入詩文以外的內容。

到漢代的時候，由於時間的變遷，語言文字發生變化，《詩經》的文字變得難以讀懂了，需要注釋才能理解詩義，就有了疏通《詩經》文字的需要，同時也爲在《詩經》中注入教化思想提供了機會。「經過秦焚書的災難之後，漢初儒生覺得有必要對這部詩歌總集做一番注釋，藉整理與注釋詩歌來反映他們的意識形態。」〔註1〕從此開始了注釋形態的《詩經》教本時期。

「經典之爲經典，在於它能適應社會，規範指導社會。隨著社會的發展，必然會對經典的思想內容有所變通和調整，因此有對經典重新詮釋的需要。」〔註2〕對同一經典文本，不同的時代有不同的詮釋。各種詮釋反映的是當時社會的主流思潮，亦是當時的意識形態的特徵，代表著特定時代的精神。

自漢代以降，各個時代《詩經》教本的差異主要在於對《詩經》注釋的不同。《詩經》的教本就成了經與注釋並行的形式，人們學習《詩經》，不但要學習詩經的經文，更重要的是要閱讀詩文的注釋，遵照所讀教本中的闡釋來理解詩篇。由於在不同的時代有不同的意識形態，就會不斷地對《詩經》進行注釋，以達到反映當時意識形態之目的，在不同的朝代就會使用不同的教本。漢代的大一統、天人感應等思想被注入了魯、齊、韓、毛四家經師的著作，唐代的禮義教化思想被注入了孔穎達主編的《詩經正義》，王安石新學改革思想被注入了《詩經新義》，宋元的理學思想被注入了《詩集傳》。

二、《詩經》教本的歷史適應性——經典闡釋

自漢代開始，《詩經》作爲教本使用了兩千多年，適應了自漢至清的多個朝代的歷史要求，《詩經》何以有如此長久的適應性？先秦時期孟子和荀子創立的解詩思想爲《詩經》的歷史適應性提供了理論和方法基礎。

（一）孟子的以意逆志和知人論世思想

在《孟子·萬章上》，孟子回答弟子咸丘蒙關於《小雅·北山》詩的問題

〔註1〕〔韓國〕吳萬鍾：《從詩到經——論毛詩解釋的淵源及其特色》，北京：中華書局，2001年，頁61。

〔註2〕姜廣輝：《傳統的詮釋與詮釋學的傳統》，《中國哲學》（第二十二輯），經學今詮初編，瀋陽：遼寧教育出版社，2000年，頁1。

的時候，提出了「以意逆志」的解詩方法。

> 咸丘蒙曰：「舜之不臣堯，則吾既得聞命矣。詩云：『普天之下，莫
> 非王土；率土之濱，莫非王臣。』而舜既爲天子矣，敢問瞽瞍之非
> 臣，如何？」曰：「是詩也，非是之謂也；勞於王事，而不得養父母
> 也。曰此莫非王事，我獨賢勞也。故說詩者，不以文害辭，不以辭
> 害志。以意逆志，是爲得之。如以辭而已矣，《雲漢》之詩曰：『周
> 餘黎民，靡有孑遺。』信斯言也，是周無遺民也。孝子之至，莫大
> 乎尊親；尊親之至，莫大乎以天下養。爲天子父，尊之至也；以天
> 下養，養之至也。詩曰：『永言孝思，孝思維則。』此之謂也。《書》
> 曰：『只載見瞽瞍，夔夔齊栗，瞽瞍亦允若。』是爲父不得而子也。」

孟子提出的觀點是：「說《詩》者，不以文害辭，不以辭害意。以意逆志，是
爲得之」。明確提出解《詩》要「以意逆志」。

　　關於「以意逆志」，學者有不同的理解，主要在於「意」的主體是誰。漢
代趙岐云「志，詩人志所欲之事；意，學者之心意也」，「以己之意逆詩人之
志，是爲得其實矣」。〔註3〕朱熹則進一步解釋說：「文，字也；辭，語也；逆，
迎也；……言說《詩》之法，不可以一字而害一句之意，不可以一句而害設
辭之志。當以己意迎取作者之志，乃可得之」，〔註4〕以「意」爲說詩人之意。
後代許多學者如焦循、王國維、朱自清等大都如是解。王國維在《玉溪生年
譜會箋序》中說：「顧意逆在我，志在古人，果何修而能使我之所意不失古人
之志乎。」〔註5〕朱自清先生在其《詩言志辨》中解釋道：「是以己意己志推
作詩之志；而所謂志，都是獻詩陳志的『志』，是全篇的意義，不是斷章的意
義」。〔註6〕

　　還有一種說法以「意」爲作者之意、原詩之意，以意逆志謂「以古人之意，
求古人之志」，〔註7〕從整篇作品所體現的思想情感來推求作者的創作意圖。

　　從《孟子》中所記載的孟子對弟子解詩的觀點分析，趙歧之說更符合孟
子的原意。因此孟子的觀點是，解《詩》的關鍵在以解《詩》人之意推度詩
人之志；文本本身內容是一個闡釋的依託，重要的是闡釋者所持之「意」。《詩》

〔註3〕《孟子註疏》卷九。
〔註4〕《孟子集注》卷九。
〔註5〕張采田：《玉溪生年譜會箋》，北京：中華書局，1963年，王國維序。
〔註6〕朱自清：《朱自清說詩》，上海：上海古籍出版社，1998年，頁25。
〔註7〕《六朝選詩定論》卷一，《六朝選詩定論緣起》。

三百經過「以意逆志」的闡釋，具有了符合各個時代闡釋者的思想意識要求的特徵。

孟子使用「以意逆志」的原則，在《詩》中注入了他的思想，如他理想的「仁義」思想。如《孟子・梁惠王下》記孟子以仁義說齊宣王，宣王百般推拖，說「寡人有疾，寡人好貨」、「寡人有疾，寡人好色」，孟子援引《大雅》中《公劉》與《綿》二詩的語句，證明公劉好貨，大王好色，無可厚非，擴充此心以爲治政，亦能達於王道。《孟子・告子下》載孟子同公孫丑論《小弁》詩的怨，和《凱風》的不怨，注入了「孝」、「弟」思想；《孟子・盡心上》記載孟子在解釋「不素餐兮」詩句的時候，注入了「孝弟忠信」。

孟子曲說詩意，爲己所用，用自己的價值觀念、行爲方式、思維方式，或者預先知識——總之是用自己的「意」來理解、接受或改鑄原詩。孟子開了「以意逆志」之先河，後代儒者以此理論爲基礎，將各時期的教化思想注入了《詩經》。

作爲「以意逆志」的補充，孟子又提出「知人論世」的方法論。

在《孟子・萬章下》記載：

> 孟子謂萬章曰：「一鄉之善士，斯友一鄉之善士。一國之善士，斯友一國之善士。天下之善士，斯友天下之善士。以友天下之善士爲未足，又尚論古之人。頌其詩，讀其書，不知其人，可乎？是以論其世也。」

孟子從士人修養的角度，提出須友天下古今之善士。與古人交友的方式，就是「頌其詩、讀其書」，通過他們的作品實現古今的交流。在讀古人的詩、書時候，需要結合作者的爲人、以及他們所處的歷史背景來分析，只有這樣才能更好地理解古人。這種方法，被後人總結爲「知人論世」。朱熹注曰：「論其世，論其當世行事之迹也。言既觀其言，則不可以不知其爲人之實，是以又考其行也。」〔註8〕焦循進一步解釋說：「若生今世而上友古人，則不同世何以知其人之善？故必頌其詩、讀其書而論其世，惟頌其書而論其世，乃可以今世而知古人之善也。」〔註9〕「今世」的讀詩人在讀詩之時，需要結合作者當時所處的歷史環境來理解詩，要還原歷史經驗，只有這樣才能做到眞正理解詩之本義。

〔註8〕《孟子集注》卷十。
〔註9〕《孟子正義》卷二十一。

因此在解《詩》時，要將《詩》放入其創作的歷史背景上來闡釋，找到或附會一些相關的史迹，將每首詩所寫的內容落實到歷史上的某人某事，這就爲後世的「以詩附史」提供了方法論的基礎。

（二）荀子「故而不切」說

荀子認爲周王朝流傳下來的《詩》有的已不適合時代的需要，指出「《詩》、《書》故而不切」，〔註10〕《詩》、《書》的內容只論先王故事而不委曲切近於今。所以學習《詩》的時候，不能按照先儒們言必稱堯、舜，法先王的態度去學習《詩》、《書》，那就祇是「順《詩》、《書》而已而」，雖「末世窮年，不免爲陋儒而已！」〔註11〕因此讀書不能死讀，需要變通，要結合當前的情況來理解。《詩》中的詩篇，需要結合當前的情況進行理解，這也爲後世儒家把他們當世的思想注入《詩經》提供了理論依據。

孟子的「以意逆志」、「知人論世」和荀子的「故而不切」思想爲通過注釋將後代的思想意識注入《詩經》奠定了理論基礎和方法。自漢人開創了注當世思想於《詩經》中，以《詩經》爲教的先例，後代就不斷對《詩經》重新進行注釋，使《詩經》成爲一個承載各個朝代主流思潮的儒家思想教本。

（三）詩無達詁的特點

另外從《詩》本身的特點來說，詩的特點是詩句簡練，詩義含蓄，爲詩義的闡釋提供了開放的空間。董仲舒說：「詩無達詁，易無達占，春秋無達辭」，〔註12〕劉向謂「詩無通估，易無通吉，春秋無通義」，〔註13〕均表達此意。對《詩》義的理解，「仁者見仁、智者見智」，每個人都可以從自己的思想理論、知識背景來理解詩，對同一首詩可以有多種不同的理解。雖然已經有很多人已經對《詩》進行過解釋了，但後來的《詩經》學家仍舊可以對其重新進行闡釋。這樣，就形成了歷史上對《詩經》的解釋不斷推陳出新的現象，使《詩經》有了適合各個歷史朝代的不同解釋。

三、《詩經》教本的注釋體例

對《詩經》的闡釋，主要是我國傳統的經學研究的方法：「注」。所謂「注」，

〔註10〕《荀子·勸學》。
〔註11〕《荀子·勸學》。
〔註12〕《春秋繁露·精華》。
〔註13〕《說苑·奉使》。

就是對經文的解釋，唐代賈公彥疏《儀禮‧士冠禮》云：「注者，注義於經下，若水之注物」。注釋《詩經》的方式主要包括：傳、故、箋、注、說、微、通、章句、條例、集注、集解、集釋、集義、音、解、解說、解詁、通解、疏、講疏、義疏、訓、釋、撰等著作體例。《詩經》教本採用的注釋體例主要有：

故，是通釋經文字句。顏師古解釋為：「故者，通其指義也。」〔註14〕段玉裁認為漢代傳注中的「故」即「詁」，「故」與「詁」、「訓」通，都是對古人語言的解釋。魯、齊、韓三家《詩》都有此注釋體例。如申培的《魯故》、后蒼的《齊后氏故》、佚名《齊孫氏故》、韓嬰的《韓故》。

傳，有傳述之意，就是對簡奧的經義進行解釋。如《魯詩傳》、《齊后氏傳》、《齊孫氏傳》，鄭眾著《毛詩傳》、賈逵著《毛詩傳》、《馬融毛詩傳》、《荀爽詩傳》等。「傳」在漢代分為內傳和外傳，轅固著有《齊詩轅氏內傳》、《齊詩轅氏外傳》，韓嬰著有《韓詩內傳》、《韓詩外傳》。內傳多比附經義，是對經義的解說，而外傳多雜引古事古語，而證以《詩》句。

還有合詁與傳於一體的毛亨所著《毛詩故訓傳》，是照經文一字一句解釋《詩》，其中詁訓是詮釋經文所言之內容，『傳』是就經文所未言者進行引申。漢初多採取以上兩種訓詁通大義的方式來教授《詩經》。

說，是說明、釋講的意思，大致以闡說大義為主。「說」不但解釋經，也解釋傳。漢初授《詩》，多為口授耳聽，內容繁雜，但是比較通俗易懂。大師經說被記錄簡牘，就成為「說」這種解經體例。如：《魯說》、《齊詩解說》、《韓詩說》。

章句，主要是分析經文的章節句讀，是經師講經所常用的體例。先秦古籍，整篇直述，既不分章，也不斷句，後來儒生離章辨句，在分章斷句中也表述對內容的理解。但是章句之學比較繁瑣，一經能說至百萬言，歷來被人詬病。此類《詩經》教本如韋賢撰《魯詩韋君章句》、許晏撰《魯詩許氏章句》、伏理撰《齊詩伏氏章句》、伏黯撰《伏黯改定齊詩章句》、伏恭撰《刪定齊詩章句》、《薛夫子齊詩章句》、薛漢撰《薛氏齊詩章句》、杜撫刪定《刪定韓詩章句》、張匡撰《韓詩章句》。章句在西漢中期以後，是經學傳授的主要形式。

箋，是「表識書」意思。此體例始自鄭玄，鄭玄治《詩》尊崇《毛傳》，或是補充、或是發揮，《毛傳》有隱晦不清之處，便記下自己的見解，表識其旁，成為「箋」，名為《毛詩箋》。

〔註14〕《漢書‧藝文志》顏師古注。

　　疏，是疏通之意，這種體例最早起於南北朝時的「義疏」，梁朝皇侃在《論語義疏》序中分析其特點是「引取重說，以示廣聞」。到唐代，唐人讀漢人的經解已不甚明瞭，於是出現「疏」這種新的注釋形式，疏不僅給正文作注釋，而且還給前人的注解作注釋，形成了經、注、疏三個層次。唐代官修的義疏稱為「正義」，如孔穎達的《詩經正義》。

　　集傳：主要是彙集諸家之說進行注釋，在《詩集傳》中，朱熹主要是闡發自己對《詩經》的理解，並彙集眾家之說，引用群經，諸書之說均為朱子釋詩的重要資料。

　　《詩經》的注釋，形成了詁、訓、序、傳、箋、疏、正義等層層累加的形式。就是這些形式，使得原來的三百零五首詩具有了超出詩本義的特性，成為適應不同歷史時期的要求，並承載各代教化思想的教科書，《詩經》也得以成為一本歷兩千年而不衰的教材。自漢代以後，《詩經》教育更重視學習由經書本義所引申的「微言大義」，而不是純粹的《詩》文本義。因為只有「微言大義」才能包涵統治者的教化思想。呂思勉先生說：「惟《六經》僅相傳古籍，而孔門所重，在孔子之義，故《經》之本文，並不較與《經》相輔而行之物為重，不徒不較重，抑且無相輔而行之物，而《經》竟為無謂之書矣。」〔註15〕

　　需要指出的是，雖然各代的儒士借對《詩經》的注釋，注入當時的思想意識、價值觀念，但都不是當時的意識形態的系統、全面的闡釋。這是因為《詩經》的注解是結合詩篇字句進行的，祇是在部分相關的地方體現某些思想和價值。「《詩經》的注解是對一首詩、或一句、或一字的說解，所以其說解內容並未形成系統的思想概念。但這零散的注解往往反映出注解者所處時代的意識形態和時代要求。」〔註16〕

　　從先秦到漢代，從《詩三百》到《詩經》，其教本也從原典形態發展到注釋形態，完成了《詩經》教本的第一次轉變。從此，《詩經》教本開始了注釋版本的形式。漢代的魯、齊、韓、毛四家《詩》，唐代政府組織編寫的《五經正義》，宋代王安石宣揚新學思想的《詩經新義》，元代被指定為教材的《詩集傳》，都是反映當時意識形態的《詩經》教本。

〔註15〕呂思勉：《先秦學術概論》，北京：中國大百科全書出版社，1985年，頁68。
〔註16〕〔韓國〕吳萬鍾：《從詩到經——論毛詩解釋的淵源及其特色》，北京：中華書局，2001年，頁60。

第二節　從多家傳《詩》到統一教本

一、從多家傳《詩》到統一教本

漢代的《詩經》傳授，分《魯詩》、《齊詩》、《韓詩》、《毛詩》四家《詩》，各家均將自己的研究著作作為教本傳授，傳授過程中謹尊師法、家法。朝廷允許並鼓勵這樣的多家《詩》說並存，而各家《詩》說為了爭取在政治上的地位，會互相競爭以求能為朝廷所用。同時在經學的考試標準中，祇是規定要守家法，沒有要求必用某家詩說。因此，漢代的古文、今文四家《詩》的傳授並存。

隋朝設立科舉考試以選拔官員，此種制度的一個重要特點就是對人才的評價以考試成績為準。其中對經學考試成績的評判，需要有統一的標準答案，這樣才能保證科舉考試的有效施行。唐初的經學情況是：「文字多訛謬」、「儒學多門，章句繁雜」，非常不利於科舉考試的成績評定。唐太宗時期，對《詩經》的經文和注疏都進行了統一。貞觀七年（633 年）頒新定《詩經定本》後，「令學者習焉」；孔穎達主持修撰《毛詩正義》後，最先在國子監作為教材使用；經過刊定，永徽四年（653 年）「頒於天下，每年『明經』依此考試」。

《詩經正義》是為「明經」考試專修的本子，其經說專釋鄭玄一家箋注，參考了劉焯、劉炫兩家的注釋，並堅持「疏不破注」的原則，形成《序》、《傳》、《箋》、《疏》的詩教系統。自此，《詩經》教本統一為一家。

劉師培說：「西漢儒林雖守家法，然眾家師說不同，紛紜各執，學官所立，未嘗偏用一家言也。……至沖遠作疏，始立正義之名。夫所謂正義者，即以所用之注為正，而舍之注為邪！故定名之始，已具委棄舊疏之心。……況正義之書，頒之天下，凡試明經，悉衷正義，是正義之所折衷者，僅一家之注；而士民之所折衷者，又僅一家之疏。故學術定於一尊，使說經之儒不復發揮新義，眯天下之目，錮天下之聰。……欲使天下士民奉為圭臬，非是則黜為異端，不可謂非學術之專制矣。」〔註17〕誠為至論。

從此以後，科舉考試都要規定某一《詩經》著述作為科舉考試的標準用書，〔註18〕此書即成為官學中的唯一教本。《毛詩正義》從唐直至宋初，都是

〔註17〕劉師培：《國學發微》，《劉師培全集》（一），北京：中共中央黨校出版社，1997年，頁 492。

〔註18〕注：雖然在科舉考試的規定中，有時會規定，「兼用」某註疏，但就主流來說，

明經考試的標準用書。在宋熙寧科舉改革中，爲了約束士子對經文的闡發，王安石專門編寫《詩經新義》作爲科舉考試的標準，考生必須依此闡發《詩經》。元代的科舉考試明確規定「《詩》以朱氏爲主」，即以《詩集傳》爲標準；明清時期沿襲元代的要求，仍以《詩集傳》爲標準。明代還編寫以《詩集傳》爲中心的《詩經大全》作爲學校《詩經》教育的教材。

二、選士制度對《詩經》教育的影響

> 選士在性質上屬於政治制度，而不是教育制度，但它的任務正好與古代普通教育的基本目標相吻合，也就是說，選士實際上是「學而優則仕」在制度上的保證，教育的直接動機和結果就是要學生順利通過選士而入仕爲官。這樣一來，選士制度就成爲古代教育最主要的宏觀調控手段，亦旣「指揮棒」的功能。〔註19〕

一方面，國家通過經學教育培養符合自己需要的人才；另一方面，通過選官制度選拔符合政府需要的官員。選士制度對經學教育的「指揮棒」作用，一是考查標準決定著經學的學習內容，二是考查標準決定著學習的方式。

漢代察舉中的經學考試標準是「家法」，因此漢代四家詩的傳授都恪守師法家法，形成涇渭分明的魯、齊、韓、毛四家《詩》的傳授系統，各自以自己學派的《詩》說爲教本。自科舉制度建立，考試成績成爲選拔官員的主要標準，《詩經》教育就與科舉緊密相關了。科舉制度對《詩經》教育的影響具體表現在規定《詩經》的教本和引導《詩經》的學習方式。

（一）指定教本

在科舉考試程式中所規定的考試標準用書，均爲應試舉子必讀的書目。被官方選定的《詩經》教本，主要有三種類型。

一是官方主持編撰的《詩經》教材，如唐太宗下詔編撰的《毛詩正義》和明成祖時期編撰的《詩經大全》，都是國家組織學者編寫，體現國家統一思想和考試標準的要求，並以科舉考試標準的形式被選定爲官方教本。

二是私家研究成果被朝廷選中，成爲官方指定教本。《詩集傳》完全是朱熹的私人作品，因爲元代以程朱理學作爲國家正統的意識形態，理學著作《詩

是獨用一家《詩》說。

〔註19〕王炳照、李國鈞主編，俞啓定、施克燦著：《中國教育制度通史》，山東教育出版社，2000年，頁454。

集傳》就被選定爲官方教本。

三是半官半私的形式，即在官方要求下，私人撰述作品成爲教本。《詩經
新義》即爲此種類型。在國家統一經說的要求下，朝廷成立經義局，雖然任
命文臣數十人，專司修撰經義之事，但《詩經新義》由王安石之子王雱訓詞，
安石釋義，仍屬於王安石的個人著述，修成之後，成爲官學的重要教本。

（二）影響學習《詩經》的方式

科舉考試中對《詩經》的考查方式，引導著士子學習《詩經》的方式。
唐代的科舉考試中對《詩經》的考試主要有帖經、墨義兩種方式，重點考查
對經文內容和注疏的記誦，因此唐代多「帖括」之學，即發掘考官常考的帖
文之處，編成口訣記誦，不重視《詩》文義理的理解。

在宋代的科舉考試改革中，有一個重大的轉變，就是從考試帖經墨義，
改爲考《詩》經義，主要考查的是士子對《詩經》義理的理解，從重記誦轉
變爲重義理。

隨著科舉考試形式的程式化，明清時期對《詩經》的考查方式逐步演變
爲八股文，而學習詩經的方式也逐步趨向按八股的套路來理解《詩經》，從而
出現了大量的以八股文形式解詩的《詩經》教本。

第三節　從經學研究著作到應舉書目

一、詩經研究與教本的統一時期

（一）孔子《詩》學研究成果之教本

《孔子詩論》是孔子教《詩》的記錄，其內容爲孔子對《詩》三百的研
究和感受，如總論「詩亡隱志，樂亡隱情，言亡隱文」，道出了「詩」、「樂」、
「文」的特徵；又如對各篇詩旨的概括：「《關雎》之改；《樛木》之時；《漢
廣》之智；《鵲巢》之歸；《甘棠》之褒；《綠衣》之思；《燕燕》之情」，簡明
概括了各篇詩的特點；再如「《宛丘》吾善之，《猗嗟》吾喜之，《鳲鳩》吾信
之，《文王》吾美之」，均是孔子對詩篇的理解。因此，孔子對《詩》的研究
成果，也是其教《詩》的教本。

（二）《詩經》漢學研究成果之教本

漢代，魯、齊、韓、毛四家傳《詩》所用教本，均爲本派經師的研究成

果。《詩經》的學術著述與教本統一，研究和教育統一。各家《詩經》學大師以自己對《詩經》的研究成果作爲傳授弟子的教材，教本即是大師的學術著述。如申公的《魯故》、轅固生的《齊詩轅氏內傳》和《齊詩轅氏外傳》、韓嬰《韓詩內傳》和《韓詩外傳》，毛公的《毛詩詁訓傳》等。而弟子在學習傳承的過程中，又不斷地研究發展，以自己的研究成果發展師說，著成新的教本，形成漢代的《詩經》章句之學。如韋賢的《魯詩韋氏章句》、伏理的《齊詩伏氏章句》和伏黯的《改定齊詩章句》、薛漢的《薛夫子韓詩章句》、鄭玄的《毛詩箋》等，都是《詩經》的研究成果，也是當時的教材。

唐代的教本《毛詩正義》，全面繼承了《詩經》「漢學」的研究成果，吸取魏晉六朝訓詁義疏的精粹。所以《四庫全書總目》說此書：「能融貫群言，包羅古義」。在毛詩《傳》、《箋》的基礎上，對《詩經》的說解、文字、音訓等作進一步的研究，成爲《詩經》漢學的集大成。

漢唐《詩經》研究的特點是重訓詁，重視對詩句意義的理解，近代經學家皮錫瑞說：「經學自唐以至宋初，已陵夷衰微矣！然篤守古義，無取新奇；各承師傳，不憑胸臆，猶漢、唐注疏之遺也」。〔註20〕在科舉考試中，主要考查對經文及注疏的記憶，所用形式爲帖經和墨義，這種考試形式「屬實」，與漢唐時期的《詩經》著作的重視注疏的習慣相一致。

（三）《詩經》宋學研究成果之教本

宋代改革科舉考試制度，以經義代替帖經，這項改革使讀書人不必再拘泥於記誦儒家經典本文和漢唐章句注疏，而專注於進一步理解、發揮經典中蘊含的義理。並且規定「務通義理，不須盡用注疏」。王安石曾感歎道：「嗚呼！學者不知古之所以教，而蔽於傳注之學也久矣。當其時，欲其思之深、問之切而後復焉，則吾將孰待而言邪？」〔註21〕

宋代王安石的《詩經新義》，開《詩經》宋學以義理解詩的先河。朱熹評價說「用己意有所發明」，〔註22〕書中有很多新的《詩經》解說，無論是詩篇的通義還是章句的詮釋，都不乏精彩之處。王安石是尊《序》派，對《序》的解說全部一一迴護，並且提出「詩禮足以相解」的主張，以禮釋詩。《詩經新義》的釋詞、釋字常有新義。

〔註20〕 皮錫瑞：《經學歷史》，中華書局，1959年，頁220。
〔註21〕 《臨川先生文集》卷七十一，《書洪範傳後》。
〔註22〕 《朱文公文集》卷七十六，《呂氏家塾讀詩記序》。

　　《詩集傳》是朱子研究《詩經》的學術著述，是《詩經》宋學的權威著作。在《詩集傳》中，朱熹棄《序》言詩，重新概括詩篇內容，根據詩文本義定《詩》旨。在對詞義的解釋上，大多準確簡明，而且重視從文學觀點來釋詩，「就詩論詩」，開文學釋詩的先例。《詩集傳》在詩經學史上有舉足輕重的地位。

　　元代以《詩集傳》作為科舉考試的書目之後，科舉考試所帶來的利祿誘惑，使得元代的《詩經》學研究，多羽翼朱傳之書，或是解釋，或是補充，或是釋疑，對《詩集傳》進行羽翼疏通，主要目的是使《詩集傳》更便於士人學習。「有元一代之說《詩》者，無非《朱傳》之箋疏。」〔註23〕皮錫瑞將元、明兩朝定義為「經學積衰」〔註24〕的時代，正是作為教本的書籍對《詩經》學術研究的影響。

二、應舉、窮經相分離的時期

　　自明朝《詩經大全》開始，教本與經學研究著作走向分離。顧炎武評價胡廣所主持編撰的《五經大全》說：

> 當日儒臣奉旨修《四書五經大全》，頒餐錢，給筆箚，書成之日，賜金遷秩，所費於國家者，不知凡幾。將謂此書既成，可以章一代教學之功，啟百世儒林之緒。而僅取已成之書，抄謄一過，上欺朝廷，下誑士子，唐宋之時，有是事乎，豈非骨鯁之臣，已空於建文之代，而制義初行，一時人士盡棄宋元以來所傳之實學，上下相蒙，以饕祿利而莫之問也。嗚呼，經學之廢，實自此始……〔註25〕

《四庫全書總目》認為《詩經大全》「為前明取士之制」，說明其已非研究《詩經》的學術著作。從此以後，有關《詩經》的著述，開始分為截然不同的兩類，一類是《詩經》經學研究的成果；另一類是專為應舉而作，從科舉考試的要求出發，鈔撮《詩集傳》的條目，供士子準備科舉考試所用的「講章」，就如同現在課程輔導書。誠如《四庫全書總目》所說：「蓋自胡廣等《五經大全》一出，應舉窮經，久分兩事。」

　　明代的詩經研究，顧炎武概括為：「無甚精義」，後來的經學大師們亦大

〔註23〕《四庫全書總目提要》，《詩經大全》條。
〔註24〕皮錫瑞：《經學歷史》，北京：中華書局，1981年，頁274。
〔註25〕《日知錄》卷十八。

都認定明人爲學「束書不觀」、「遊談無根」，所以歷來認爲明代的詩經研究成就不高。由於科舉考試中以八股文的形式考試《詩經》，而八股文「代古人語氣爲之」的做法，使得士子們不得不去體會古人語氣，進入角色，摹其聲口，特別是《詩經》這部性情之作，更要去體會詩人當時的處境與心情，去感受與體驗，其結果出現了爲八股而解經，由解經而進入文學分析、欣賞的領域。科舉考試八股文形式的《詩經》義的要求，開啓了《詩經》文學研究的轉向。〔註26〕

清代的《詩經》研究，分成窮經和應舉兩條完全不同的路子。在學術研究上，出現《詩經》研究的繁榮局面，被皮錫瑞稱爲「經學昌明時代」。考据學派是主流，在《詩經》傳說、文字、音韻、名物、地理、制度乃至辨僞、輯佚等方面都取得了豐碩成果，馬瑞辰的《毛詩傳箋通釋》、胡承珙的《毛詩後箋》、陳奐的《詩毛氏傳疏》是其中的代表作。思辨學派經獨立思考，明辨是非，自出新意，王夫之《詩繹》、姚際恒《詩經通論》、崔述《讀風偶識》、方玉潤《詩經原始》是此學派的代表作。但是，這些有成就的《詩經》研究著述，只作爲經學的學術研究成果，都沒能進入到國家教育領域成爲《詩經》教本。

在《詩經》教育領域，仍舊是朱熹的《詩集傳》一統天下。明清時期都出現了大量以朱子《詩集傳》爲本，揣摩場屋、敷衍語氣，串講詩義，以應舉爲目的的《詩經》著述。這些著述在詩經的學術研究上沒有什麼成就和貢獻，祇是科場的揣摩弋取之書。但是由於科舉利祿的驅動，此類書很有市場，在書肆中廣泛流行，成爲《詩經》著述中的一大類別。例如江環撰《詩經闡蒙衍義集注》，宋景雲撰《毛詩發微》，何大掄撰《詩經主義默雷》等。

從先秦到清末，《詩經》教本經歷了從原典教本到注釋教本，從多家教本到統一教本，從學術著作到應舉專書的幾次轉變。《詩經》教本的發展特點基本上可以反映古代經學教本的發展演變過程，可視作經學教本發展「具體而微」的表現，從中能大體瞭解經學教育發展的特徵。

〔註26〕 參見劉毓慶：《從經學到文學 —— 明代〈詩經〉學史論》，北京：商務印書館，2001 年。

第六章　《詩》教──變與不變

一、古代《詩經》教本的教育價值

　　從先秦到清末，《詩經》一直都作爲教科書使用，隨著歷史的不斷髮展變化，社會的政治、文化背景都在改變，《詩經》在各歷史時期具有不同的教育價值。

　　先秦時期的全面修養教育價值。《詩》是瞽矇學習詩樂演奏的教材，是國子成才的教材，也是孔門弟子的修身教材。國子學習《詩》帶有一種實用的態度和目的，在人生修養上具有「導廣顯德」的價值，同時也是外交禮儀的教科書；而作爲孔子的「六經」教科書之一，是一種全面教育價值的體現，是人生的，是美學的，是禮學的，是交際的，是知識的，是全面的人生修養教科書，發揮了多方面的教育價值：頤養性情，表達志意，交往朋友，抒發情緒，增長知識。

　　漢唐時期的政治教化價值。漢人重視社會道德的作用，將《詩》看成是政治教科書。當時教《詩》重政治諷諫，將三百零五篇當諫書，所以釋詩盡用美刺，通過理解詩中的美刺來達到統一人心的目的。鄭玄在《詩譜序》指出：「論功頌德，所以將順其美；刺過譏失，所以匡救其惡。各於其黨，則爲法者彰顯，爲戒者著明。」唐代的孔穎達進一步發展了漢代的政治教化的價值，爲《毛詩正義》所作之序中說：「夫詩者，論功頌德之歌，止僻防邪之訓，雖無爲而自發，乃有益於生靈。……若政運醇和，則歡娛被於朝野；時當慘黷，亦怨刺形於詠歌。作之者，所以暢懷舒憤；聞之者，足以塞違從正。……故曰：『感天地，動鬼神，莫近於《詩》。』此乃《詩》之爲用，其利大矣。」

　　宋以後的倫理道德教化價值。宋明理學重視人的自我修養，將《詩經》看作倫理道德教化的教科書。因此《詩》教重內心感化，重視對人情感的作用。朱熹開始用《詩》治心，「《詩》三百篇勸善懲惡」，讀之「使人法其善，戒其惡」。因此在學《詩》上，重視對《詩》的沈潛諷詠，強調對《詩》的個人體認，通過體認《詩》中之理，達到影響人的倫理道德的作用。

　　明清時期《詩經》教育價值的異化。在《詩經》教育的發展過程中，當和選士制度相結合之後，其價值就偏離了教化與修養的方向，成為選拔人才與求取功名利祿的工具。從漢代的察舉選士開始，到隋唐開始延續至清末的科舉考試，《詩經》逐漸異化為單純的「場屋之資」，在俗儒士子眼裏，其獲取功名的價值超過了人生修養的價值，這是《詩經》教育價值的一種異化。

　　作為《詩經》來說，其教育價值在不同的歷史時期是不斷變化的，正是這種隨時代而變的教育價值，適應了兩千多年的中國古代社會，在各個時期都具有鮮明的時代性。

　　但是，在變化的同時，《詩經》作為儒家經典，又具有歷兩千年而不變的特徵，從外在形態來說，即為三百零五首詩的文本；分析其內在原因，在於這三百零五首詩所蘊涵的「溫柔敦厚」的詩教功能。通過《詩》的教化功能使人的精神氣質變得「溫柔敦厚」，塑造了中國人趨於平和、寧靜、含蓄、內向的心理氣質，成為中華民族性格的基本特徵。

　　溫柔敦厚，是一種溫潤如玉的君子風度。這正是儒者所追求的風度，《秦風·小戎》云：「言念君子，溫其如玉」，鄭玄注曰：「念君子之德溫然如玉」。孔子主張「君子比德於玉」，在《禮記·聘義》中解釋玉有十德：「溫潤而澤，仁也；縝密以栗，知也；廉而不劌，義也；垂之如隊，禮也；叩之，其聲清越以長，其終詘然，樂也；瑕不揜瑜，瑜不揜瑕，忠也；孚尹旁達，信也；氣如白虹，天也；精神見於山川，地也；圭璋特達，德也；天下莫不貴者，道也。詩云：『言念君子，溫其如玉。』故君子貴之也。」將玉的特點與君子的品性相比附。因此，「溫柔敦厚」代表了一種君子風範，有像玉一樣溫潤含蓄的氣象，含蘊無窮而又溫文爾雅，顏色溫潤而又情性和柔，正如《論語·雍也》中所說：「文質彬彬，然後君子。」

　　溫柔敦厚，是一種中和的禮樂精神。孔子在《論語·泰伯》中說「興於《詩》，立於禮，成於樂」，詩、禮、樂是人修養成長過程中相輔相成的三個方面，共同完成人的修養教化過程。《詩》教中蘊涵著禮、樂精神。《禮記·

樂記》說:「樂統同,禮辨異,禮樂之說,管乎人情矣!」禮、樂分別表現了「和」與「序」的思想:「樂者,天地之和也;禮者,天地之序也。和,故百物皆化;序,故群物有別。」朱自清在《詩言志辨》中,對「溫柔敦厚」作了深刻的分析:「『溫柔敦厚』是『和』,是『親』,也是『節』,是「敬」,也是『適』,是『中』。這代表殷、周以來的傳統思想。儒家重中道,就是繼承這種傳統思想」。〔註1〕

儒家提倡「中和」的禮樂教化,同時要求不能過,也不能不及。過則謂「愚」,我們平常所批評的「愚忠」、「愚孝」都不包涵在「溫柔敦厚」之中,要做到「溫柔敦厚而不愚」,這才是「則深於詩者也」。

溫柔敦厚,是一種博學不教、內而不出的品行。《禮記·內則》:「十有三年,學樂、誦詩,舞勺、成童、舞象,學射御。二十而冠,始學禮,可以衣裘帛,舞大夏,惇行孝弟。博學不教,內而不出」。士子早期學習樂、詩、舞等內容,就是要形成惇行孝弟的道德,為將來進一步學習儒家的修齊治平理論打下基礎。所謂「博學不教,內而不出」,即才能學識藏於心中,而表面上還必須溫恭謙讓。正如陳澔疏所說:「蘊畜其德美於中,而不自表見其能也。」這種博學不教、內而不出的品行,正是溫柔敦厚詩教的具體體現。

《詩》本身即具有溫柔敦厚的道德境界,以此作為教化的工具,由修己以德到教人以德,就能有助於人的道德修養和精神境界的提高,而如果社會成員身上都具有了這種「溫柔敦厚」的氣質,如詩歌一樣含蓄、蘊藉、內斂,那整個社會生活自然就會變得和諧有序了。

二、《詩經》的現代教育價值

從新文化運動開始,古史辨派將《詩經》拉下了儒家經典的寶座,現代人更多地是將其看作先秦時期的一本詩歌總集。《詩經》的教育,也大多將其定位於文學教育中的一部分——詩歌教育。

詩歌具有的情感性、易讀性、趣味性、藝術性等特點,使《詩經》具有了廣泛的教育價值。詩是詩人感情衝動的結果,是靈感的產物,是語言的精華,能給人美的享受,更能感發人心,引發人美好的情感。《詩經》的語言整齊押韻,琅琅上口,讀起來給人以快感,學習這種詩的語言,可以增加我們

〔註1〕 朱自清:《詩言志辨》,桂林:廣西師範大學出版社,2004年。第108頁。

對漢語的敏感性，感受語言之美。同時《詩經》具有豐富的文學藝術手法和表現形式。如：四言體、韻律、章法，賦比興的表現手法，意象和氛圍的使用，寫真的藝術表現方式，均可以使學《詩》者得到熏陶修養。

但是，《詩經》的價值不限於文學教育。《詩經》始於《周南》終於《商頌》，體現了商周時期中華文明的獨特形態與精神，這種內在精神是超越時空的。因此《詩經》又不是一本普通的詩集，更是儒家經典，我們不可能單純地將其作為文學作品來看待，兩千多年作為儒家經典的歷史不可忽略。作為儒家經典，《詩經》中包含了恒常不變的精神，適應了歷史上不同階段的背景與文化，是中國傳統文化的精華。朱自清在《經典常談》中說：「經典訓練的價值不在實用，而在文化。」〔註2〕

近年我國掀起了一場讀經的文化熱潮，這引起了知識份子的廣泛關注，圍繞兒童是否應該讀經、讀哪些經、如何讀經展開了熱烈的討論。

從對《詩經》教本發展的歷程考察，我們提倡回歸原典教本的形式。《詩經》原典是歷經古代各個朝代的文本，積澱了深厚的歷史文化因素，承載著中華民族傳統的思想意識。讓現代人從對《詩經》原典的「諷誦涵泳」中，體認適合於現代的教育價值，樂山、樂水，各得其所。

〔註 2〕 朱自清：《經典常談》，北京：中華書局，2003 年，《序》第 1 頁。

參考文獻

歷史資料類

1. 〔漢〕司馬遷:《史記》,北京:中華書局,1982 年。

2. 〔漢〕班固:《漢書》,北京:中華書局,1962 年。

3. 〔漢〕荀悅撰,張烈點校:《兩漢紀》,北京:中華書局,2002 年。

4. 〔漢〕董仲舒:《春秋繁露》,北京:中華書局,1975 年。

5. 〔漢〕劉向:《新語》,上海:上海古籍出版社,1990 年。

6. 〔漢〕賈誼撰,閻振益、鍾夏校注:《新書校注》,北京:中華書局,2000 年。

7. 〔漢〕蔡邕:《月令章句》,拜經堂叢書,影印本,日本京都東方文化學院京都研究所,1935 年。

8. 〔漢〕鄭玄:《六藝論》,拜經堂叢書,影印本,日本京都東方文化學院京都研究所,1935 年。

9. 〔吳〕陸璣:《毛詩草木鳥獸蟲魚疏廣要》,北京:中華書局影印本,1985 年。

10. 〔魏〕王肅注:《孔子家語》,上海:上海古籍出版社, 1990 年。

11. 〔魏〕何晏集解,〔梁〕皇侃義疏:《論語集解義疏》,北京:中華書局,1985 年。

12. 〔劉宋〕范曄:《後漢書》,北京:中華書局,1973 年。

13. 〔梁〕蕭統編,〔唐〕李善注:《文選》,嶽麓書社,2002 年。

14. 〔唐〕魏徵:《隋書》,北京:中華書局,1973 年。

15. 〔唐〕杜佑:《通典》,北京:中華書局,1984 年。

16. 〔唐〕李林甫等撰,陳仲夫點校:《唐六典》,北京:中華書局,1992 年。

17. 〔唐〕陸德明撰,〔清〕盧文弨校正:《經典釋文敘錄》,臺北:新文豐出

版公司，1989 年。

18.〔唐〕權德輿：《權載之文集》，上海：上海古籍出版社，1994 年。

19.〔唐〕王維撰，〔清〕趙殿成箋注：《王右丞集箋注》，上海：上海古籍出版社，1984 年。

20.〔唐〕胡宿：《文恭集》，文淵閣四庫全書本，臺北：臺灣商務印書館，1986年。

21.〔五代〕劉昫：《舊唐書》，北京：中華書局，1975 年。

22.〔宋〕王溥：《唐會要》，上海：上海古籍出版社，1991 年。

23.〔宋〕宋敏求：《唐大詔令集》，北京：商務印書館，1959 年。

24.〔宋〕歐陽修等：《新唐書》，北京：中華書局，1975 年。

25.〔宋〕朱熹：《四書章句集注》，北京中華書局，1988 年。

26.〔宋〕司馬光：《資治通鑒》，北京：中華書局，1956 年。

27.〔宋〕畢沅：《續資治通鑒》，北京：中華書局，1957 年。

28.〔宋〕李燾：《續資治通鑒長編》，北京：中華書局，1992 年。

29.〔宋〕楊仲良：《續通鑒長編紀事本末》，北京：北京圖書館出版社，2003年。

30.〔宋〕馬端臨：《文獻通考》，北京：中華書局，1986 年。

31.〔宋〕李心傳：《建炎以來繫年要錄》，北京：中華書局，1988 年。

32.〔宋〕王欽若等編：《冊府元龜》，北京：中華書局影印本，1960 年。

33.〔宋〕李昉等撰：《太平御覽》，北京：中華書局影印本，1960 年。

34.〔宋〕錢易撰，黃壽成點校：《南部新書·乙》，北京：中華書局，1958年，歷代史料筆記叢刊。

35.〔宋〕歐陽修：《歐陽修全集》，中國書店影印本，1986 年。

36.〔宋〕司馬光：《溫國文正公文集》，上海：上海書店，1989 年，四部叢刊初編。

37.〔宋〕王安石：《王文公文集》，上海人民出版社，1974 年。

38.〔宋〕王安石：《臨川先生文集》，北京：中華書局，1959 年。

39.〔宋〕程顥、程頤：《二程集》，北京：中華書局，1981 年。

40.〔宋〕程顥、程頤：《二程遺書》，上海：上海古籍出版社，2000 年。

41.〔宋〕呂祖謙：《呂氏家塾讀詩記》，北京：學苑出版社，2002 年，詩經要籍集成。

42.〔宋〕黎靖德編，王星賢點校：《朱子語類》，北京：中華書局，1986 年。

43.〔宋〕楊時：《龜山集》，文淵閣四庫全書，臺北：臺灣商務印書館，1986年。

44. 〔宋〕孫復:《孫明復小集》,文淵閣四庫全書,臺北:臺灣商務印書館,
1986 年。

45. 〔宋〕葉夢得:《石林燕語》,北京:中華書局,1984 年,叢書集成初編。

46. 〔宋〕周弁:《曲洧舊聞》,北京:中華書局,1985 年。

47. 〔宋〕王應麟:《困學紀聞》,文淵閣四庫全書,臺北:臺灣商務印書館,
1986 年。

48. 〔宋〕洪适:《隸釋隸續》,北京:中華書局,1985。

49. 〔宋〕葉适:《葉适集》,北京:中華書局,1961 年。

50. 〔宋〕洪邁:《容齋隨筆》,上海:上海古籍出版社,1978 年。

51. 〔宋〕王定寶:《唐摭言》,上海:上海古籍出版社,1978 年。

52. 〔宋〕封寅撰,趙貞信校:《封氏聞見記校證》,北平:燕京大學哈佛燕京
學社引得編纂處,1944 年。

53. 〔宋〕王栐著:《燕翼詒謀錄》,北京:中華書局,1981 年,歷代史料筆
記叢刊。

54. 〔宋〕沈括:《夢溪筆談》,北京:中華書局,1985 年,叢書集成初編。

55. 〔宋〕陳師道:《後山談叢》,北京:中華書局,1985 年,叢書集成初編。

56. 〔宋〕葉夢得:《石林燕語》,北京:中華書局,1984 年,叢書集成初編。

57. 〔宋〕蘇軾:《蘇東坡全集》,北京:中國書店,1986 年。

58. 〔宋〕歐陽修:《詩本義》,文淵閣四庫全書,臺北:臺灣商務印書館,
1986 年。

59. 〔宋〕蔡襄:《端明集》,文淵閣四庫全書,臺北:臺灣商務印書館,1986
年。

60. 〔宋〕朱熹:《朱子全書》,上海:上海古籍出版社,合肥:安徽教育出版
社,2002 年。

61. 〔宋〕朱熹:《詩集傳》(二十卷本),見《朱子全書》,上海:上海古籍出
版社,合肥:安徽教育出版社,2002 年。

62. 〔宋〕朱熹:《詩集傳》(八卷本),上海:上海古籍出版社,1987 年。

63. 〔元〕虞集:《道園集》,濟南:齊魯書社,2001 年,四庫全書存目叢。

64. 〔元〕脫脫等:《宋史》,北京:中華書局,1977 年。

65. 〔明〕宋濂:《元史》,北京:中華書局,1976 年。

66. 〔明〕程敏政輯:《皇明文衡》,上海:商務印書館,1989 年。

67. 〔明〕鄭曉:《古言類編》,北京:中華書局,1985 年,叢書集成初編。

68. 〔清〕段玉裁注:《說文解字注》,上海:上海古籍出版社,1988 年。

69. 〔清〕周仲孚:《鄭堂讀書記》,北京:中華書局,1993 年,叢書集成續

編。

70.〔清〕朱彝尊：《經義考》，北京：中華書局，1998年。

71.〔清〕吳淇：《六朝選詩定論》，清康熙年間刻本。

72.〔清〕崔述：《洙泗考信錄》，北京：文化學社，1928年。

73.〔清〕徐松：《登科記考》，北京：中華書局，1984年。

74.〔清〕曾樸：《補後漢書藝文志考》，清光緒二十一年（1895年）刻本。

75.〔清〕勞孝輿：《春秋詩話》，濟南：齊魯書社，1997年，四庫全書存目叢書。

76.〔清〕原良：《聽潮居存業》，濟南：齊魯書社，1995年，四庫全書存目叢書。

77.〔清〕王鳴盛：《十七史商榷》，北京：商務印書館，1987年。

78.〔清〕皮錫瑞：《經學歷史》，北京：中華書局，1981年。

79.〔清〕皮錫瑞：《經學通論》，北京：中華書局，1954年。

80.〔清〕顧炎武，黃汝成集釋：《日知錄集釋》，上海：上海古籍出版社，1985年。

81.〔清〕周仲孚：《鄭堂讀書記》，北京：中華書局，1993年。

82.〔清〕法式善等：《清秘述聞三種》，北京：中華書局，1982年。

83.〔清〕陳澧：《東塾讀書記》，北京：生活‧讀書‧新知三聯書店，1998年。

84.〔清〕吳淇：《六朝選詩定論》，雨蕉齋藏版，清康熙間。

85.〔清〕王引之：《經義述聞》，南京：江蘇古籍出版社，2000年。

86.〔清〕臧琳撰，〔清〕臧庸輯敘錄：《經義雜記》，拜經堂叢書，影印本，日本京都東方文化學院京都研究所，1935年。

87.〔清〕俞長城輯：《可儀堂一百二十名家制義》，文盛堂，懷德堂，清乾隆三年（1738年）。

88.〔清〕姚振宗：《漢書藝文志條理》，快閣師石山房叢書。

89.〔清〕陳夢雷，蔣廷錫等編：《古今圖書集成》，上海：中華書局，1934年。

90.〔清〕董誥等編：《全唐文》，北京：中華書局影印本，1983年。

91.〔清〕永瑢等編：《四庫全書總目提要》，上海：商務印書館，1931年。

92.〔清〕張廷玉等：《明史》，北京：中華書局，1974年。

93.〔清〕阮元校刻：《十三經注疏》，北京：中華書局影印本，1980年。

94.〔清〕孫詒讓：《周禮正義》，北京：中華書局，1987年。

95.〔清〕劉寶楠：《論語正義》，北京：中華書局，1990年。

96. 〔清〕王先謙：《荀子集注》，北京：中華書局，1978 年。

97. 〔清〕郭慶藩：《莊子集釋》，北京：中華書局，1961 年。

98. 〔清〕馬瑞辰：《毛詩傳箋通釋》，北京：中華書局，1989 年。

99. 〔清〕王先謙：《詩三家義集疏》，北京：中華書局，1987 年。

100.〔清〕黃焯：《詩説》，武漢：長江文藝出版社，1981 年。

101.〔清〕黃焯：《毛詩鄭箋平議》，上海：上海古籍出版社，1985 年。

102.〔清〕陳奐：《詩毛氏傳疏》，北京：中國書店，1984 年。

103.〔清〕方玉潤撰，李先耕點校：《詩經原始》，北京：中華書局，1986 年。

104.〔清〕徐松：《宋會要輯稿》，北京：中華書局，1957 年。

105.〔清〕趙爾巽等：《清史稿》，北京：中華書局，1977 年。

106.〔清〕徐元誥撰，王樹民、沈長雲點校：《國語集解》，北京：中華書局，
2002 年。

107.《宋大詔令集》，北京：中華書局，1962 年。

108.《大元通制條格》，北京：法律出版社，2000 年。

今人論著類

1. 陳東原：《中國科舉時代之教育》，上海：商務印書館，1931 年。

2. 馬宗霍：《中國經學史》，北京：商務印書館，1998 影印本。

3. 張西堂：《詩經六論》，上海：商務印書館，1957 年。

4. 商衍鎏：《清代科舉考試述錄》，北京：生活・讀書・新知三聯書店，1958
年。

5. 楊伯峻：《孟子譯注》，北京：中華書局，1960 年。

6. 張采田：《玉溪生年譜會箋》，北京：中華書局，1963 年。

7. 胡樸安：《詩經學》，臺北：臺灣商務印書館，1970 年。

8. 侯紹文：《唐宋考試制度史》，臺北：臺灣商務印書館，1973 年。

9. 錢鍾書：《管錐編》，北京：中華書局，1979 年。

10. 賴炎元：《韓詩外傳今注今譯》，臺北：臺灣商務印書館，1979 年。

11. 白壽彝：《中國通史綱要》，上海：上海人民出版社，1980 年。

12. 韓嬰撰，許維遹校釋：《韓詩外傳集釋》，北京：中華書局，1980 年。

13. 周滿江：《詩經》，上海：上海古籍出版社，1980 年。

14. 余嘉錫：《四庫提要辨證》，北京：中華書局，1980 年。

15. 楊伯峻：《論語譯注》，北京：中華書局，1980 年。

16. 魯迅：《魯迅全集》，北京：人民文學出版社，1981 年。

17. 聞一多：《聞一多全集》，北京：生活・讀書・新知三聯書店，1982 年。

18. 邱漢生：《詩義鉤沈》，北京：中華書局，1982 年。

19. 顧頡剛等編著：《古史辨》，上海：上海古籍出版社，1982 年。

20. 鄧嗣禹：《中國考試制度史》，臺北：臺灣學生書局，1982 年。

21. 郭紹虞：《照隅室古典文學論集》，上海：上海古籍出版社，1983 年。

22. 程俊英：《詩經漫談》，上海：上海文藝出版社，1983 年。

23. 中華書局編輯部：《文史》（第二十二輯），北京：中華書局，1984 年。

24. 臺灣中央研究院歷史語言研究所校印：《明實錄》，上海：上海書店，1984 年。

25. 呂思勉：《先秦學術概論》，北京：中國大百科全書出版社，1985 年。

26. 毛禮銳、沈灌群：《中國教育通史》，濟南：山東教育出版社，1985 年。

27. 黃留珠：《秦漢仕進制度》，西安：西北大學出版社，1985 年。

28. 蔣元見，朱傑人：《詩經要籍解題》，上海：上海古籍出版社，1986 年。

29. 章太炎：《章太炎全集》，上海：上海人民出版社，1986 年。

30. 章太炎：《國學概論》，成都：巴蜀書社，1987 年。

31. 錢穆：《朱子新學案》，成都：巴蜀書社，1987 年。

32. 俞啟定：《先秦兩漢儒家教育》，濟南：齊魯書社，1987 年。

33. 康曉城：《先秦儒家詩教思想研究》，臺北：文史哲出版社，1988 年。

34. 湯志鈞：《近代經學與政治》，北京：中華書局，1989 年。

35. 〔英〕崔瑞德編，中國社會科學院歷史研究所西方漢學研究課題組譯：《康橋中國隋唐史》，北京：中國社會科學出版社，1990 年。

36. 吳宗國：《唐代科舉制度研究》，瀋陽：遼寧大學出版社，1991 年。

37. 〔英〕崔瑞德、魯惟一主編，楊品泉譯：《康橋中國秦漢史》，北京：中國社會科學出版社，1992 年。

38. 顧廷龍編：《清代朱卷集成》，臺北：成文出版社，1992 年。

39. 劉虹：《中國選士制度史》，長沙：湖南教育出版社，1992 年。

40. 曾勤良：《左傳引詩賦詩之詩教研究》，臺北：文津出版社，1993 年。

41. 黃書光：《理學教育思想與中國文化》，上海：上海教育出版社，1993 年。

42. 中國科學院圖書館整理：《續修四庫全書總目提要》，北京：中華書局，1993 年。

43. 董洪利：《古籍的闡釋》，瀋陽：遼寧教育出版社，1993 年。

44. 王炳照、閻國華總主編：《中國教育思想通史》，長沙：湖南教育出版社，1994 年。

45. 馮天瑜：《中華元典精神》，上海：上海人民出版社，1994 年。

46. 范文瀾：《中國通史》，北京：人民出版社，1994 年。

47. 錢穆：《國史大綱》（修訂本），上海：商務印書館，1996 年。

48. 朱自清：《詩言志辨》，上海：華東師範大學出版社，1996 年。

49. 于述勝：《朱熹與南宋教育思潮》，濟南：山東大學出版社，1996 年。

50. 劉海峰：《科舉考試的教育視角》，武漢：湖北教育出版社，1996 年。

51. 顧明遠主編：《教育大辭典》，（增訂合編本），上海：上海教育出版社，
    1997 年。

52. 蔣伯潛、蔣祖怡：《經與經學》，上海：上海書店出版社，1997 年。

53. 劉師培：《劉師培全集》，北京：中共中央黨校出版社，1997 年。

54. 朱自清：《朱自清說詩》，上海：上海古籍出版社，1998 年。

55. 何懷宏：《選舉社會及其終結 —— 秦漢至晚清歷史的一種社會學闡釋》，
    北京：生活・讀書・新知三聯書店，1998 年。

56. 張心澄編著：《偽書通考》，上海：上海書店出版社，1998 年。

57. 荊門市博物館：《郭店楚墓竹簡》，北京：文物出版社，1998 年。

58. 陸侃如、馮沅君：《中國詩史》，天津：百花文藝出版社，1999 年。

59. 錢玄同：《錢玄同文集》，北京：中國人民大學出版社，1999 年。

60. 袁長江：《先秦兩漢詩經研究論稿》，北京：學苑出版社，1999 年。

61. 楊伯峻：《春秋左傳注》（修訂本），中華書局，2000 年。

62. 王炳照、郭齊家：《中國教育史研究》，上海：華東師大出版社，2000 年。

63. 啟功、張中行、金克木：《說八股》，北京：中華書局，2000 年。

64. 陳學恂主編，王炳照、郭齊家分卷主編：《中國教育史研究》，上海：華
    東師範大學出版社，2000 年。

65. 陳寅恪：《隋唐制度淵源略論稿，唐代政治史述論稿》，北京：生活・讀
    書・新知三聯書店，2001 年。

66. 李國鈞、王師炳照總主編：《中國教育制度通史》，濟南：山東教育出版
    社，2001 年。

67. 劉毓慶：《從經學到文學 —— 明代〈詩經〉學史論》，北京：商務印書館，
    2001 年。

68. 〔韓國〕吳萬鍾：《從詩到經 —— 論毛詩解釋的淵源及其特色》，北京：
    中華書局，2001 年。

69. 錢穆：《兩漢經學今古文平議》，北京：商務印書館，2001 年。

70. 寇淑慧編：《二十世紀詩經研究文獻目錄》，北京：學苑出版社，2001 年。

71. 錢穆：《國史新論》，北京：生活・讀書・新知三聯書店，2001 年。

72. 束景南：《朱熹年譜長編》，上海：華東師範大學出版社，2001 年。

73. 葛兆光：《中國思想史》，上海：復旦大學出版社，2001 年。

74. 馮曉庭：《宋初經學發展述論》，臺北：萬卷樓圖書公司，2001 年。

75. 張濤：《經學與漢代社會》，石家莊：河北人民出版社，2001 年。

76. 徐復觀：《兩漢思想史》，上海：華東師範大學出版社，2001 年。

77. 馬承源主編：《上海博物館藏戰國楚竹書》（一），上海：上海古籍出版社，2001 年。

78. 孫筱：《兩漢經學與社會》，北京：中國社會科學出版社，2002 年。

79. 夏傳才：《思無邪齋文鈔》，北京：學苑出版社，2002 年。

80. 陳飛：《唐代試策考述》，北京：中華書局，2002 年。

81. 王炳照、徐勇：《中國科舉制度研究》，石家莊：河北人民出版社，2002 年。

82. 劉毓慶：《歷代詩經著述考》（先秦——秦代），北京：中華書局，2002 年。

83. 吳剛：《知識演化與社會控制——中國教育知識史的比較社會學分析》，北京：教育科學出版社，2002 年。

84. 王南：《中國詩性文化與詩觀念》，成都：四川民族出版社，2002 年。

85. 朱淵清、廖名春主編：《上博館藏戰國楚竹書研究》，上海：上海書店出版社，2002 年。

86. 洪湛侯：《詩經學史》，北京：中華書局，2002 年。

87. 游國恩等：《中國文學史》，北京：人民文學出版社，2002 年。

88. 夏傳才，董治安主編，中國詩經學會編：《詩經要籍集成》（1－42 冊），北京：學苑出版社，2002 年。

89. 檀作文：《朱熹詩經學研究》，北京：學苑出版社，2003 年。

90. 夏傳才、董治安主編：《詩經要籍提要》，北京：學院出版社，2003 年。

91. 劉信芳：《孔子詩論述學》，合肥：安徽大學出版社，2003 年。

92. 傅璇琮：《唐代科舉與文學》，西安：陝西人民出版社，2003 年。

93. 江乾益：《詩經之經義與文學述論》，臺北：文史哲出版社，2004 年。

94. 鄒其昌：《朱熹詩經詮釋學美學研究》，北京：商務印書館，2004 年。

95. 蔡方鹿：《朱熹經學與中國經學》，北京：人民出版社，2004 年。

96. 朱自清：《詩言志辨》，桂林：廣西師範大學出版社，2004 年。

文章類

1. 章必功：《「六詩」探故》，《文史》第二十二輯，北京：中華書局，1984

年。

2. 俞啓定：《漢代經學教育述評》，上海：《華東師大學報（教科版）》，1986年第 1 期。

3. 王啓興：《論儒家詩教及其影響》，北京：《文學遺產》，1987 年第 4 期。

4. 殷光熹：《〈詩經〉與孔子詩教》，鄭州：《中州學刊》，1994 年第 1 期。

5. 張祝平：《〈詩經〉與元代科舉》，南京：《江海學刊》，1994 年第 1 期。

6. 滕福海：《〈毛詩〉、〈傳〉、〈序〉作者考》，天津：《南開學報》，1994 年第 2 期。

7. 王洲明：《漢代〈齊詩〉傳授的特點》，濟南：《山東大學學報》，1995 年第 2 期。

8. 魯洪生：《〈詩經〉的價值》，曲阜：《齊魯學刊》，1998 年第 2 期。

9. 蹤凡：《〈毛詩序〉的功利詩學觀念及其成因初探》，貴陽：《貴州社會科學》，1998 年第 2 期。

10. 張濤：《經學與漢代的選官制度》，開封：《史學月刊》，1998 年第 3 期

11. 黃牧航：《論唐代的經學和史學考試》，廣州：《華南師範大學學報》，1998 年第 5 期。

12. 馬先彥：《科舉考試內容與評判標準的首次框定》，貴陽：《貴州社會科學》，1998 年第 6 期。

13. 踪凡：《〈毛詩序〉作者考辨》，湘潭：《中國韻文學刊》，1999 年第 2 期。

14. 常森：《論〈詩經〉漢宋學的異同》，濟南：《文史哲》，1999 年第 4 期。

15. 汪春泓：《關於〈毛詩大序〉的重新解讀》，北京：《北京大學學報》（哲學社會科學版），1999 年第 6 期。

16. 馬銀琴：《從漢四家詩說之異同看〈詩序〉的時代》，北京：《文史》，2000 年第 2 輯。

17. 朱效梅、鄭國民：《科舉考試與獨尊儒術封建文化的互動關係》，濟南：《齊魯學刊》，2000 年第 5 期。

18. 劉懷榮：《論賦、比、興與「詩言志」及「詩教」的發生學關聯》，南京：《東南大學學報》（哲學社會科學版），2000 年第 8 期。

19. 王承略：《論〈毛詩〉在兩漢今古文鬥爭中的地位和命運》，濟南：《山東大學學報》（哲學社會科學版），2001 年第 2 期。

20. 劉立志：《荀子與兩漢〈詩〉學》，長沙：《中國文學研究》，2001 年第 2 期。

21. 譚德興、楊光熙：《〈齊詩〉詩學理論新探》，蘭州：《蘭州大學學報》（社會科學版），2001 年第 4 期。

22. 朱淵清：《六詩考》，南京：《南京曉莊學院學報》，2001 年第 6 期。

23. 王承略：《論〈齊詩〉學派與王莽的關係及其在東漢的命運》，濟南：《孔子研究》，2001 年第 6 期。

24. 秦學順：《從〈五經正義〉到〈五經大全〉—— 關於唐、明二代經學統一的比較》，濟南：《孔子研究》，2002 年第 1 期。

25. 劉保貞：《孔子「興」式教育法與〈詩〉、〈易〉的義理化》，濟南：《山東大學學報》（人文社會科學版），2002 年第 1 期。

26. 馬銀琴：《〈毛詩〉首序產生的年代》，北京：《文學遺產》，2002 年第 2 期。

27. 徐練：《〈詩經〉解讀的當代性》，湘潭：《中國韻文學刊》，2002 年第 2 期。

28. 孫明君：《漢武帝與儒家詩教》，北京：《文藝研究》，2002 年 4 期。

29. 王承略：《論兩漢《魯詩〉學派》，太原：《晉陽學刊》，2002 年第 4 期。

30. 楊權：《論章句與章句之學》，廣州：《中山大學學報》，2002 年第 4 期。

31. 張祝平：《北宋熙寧科舉變革對宋代〈詩經〉學的影響》，南通：《南通師範學院學報》（哲學社會科學版），2002 年第 4 期。

32. 李祥俊：《王安石的經學觀與經學解釋學》，北京：《中國哲學史》，2002 年第 4 期。

33. 劉毓慶：《從經學到文學 —— 論明代〈詩經〉學的歷史貢獻》，北京：《文學遺產》，2002 年第 5 期。

34. 高華平：《上博簡〈孔子詩論〉的論詩特色及其作者問題》，武漢：《華中師大學報》（人文社會科學版）， 2002 年，第 9 期；

35. 曹建國：《孔子論〈詩〉與上博簡〈孔子詩論〉之比較》，濟南：《孔子研究》，2003 年第 3 期。

36. 毛宣國：《「詩可以興，可以觀，可以群，可以怨」—— 孔子詩論的解釋學意味》，長沙：《中國文學研究》，2003 年第 4 期。

37. 夏傳才：《從傳統詩經學到現代詩經學》，石家莊：《河北師範大學學報》（哲學社會科學版），2003 年第 4 期。

38. 陳桐生：《〈孔子詩論〉的論詩特色》，上海：《文藝理論研究》，2003 年第 5 期。

39. 汪祚民：《〈韓詩外傳〉編排體例考》，西安：《陝西師範大學學報》（哲社版），2003 年第 5 期。

40. 陳桐生：《〈孔子詩論〉的論詩特色》，北京：《文藝理論研究》，2003 年第 5 期。

41. 李春青：《論先秦引詩賦詩的文化意蘊》，濟南：《齊魯學刊》，2003 年第 6 期。

42. 郭樹芹：《〈毛詩譜〉的流傳及其學術思想》，成都：《社會科學研究》，2004 年第 1 期。

43. 尚學鋒：《從〈關雎〉的闡釋史看先秦兩漢詩學》，北京：《北京師範大學學報》（社會科學版），2004 年第 4 期。

44. 李山：《漢儒〈詩〉說之演變——從〈孔子詩論〉〈周南・漢廣〉篇的本義說起》，北京：《北京師範大學學報》（社會科學版），2004 年第 4 期。

45. 劉毓慶：《楚竹書〈孔子詩論〉與孔門後學的詩學傾向》，北京：《北京師範大學學報》（社會科學版），2004 年第 4 期。

46. 《中國哲學（第二十二輯）：經學今詮初編》，瀋陽：遼寧教育出版社，2000 年。

47. 《中國哲學（第二十三輯）：經學今詮續編》，瀋陽：遼寧教育出版社，2001 年。

48. 《中國哲學（第二十四輯）：經學今詮三編》，瀋陽：遼寧教育出版社，2002 年。

49. 夏傳才主編，中國詩經學會編：《詩經研究叢刊》 第三輯，北京：學苑出版社，2002 年。

50. 夏傳才主編，中國詩經學會編：《詩經研究叢刊》 第四輯，北京：學苑出版社，2003 年。

51. 夏傳才主編，中國詩經學會編：《詩經研究叢刊》 第五輯，北京：學苑出版社，2003 年。

52. 夏傳才主編，中國詩經學會編：《詩經研究叢刊》 第七輯，北京：學苑出版社，2004 年。

網路資源類

1. 蔣慶：《讀經與中國文化的復興——蔣慶先生談兒童讀經面臨的問題》，http：//www.cc.org.cn/newcc/browwenzhang.php 敘 articleid=1730

2. 《南方周末》學者論辯：讀經與不讀經，http：//news.163.com/40722/0/0RSV3O9M0001120S.html

3. 國學網：http://www.guoxue.com/

4. 簡帛研究網：http://www.jianbo.org/

5. 21 世紀孔子：http://www.confucius2000.com/

6. 中國儒學網：http://www.confuchina.com/

博士論文類

1. 猶家仲：《〈詩經〉的解釋學研究》，北京大學博士論文，國家圖書館，2000 年。

2. 王承略：《兩漢〈詩經〉學史專題研究》，山東大學博士論文，國家圖書館，2000 年。

3. 郝桂敏：《宋代〈詩經〉文獻研究》，山東大學博士論文，國家圖書館，2002 年。

4. 譚德興：《漢代〈詩〉學研究》，復旦大學博士論文，國家圖書館，2002 年。

5. 米靖：《經學與兩漢教育》，北京師範大學博士論文， 北京師範大學圖書館，2003 年。

後　記

　　本書從我的博士論文修改而來。這次修改的過程中，當年學習、研究的幕幕場景又時時浮現眼前——師大圖書館中梳理上博簡《孔子詩論》教育思想的艱辛，北大圖書館的尋獲清代《詩經》考卷內容的欣喜，國家圖書館北海分館輕捧起清代《詩經》古籍本時心中的莊重和惶恐。

　　猶記得開始讀研究生的時候，在教育史專業第一次師生見面會上，老先生們對新生諄諄教誨：「你們研究生學習期間，研習學問固為根本，但從中學習做人、做事之道尤為要務。」當時覺得是聽懂了，但真正體悟其中的涵義並受益於這句話，是在工作後。後來我也對我的學生說這句話，看著他們似懂非懂的眼神，就像當年的自己。我想他們也需要經歷過之後才會明白。

　　回憶教我做人、做事、做學問的老師，最要感謝我的導師俞啓定教授，我學業的進步和個人的成長，都離不開先生的關心和教誨。感謝先生學術研究的精深獨到，為我把握研究的方向；感謝先生的睿智特達，常給我以醍醐之歡；感謝先生的瞭解信任，賜我信心；感謝先生的多喻之教，勉我前進。

　　還要感謝北師大教育學院各位老師給予的教誨和幫助，感謝王炳照教授、郭齊家教授、喬衛平教授、徐勇教授、于述勝教授，孫邦華老師、施克燦老師。

　　我要特別感謝北京教科院的耿申研究員，耿老師在我上學期間和工作後都給予了很多的指導和幫助，尤其對本論文的修改提出過很多珍貴的建議。感謝鄭州大學科舉研究專家陳飛教授，北師大中文系的《詩經》研究專家李山教授，中央教科所的儲朝暉研究員，感謝他們對我論文的不吝賜教。

　　最後我要感謝我的先生沈泳。在這次修改中，沈泳通讀了書稿，以他深

厚的人文學養和理科生的嚴謹邏輯，從圈外人的角度提出了很多新鮮的意見和建議。

在北師大渡過了自己 10 年最美好的大學時光，在那裡結識的師兄、師弟、師姐、師妹和同學是我一生的珍寶；在中國傳媒大學已經渡過了 7 年的工作時光，在這裡遇到的領導和同事，是我工作生涯的幸運之星，讓我一生中最主要的經歷有了安放。

日就月將，學有緝熙於光明。

張蕊
2012 年春